普通高等教育"十三五"规划教材 工商管理系列

顾客抱怨管理

周健华 ◎ 编著

Management of Customer Complaints

北京师范大学出版集团
BEIJING NORMAL UNIVERSITY PUBLISHING GROUP
北京师范大学出版社

图书在版编目(CIP)数据

顾客抱怨管理/周健华编著. —北京:北京师范大学出版社,
2018.8

(普通高等教育"十三五"规划教材 工商管理系列)
ISBN 978-7-303-24055-5

Ⅰ. ①顾… Ⅱ. ①周… Ⅲ. ①企业管理—销售管理—高等
学校—教材 Ⅳ. ①F274

中国版本图书馆 CIP 数据核字(2018)第 180114 号

营 销 中 心 电 话　010-62978190　62979006
北师大出版社科技与经管分社　http://www.jswsbook.com
电 子 信 箱　jswsbook@163.com

GUKE BAOYUAN GUANLI
出版发行:北京师范大学出版社　www.bnup.com
　　　　　北京市海淀区新街口外大街 19 号
　　　　　邮政编码:100875

印　　刷:北京玺诚印务有限公司
经　　销:全国新华书店
开　　本:787 mm×980 mm　1/16
印　　张:15.5
字　　数:278 千字
版　　次:2018 年 8 月第 1 版
印　　次:2018 年 8 月第 1 次印刷
定　　价:39.80 元

策划编辑:陈仕云　　　　　　　责任编辑:张凤丽
美术编辑:刘　超　　　　　　　装帧设计:刘　超
责任校对:赵非非　黄　华　　　责任印制:赵非非

前　言

　　顾客抱怨是企业的伴生体，不管是服务业、制造业、金融业、IT行业或是其他行业，只要有企业存在，就一定会有顾客的抱怨。抱怨不会因企业或个人的意志而消失，顾客抱怨无处不在。在竞争日益激烈的市场，企业在不断挖掘新客户的同时，许多老顾客却因为这样或那样的原因放弃企业，而放弃的原因中都有一个重要的标志——抱怨。

　　抱怨的顾客对客服人员来说，既是上帝，也可能是恶魔。面对抱怨，客服人员时忧时喜，为抱怨发生而忧，为抱怨解决而喜；有时，站在顾客和企业的利益中间，难以抉择。

　　顾客为什么要抱怨，出现了抱怨应如何处理，这是任何企业都要面临的问题。顾客抱怨管理作为培养服务类专业应用型人才的一门重要职业基础课程，通过学习和掌握顾客抱怨的知识性和技能性内容，从思维与技巧上着重培养学生针对抱怨的分析能力，预防顾客投诉与抱怨的发生，积极转变心态为顾客服务，同时传授处理技巧，强化自我情绪化管理的能力，最终提升企业的顾客满意度。

　　本书以理论与实际相结合为出发点，较为系统地介绍了顾客抱怨管理的理论、方法及应用。本书具有以下特点。

　　一是系统性强。准确介绍了顾客抱怨管理的基本概念，具有较强的逻辑性。

　　二是内容翔实。书中收集了大量关于顾客抱怨管理的应用案例，读者可以从案例中了解并认识顾客抱怨管理。

　　三是符合学生及一般人员学习。编者紧密把握行业需求及服务行业顾客抱怨的特点，对本书内容进行仔细梳理、整合，同时结合诸多案例与资料，力求达到通俗易懂、言简意赅的效果。

　　四是技术先进。对于顾客抱怨管理所涉及的技术进行了比较详细的分析与说明，对于侧重技术性及管理的读者也具有比较好的参考价值。

五是实用性强。本书从理论到实际，针对实际案例进行了分析，具有较好的指导性，也可以作为学习与研究顾客抱怨管理人员的入门指导用书。

本书在撰写过程中，参考了大量文献资料，在此谨向这些文献资料的作者深表谢意！同时，本书的出版得到了北京师范大学出版社的大力支持和帮助，在此一并表示感谢！

本课程目前在国内尚无成熟教材，且全国高校中无此课程开设先例。由于作者水平和时间有限，虽尽力减少谬误，但不足之处在所难免，恳请业界、学界同仁和广大读者批评指正。

周健华

目　录

第一章　顾客消费心理常识

【关键术语】

消费心理　性别消费心理　年龄层消费心理　商品属性　商品价格

【学习目标】

◆ 了解不同性别顾客的消费心理

◆ 熟悉不同年龄层的消费心理

◆ 理解商品属性的具体内容以及顾客对不同商品属性的心理反应

◆ 掌握不同价格的顾客消费心理

【能力目标】

◆ 能够区分不同性别、不同年龄层的消费心理

◆ 能够运用商品的不同属性判断顾客心理

◆ 能够运用商品价格判断顾客心理

【开篇案例】

抓住顾客心理的灯具销售员

某日，一位顾客在一款灯具前面驻足很久，我走过去对他说："您的眼光真好，这款灯具是我们公司的主打产品，是上个月的销售冠军。"

顾客问："多少钱一款呢？"

我说："折后价格，580 元一款。"

"有点贵，还能便宜吗？"他追问。

我说："您家在哪个小区呢？"

"在碧桂园。"他说话爽快。

"碧桂园应该是市里非常好的楼盘了，听说小区绿化非常漂亮，而且室内格局都很不错，交通也很方便。买这么好的地段的房子，我看您不会在乎多花一点钱买我们这款又简约时尚又质量好的产品！不过，我们正在碧桂园和水晶城做促销，这次还真能给您一个团购价。"

顾客脸上挂满了兴奋，他说："可我现在还没有拿到钥匙呢！"

我马上回答："您要是想现在就提货还不能优惠呢。我们按规定，要达到 20 户才

能享受优惠，今天加上您这一单已经 16 户，就差 4 户了。不过，您可以先交定金，我给您标上团购，等您拿到钥匙、装修好了再提货。"

就这样，顾客顺利交了定金，半个月后订单正式成交。

顾客的购物心理，受政治、经济、文化、法律、道德、民族、心理素质、年龄结构和身体健康状况等诸多因素的制约。因此，从不同角度、按不同标准可将顾客分为若干类型。例如，可按高级神经活动分类；可按个性倾向分类；可按人的气质分类，等等。但用上述分类法对顾客分类都没有多大的实用性。

更为适用的顾客分类方法是，按一眼就能看清的指标（性别、年龄）来划分顾客类型，如把顾客按男、女、老、幼分类。

学习顾客消费心理常识的目的，是为了更好地为顾客服务。要做好顾客服务，就要洞察顾客心理，研究顾客需要，努力提高服务艺术，并有意识地改进服务方法。毋庸置疑，在服务行业中，难免会与顾客发生冲突，因此，如何防止和排除这种冲突，也是一个优秀服务行业从业者必备的知识。

第一节　顾客

一、顾客内涵

顾客的存在，使得企业得以生存。对于很多企业而言，顾客就是会登门购买的人们。因此，企业可能会将全部的可运用的资源，如人员、预算、广告等，都投注在这些会上门购买的人身上，以期能够获得利润。

这样的定义是否恰当呢？顾客的身份与角色是否如此简单呢？错估顾客是谁，不仅浪费企业资源，更无法满足原本应该满足的那些顾客。因此，应先掌握顾客的定义。

（一）顾客的定义

何为"顾客"？简言之，就是手中有钱可以消费的人。这样，每一个人都可能是顾客，过去曾经消费、现在正在购买、未来有机会上门购买的人都是顾客。

汉语词典对顾客的解释为：商店或服务行业称来买东西的人或服务对象。商家常说的"欢迎惠顾"的对象就是顾客。我们去商店、超市、饭店等地方时，我们就是顾客，服务员也会称我们为顾客。

国际标准化组织（ISO）将顾客（customer）定义为：接受产品的组织或个人。按照这个定义，顾客是要付费的，但顾客不一定是用户或者消费者。比如，顾客购买产品后可以用来送人。

从广义上来说，顾客不一定实施了购买行为，只去看看也可以是顾客。

（二）顾客表现形态

按时间分类，"顾客"可能有以下三种形态。

1. 过去的顾客

过去的顾客就是过去曾经购买过企业商品的人。也许只购买一次，或者经常购买；不论是顺路经过的购买，还是有计划的购买，凡是有过购买交易记录的人都是"过去的顾客"。

2. 现在的顾客

现在的顾客即目前正在和企业进行交易的人，包括第一次或重复购买的人。只要目前正在接洽，不论成交与否，都是"现在的顾客"。

3. 未来的顾客

未来的顾客范围最广泛，从儿童到老人都有可能会在未来成为企业的购买者。以儿童为例，即使他只有八岁，也仅仅代表着他现在可能不是顾客，却不能代表在未来10年或20年的岁月里，他不会成为购买者。换言之，不论此刻有没有能力购买，也许将来某一天会因为条件成熟而成为顾客。至于"条件成熟"的标准，将随着时间及个人努力而变动。

二、顾客相关概念辨析

（一）消费者

（1）汉语词典里没有找到解释，英文名是 consumer。

（2）最初是经济学概念，和生产者、经营者同在一个"屋檐"下，后来成了营销学的主宾。

（3）消费者是产品和服务的最终使用者，仅用于个人或家庭需要。因此，全国人民都是消费者。在描述宏观问题时使用频繁，一般表达一个群体概念。

（4）消费者可以是用户，可以是顾客、客户，可同时兼具多种身份。

（5）消费者使用产品不一定付费，因为其使用的产品可能来自他人赠送或奖励。

（二）用户

（1）汉语词典解释为使用人和消费者，英文名是 user。

（2）用户是产品或服务的使用者。正在使用产品或服务的消费者，在耐用消费品行业投诉较多，如空调用户的投诉比较多。

（3）用户使用产品，但不一定付费，也不一定是顾客，其使用的产品可能来自他人赠送或奖励。

（三）客户

（1）汉语词典的解释有三项：①唐宋以前指流亡他乡或以租佃为生的人家（跟"住

3

户"相对);②顾客,客商;③旧指外地迁来的住户。英文名称为 client。营销学中所指的客户是第二项。

(2)客户不一定是用户,但一定要付费。用户也不一定是客户。比如 A 公司买了一部汽车,交给总经理使用。总经理是用户,但不是汽车公司的客户,A 公司才是汽车公司的客户。

(3)客户有时和顾客是一致的。比如,张三购买汽车,对汽车公司来说,张三是其顾客,也是其客户。

(4)顾客和客户的不一致性常常体现在卖方眼里。著名的麦肯锡咨询公司的创始人马文·鲍尔说:"我们没有顾客,我们只有客户。"他认为,顾客一般是指普通商品和服务的使用者,而麦肯锡是提供专业服务的。

(5)顾客往往是指购买商品和服务的人,而客户也是购买商品和服务的人,但是在卖方眼里,客户的层次比顾客要高。在汉语字典里,"客"字的意思是"服务行业的服务对象"。所以,客户更加强调一种服务,一种往来关系。

(6)顾客和企业之间是消费关系而且这种关系一般是一次性的,顾客就是一般的消费者。而客户和企业之间除了消费关系外还有洽谈商议的关系,且双方关系不是一次性的,而更关注未来的再次交易、合作和交往。

举例:沃尔玛销售维达纸巾。沃尔玛是维达的客户,而不是顾客或者用户,也不是消费者。王五在沃尔玛购买纸巾送给赵六。王五是沃尔玛的顾客或者客户。赵六是维达的用户或者消费者。

但从客户关系管理研究领域的成果来看,顾客和客户一般被视为等同概念。

顾客、用户、消费者和客户之间的关系可以用图 1-1 来表示。

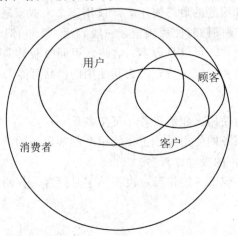

图 1-1　顾客、用户、消费者和客户的关系

第二节　性别消费心理

一、女性消费心理

俗话说："妇女能顶半边天。"而在家庭中，女性往往又是经济上的主宰，家庭生活消费品的购买决定和购买行为的实施多数是由女性来进行的。按女性购买对象的不同，女性消费心理可分为女性一般用品消费心理和女性专用品消费心理两部分。

（一）女性一般用品消费心理

女性一般用品消费心理，是指女性在其所从事的所有的消费活动中所产生的那些基本的心理状态。我国女性在一般市场消费活动中所特有的心理特点主要有以下几种。

1. 实惠心理

女性在购买商品时，希望所购商品能最大限度地满足自己的某种需要，并且该商品还要具有物美价廉、经久耐用的特点。这种心理也就是"少花钱，多办事"的心理。

我国低收入的客观情况，使一般家庭主妇都养成了勤俭持家、精打细算的习惯。因此，这种实惠心理在家庭妇女中较为普遍地存在。这种实惠心理的特点主要如下。

（1）在产生购买欲望时，总想把所购物品能否满足实际需要作为前提。在经过再三考虑之后，认为这种物品确实需要，并且除了购买又没有别的办法获得时，才会产生购买这一物品的欲望。

（2）在实施购买之前进行利害得失的衡量，并事先预算好购买该物品的费用，力求使购买行为做到得失相当，少花钱多办事。

（3）在购买前，对所购物品的性能用途和质量标准已有明确的要求。

（4）在购买物品时，并不轻易购买，而是在耐用、物美、价廉等诸因素的制约下认真挑选。

2. 具体利益心理

女性在消费活动中，对那些外在的广告宣传不感兴趣。她所关心的是购买能否给自己或自己的家庭带来具体的利益。例如，在决定购买洗衣机时，多数女性首先关心的是这种洗衣机占地面积的大小、洗衣是否干净、操作是否方便等。

3. 情感性心理

一般女性比男性更具有较强的情感性特征，通俗地讲即遇事易冲动。在消费活动中，常常会表现出用感情支配购买动机和购买行为的心理特征，这种女性消费心理称为情感性心理。如商品造型的新颖、包装的优美华丽、气味的芬芳、音响的悦耳，会使女性对此产生喜爱之情，甚至会使本来没有购买欲望的女性一经接触后产生强烈的购买欲望。

4. 模仿性心理

模仿性心理是指购买欲望和购买行为是因效仿他人而产生并形成的购买心理。这种心理在女性中较为普遍。在心理作用下，女性们在购买活动中经常会表现出以下两种行为特征。

(1)受别人的影响而产生购买欲望。有些女性原本对某种商品没有购买欲望，但当她们见到别人使用某种商品时，就会产生购买这种商品的欲望和行动。在日常生活中，女性总喜欢留心观察别人及其孩子们的穿着打扮，注意别人家的家庭布置，如发现奇特美妙的物品，随时就可能效仿购买。

(2)在实施购买时效仿别人。在确定购买某一物品时，她们总要看看别人是否也购买这一物品，而当看到别人也购买时会立即果断起来，有时甚至连挑剔方式也会模仿别人。

(二)女性专用品消费心理

女性专用品消费心理，是指女性购买女性专用品时所特有的一种心理活动状态。女性专用品主要指专供女性消费的衣料、服装、鞋袜、首饰、化妆品和卫生用品等。女性在购买这类商品时的心理状态，大致有以下几种。

1. 爱美心理

爱美之心人皆有之，女性尤其如此。女性在购买专用品活动中所形成的爱美心理主要表现在以下两个方面。

(1)女性在购买专用品时，首先会考虑这种用品能否保持自己的自然美并增加新的时代美。例如，年轻女性买口红、眉笔时，会想到这些东西能使自己的容貌变得更加俊俏；中年女性买护肤用品时，总希望能永葆青春；老年妇女买衣服时，也要考虑这些衣服能否表现出自己的神韵和风貌。

(2)挑选商品侧重于外观质量。女性在购买同样用途、同样价格、同等质量的商品时，在内在质量和外观质量两个方面的比较中通常会比较注重外观质量。

2. 时髦心理

穿着打扮讲时髦，这是当代女性的一个明显特点。这种特点在购买女性专用商品时便形成了一种时髦心理。时髦是一种爱美心理的具体表现，但又不同于一般的爱美心理，它最突出的特点是倾向于时新和超前，乐于走在时代潮流的前头。

女性专用品市场对商品追求的时髦心理主要表现在以下几点。

(1)时髦的色彩：主要指时装、布料、家具、鞋帽等的色彩，倾向于色彩的新颖不俗和赏心悦目。时髦的色彩并不一定鲜艳，而是追求与众不同的奇特美。

（2）时髦的样式：这是指女性时髦心理对她们的专用品在外观、式样、造型上的要求标准。同时髦色彩一样，对式样时髦要求也是新颖不俗、与众不同的美观。

（3）时髦的打扮：这是指女性们对自己整体外观上的时髦追求。时髦打扮是指服装、首饰、发式、鞋袜、帽子、化妆品、随身携带物（如手提包、阳伞）等各种增美要素而形成整体的综合表现。由于女性年龄的不同，时髦的打扮也有各种不同的要求。

3. 炫耀心理

这是指女性在购买活动中形成的总希望自己比别人更强的炫耀心理。例如，女性购买某种商品，除了是为了满足自己的基本生活消费需求或使自己更美、更加时髦之外，还可能是为了向别人炫耀自己更懂生活、更富有或更有地位等。

4. 自尊自重心理

一般女性比较敏感，自尊心较强，这种个性、心理在女性专用品购买活动中表现为一种自尊自重的购物心理。该心理使女性在购买商品时往往按自己的习惯和爱好行动，喜欢独立自主地挑选商品，不愿听别人的意见或建议，一旦想要购买某种商品便很难被动摇，甚至希望别人效仿自己也去购买同类商品。

（三）不同年龄女性的消费心理

这是指女性随着年龄的变化，她们的购物心理也相应地随之变化。

1. 青年女性的消费心理

青年女性是指 15～35 岁的女性。这一年龄段的女性精力旺盛、性情活泼、好奇心强，热爱生活，有强烈的求知欲，但情绪不够稳定。她们的市场心理表现为炽热的求美、时髦和炫耀的心理。但他们的职业、文化程度和居住环境的不同，也会对她们的市场需求心理造成不同影响。

2. 中年女性的消费心理

中年女性是指 36～50 岁的女性。她们往往是家庭主妇或工作单位中的骨干，同时还要兼顾家中老幼的生活，生活上也有比较丰富的经验。她们购物心理的突出特征是追求实惠，同时配合着一定的爱美、时髦及炫耀心理。因为中年女性有一种希望青春常在、不愿衰老的心理愿望，她们总希望自己比同龄人显得更年轻。她们不再追求产品的别致和奇异，而是要求耐看、得体、端庄、大方。她们的炫耀心理主要表现为向自己周围的同龄女性显示自己更健美、更年轻、更有气质和风度、更富有等。

3. 老年女性的消费心理

老年女性是指 50 岁以上的女性。老年女性的消费心理同青年和中年女性有着明显的不同，主要表现为：老年女性的时髦、炫耀心理基本上已不存在；她们主要表现出追求实惠的心理；她们的爱美心理是以她们作为老年人而特有的方式表达出来的。

老年女性需要同辈们的友谊和晚辈们的尊敬爱戴，她们的衣着更倾向于平淡朴素，她们唯一的希望是身心健康，延年益寿。对某些商品有各自的偏好，喜欢按自己的要求购买。一般要求物品素雅、清洁、舒适、省事省力、物美价廉，使用自如得体，还要求购买方便，服务周到等。

二、男性消费心理

此处所说的男性是指成年男子。顾客心理学研究的男性对象是 16 岁以上（含 16 岁）的男子。

虽然一般家庭是由家庭主妇来主持家庭生计，但也有少数家庭由丈夫操持家务，此外还有那些离开家庭独立生活的工人、学生、白领们。一般男性专用品的购买都是由男性自己来完成的，他们在购买时以自己独有的男子特征向市场提出具有个性的要求。男性消费心理归纳起来大体有以下几种类型。

（一）男性理智型消费心理

理智型消费心理，是指以较为清醒的理智指导购买行为的消费心理。具有这种消费心理的顾客大都是经过一番认真的思考之后，产生的对某种物品的购买欲望和购买行动。

理智型消费心理主要有以下三种类型。

1. 实需性理智型心理

这是以某一确定的实际消费需要为前提而产生的购买欲望和购买行动。这种购买的特点与女性购物中的实惠心理有所区别，实需性理智型心理侧重于追求自己实际需要的满足，至于商品价格却处于从属的、次要的地位，他们只是对商品的用途、质量、使用寿命等方面的考虑非常认真。

2. 抽象性理智型心理

抽象性理智型购物心理，是指以理性认识为先导而产生购买活动的心理。他们起初并不了解某种产品的性能和用途，只是通过偶然的机会认识了某一产品之后而产生了购买行为。

相反，也有人原本有某一种购买欲望和购买行动，但由于受到某种理论知识的影响而改变或放弃了这种购买欲望或购买行动。例如，某一顾客有吸烟的习惯，当他知道了吸烟的危害之后，特别是看到报纸上关于吸烟能导致癌症的报道，于是戒烟并不再购买香烟。

上述两种情况，都属于抽象性理智型心理。具有这种心理的人，主要注意商品消费后的科学意义，用科学来指导自己的购买行为。

3. 经济性理智型心理

经济性理智型心理，是指顾客在购买活动中对购买商品要求既省钱又适用的心理。

省钱与适用相比，又侧重省钱。它与女性的实惠心理的共同之处就是少花钱多买东西；不同之处在于女性的实惠心理对适用要求比较严格，讲究物美价廉，而且它可与爱美、时髦、炫耀等心理同时存在，而男性这种经济性心理却常常可以向廉价让步。造成该心理的原因，有的是经济收入不宽裕，有的是因传统观念所致。

（二）男性偏爱型消费心理

偏爱型消费心理，是指顾客对某些商品品种或商标有特别的感情，以至于经常会不假思索地购买某种商品的心理状态。这种购物心理在男性身上表现得尤为突出。这种心理按其所成的原因和程度可分为以下三种类型。

1. 习惯性偏爱

习惯性偏爱是受人们长期的消费习惯的影响而造成的，因为风俗习惯或某一商品特点符合顾客的某种需要，于是该顾客形成了长期专用这一商品，而排斥购买别种商品的倾向。

2. 理智性偏爱

理智性偏爱，是基于某种理智性思考而形成的偏爱心理。它不如习惯性偏爱持久，当人们认为另一种商品比他们原来偏爱的商品更好时，就很容易将其偏爱转移到另一种商品上去。例如，有人认为牛肉比猪肉营养价值高，于是他总喜欢买牛肉吃。后来他看到书籍上介绍羊肉不但营养价值更高而且味道更加鲜美，于是他又形成了偏爱羊肉的心理，并进而经常购买羊肉。

3. 信仰性偏爱

信仰性偏爱，是因某种信仰而形成的对某种商品的偏爱心理。这种心理表现为两种情况：一种是因宗教信仰形成的偏爱；另一种是因对某一企业、商标的信赖形成的偏爱。

（三）男性盲目型消费心理

男性盲目型消费心理，是一种没有明确购买目标而且盲从随意、易变的购物心理。这种盲目型购物心理在个性冲动、好奇、认识模糊型的顾客身上容易表现出来。从经济条件来说，那些生活较为富裕的顾客也容易出现这种心理。这种盲目型购物心理一般有以下三种类型。

1. 购买目标的盲目性

这是指当一种购买欲望形成之后，顾客对自己要买的商品尚没有明确的目标。这种购物心理男女都会有，但男性居多。因为大多数男性平时都不太注意生活细节，对商品性能、质量都不太了解，于是在购买活动中经常会出现这种盲目的心理状态。

2. 消费需求的盲目性

这是指有些顾客的消费需求不是由于自己生活的实际需要形成的，而是受外界的影响造成的，因此这种消费需求带有一定的盲目性。有这种心理的顾客，多数是那些经济富裕，实际需求已经满足，而又好奇、冲动、讲究时髦的人。

3. 购买行为的盲目性

购买行为的盲目性，是指顾客在具体实施购买时，对所购买的商品品种、规格、质量、价格等主要因素，缺乏常识，不懂购买技巧。具有这种盲目型购物心理的顾客多是长期处于自然经济生活中，对市场经济不熟悉的人。

第三节 各年龄层消费心理

一、青年顾客的消费心理

青年顾客是指 15～35 岁的顾客，他们约占全国人口的 1/3。这些顾客的购物心理主要有如下表现。

（一）时尚新颖性心理

青年男女充满青春活力，热爱生活，富于理想，憧憬新生事物，追赶时代潮流，接受新鲜事物快，知识与日俱增，从而使他们在购买活动中表现出一种时尚新颖的心理状态。

青年顾客时尚新颖性的心理表现为消费时以代表新潮流为荣，爱美之心强烈，对新产品、新品种、新花色、新式样都感兴趣，他们要求商品符合时代潮流和新青年风格。

（二）好奇性心理

好奇性心理是指青年顾客在消费活动中，普遍具有的好奇心理状态。好奇性心理与时尚新颖性心理有联系，也有区别，主要表现在都追求时尚新颖的商品，但好奇性心理的顾客更喜欢出众独特的商品，而不喜欢平淡无奇的商品。

（三）极端性心理

极端性心理，是指青年顾客在消费活动中所表现出的明显的好恶情绪。这种情绪变化很快，它可由一个极端转变为另一个极端。该心理的特点是购买目标发生变化的跨度大，需求对象和需求程度也不固定，有的青年顾客甚至把购买兴趣转向自己的经济能力难以达到的购买目标上去。

（四）可塑性心理

可塑性心理，是指青年人的购买欲望和购买行为容易在外界影响下发生变化的心理特征。特别是青年学生和刚走上工作岗位的青年，他们善于模仿他人。因此，在消费活动中容易受他人消费心理及消费行为的影响，而改变、甚至更新自己原有的消费心理。

（五）情感性心理

现代青年自主自立的意识越来越强，也越来越注重自己个性、情感的表达，其消费活动往往也都带有强烈的情感性。主要表现在购买中往往将注意力集中于自己特别感兴趣的某个方面，却忽略了其他方面。他们经常表现出冲动性购买和情感性购买。

二、中年顾客的消费心理

中年顾客是指 35～50 岁的男女顾客。他们在消费活动中有其自己的心理特点，主要表现为以下特征。

（一）理智支配，冲动甚少

中年人知识面广，经验丰富，他们在日常生活中多以理智支配自己的行动。因此，在消费活动中一般注意比较、挑选，显得沉着冷静。

（二）计划性强，盲目性少

在我国的现实情况下，中年顾客一般是经济负担较重的那部分群体，对于生活开支绝大多数人都会制订相应的计划，他们本着量入为出的原则，很少盲目消费。

（三）主见性强，可塑性差

中年人的消费行为由于具备了理智性和计划性，所以也就增强了其主见性。他们即使在别人的介绍与劝诱之下，也要经过自己的分析、判断才会实施消费行为，一般情况下不会轻易改变自己的观点和主张。

（四）求同心强，好奇心差

中年人在购买商品时随大流的多，搞特殊的少。这是因为中年人追求稳重、自尊的心理，所以其消费心理不会因好奇而跳跃、变化。

三、老年顾客的消费心理

这里所说的老年顾客是指 50 岁以上的顾客。人进入老年阶段，在生理上，身体衰老，器官机能衰退；心理上，稳重自信，害怕寂寞。这些变化表现在购物活动上，也有其共性特征。

（一）习惯性消费心理

老年人在购物活动中往往不假思索，会依照习惯去购买那些自己使用过的、值得信赖的老商品，一般不容易接受新的品牌和产品。

(二)舒适性消费心理

老年人由于生理功能衰退，购买商品时一般希望便于挑选，服务周到，追求安全舒适的购物环境。销售人员最好能主动介绍、递交商品，从而使他们能仔细考虑、挑选、试穿、试用，这样更能满足他们的欲望。

(三)吉祥礼仪的消费心理

老年人总希望健康长寿，受人尊敬，所以在购物时，也希望见到吉祥征兆，受到礼貌接待。例如，营业员有礼貌，说一些祝他们健康长寿的语言，有利于激起老年顾客的购买欲望。

四、少年儿童的消费心理

这里所说的少年儿童是指 15 岁以下的消费者。少年儿童的年龄组成比较复杂，他们之中既有刚出生的婴幼儿，又有学龄前儿童，还有天真活泼的"红领巾"，更有向青年过渡的大少年。他们在生理状态、知识程度、社会阅历等方面都有明显的差异。同时，少年儿童在经济上不独立，消费需求往往受父母的影响和支配，受家庭经济状况的制约。所以，少年儿童的消费心理也很复杂。本书只按少年儿童的不同年龄结构去观察他们在购物活动中表现出的不同心理特点。

(一)模糊性消费心理

模糊性消费心理，是指少年儿童在消费时常常会表现出的那种捉摸不定、犹豫不决、左顾右盼的心理活动。这主要是由于他们生活知识缺乏，对购物活动生疏，缺乏一定的商品知识和消费经验，加上他们都有较强的自尊心，在公众场合又有些胆怯，所以很容易表现出这种购物心理。

(二)被动性消费心理

被动性消费心理，是指少年儿童买东西时往往缺少自己的主见及按个人意愿去行动的心理。少年儿童在经济上不独立，平时购物的主要执行者是父母。虽然有些简单的生活用品有时父母也会让儿童参与去购买，但在实施购买前，父母往往早已将买什么，买多少，甚至到什么地方去买，去哪家商店购买都做了详细规定，所以儿童购物活动中都有这种被驱使的、被动的消费心理。

(三)天真好奇的消费心理

这是指少年儿童在购买商品时表现出来的天真好奇的心理状态。这种心理往往难以为成人所理解。例如，一些制作精良、营养丰富的食品无法引起儿童的兴趣，而那些制成手枪、骏马、飞鸟形状的饼干，反面适应了儿童的购物心理。

（四）直观性消费心理

少年儿童在单独购买儿童专用商品时，往往不太注意甚至根本不注意所选商品的品牌，他们主要从商品的直观印象上进行比较选择，这是儿童普遍存在的一种购物心理。

（五）可塑性消费心理

与青年顾客的可塑性购物心理相比，少年的可塑性消费心理更为突出。因此，少年儿童最容易被宣传所说服。

第四节　商品属性与顾客心理

商品属性主要包括产品名称、商标、包装、设计等内容。

一、商品名称与顾客心理

不同的商品名称会引起顾客不同的心理反应。一般而言，顾客对产品名称有以下几种心理反应。

（一）产地喜好心理

由于某地或某厂生产的某些产品质量优良，长期以来给人们留下了良好的印象，于是人们见到该地或该厂生产的同类产品时便自然产生一种好感。因此这类产品的名称，往往以产地来命名，如高丽参、茅台酒、川贝母等。

（二）吉祥喜庆心理

人们在生活中总是希望常有吉祥喜庆的事降临，这种心理在顾客的购买活动中也能充分表现出来，其中一点就是对商品中吉祥喜庆名称的喜爱。特别是当人们因吉祥喜庆的事情需要购买商品时，更钟爱购买那些品名吉祥喜庆的商品。例如结婚时，人们会偏爱成双成对的商品或带有"囍"字样的商品等。因此也有不少店铺用表吉祥喜庆的字来命名，如"瑞蚨祥""福寿楼""荣宝斋"等，这也是迎合顾客心理的一种表现。

（三）用途关注喜好心理

这是指消费者喜欢商品名称与用途相一致的心理。如"司可巴比妥钠"改名为"速可眠"后销路大增就是因为其迎合了消费者的这种心理。再如旅游鞋、生日蛋糕、娃娃酥、感冒清等都是为适应顾客的这种心理而命名的。另外不少商店的命名也是为了迎合这一心理，如结婚用品商店、老年人用品商店、床上用品商店等。

（四）构成喜好心理

这是指顾客在购买活动中喜欢那些商品名称能够标明商品构成的心理。例如，"午餐牛肉""纯羊毛华达呢""牛皮凉鞋""人造革皮夹克""人参酒"等，这样的商品名称可让顾客一目了然，很快就能做出买与不买的判断。

（五）新奇性喜好心理

这是指人们对商品的新颖奇特的名称感兴趣的一种心理反应。例如"狗不理包子""叫花鸡"等商品名称，就是为适应这种心理而命名的。

（六）制作方法名称喜好心理

在消费活动中，有些顾客总希望一看到某种商品的名称就能知道其制作方法或制作特点。因此，市场上出现了许多为适应这一喜好心理而命名的商品名称，如"二锅头酒""手擀面""手工水饺"等。

（七）质量喜好心理

有不少顾客希望一见到商品的名称，就能知道这种商品的质量如何。"一级茉莉花茶""脱骨烧鸡""优质洋河"等商品名称，就是为适应这种质量喜好心理而命名的。

二、商标及厂牌与顾客心理

商标是区别不同商品的标志。早期的商标是将厂名（或生产者）标在商品或包装上，也叫厂牌。但随着商品经济的发展，一个厂家往往会生产、经营许多不同的商品，因此就改用图案或字样作为商品标志，从而形成了不同的厂牌和特定商标。如上海自行车厂生产的自行车用"永久牌""凤凰牌"等。

在商品购买活动中，厂牌和商标将对顾客心理产生重要影响。

（一）厂牌、商标信任心理反应

有的商品由于其质量优良，价格合理而稳定，加上售后服务好等原因，在顾客中享有很好的声誉，因此被称为优质名牌产品。于是人们见到这种产品的商标时便自然地产生了一种信任感。顾客的这种市场心理状态，称为商标信任心理。

（二）厂牌、商标喜好心理反应

在实际生活中，有的顾客由于偏爱某一商品的商标，便会不假思索地购买该商品；有的顾客在选择商品时不考虑质量而是只看商标的设计是否称心如意。这种心理状态，就叫作商标喜好心理。造成这种心理的原因有很多：有的是因为商标、图案迎合了个人的情趣；有的是由于宗教信仰或风俗习惯的作用；有的是由于追求喜庆吉祥的征兆；同时，性别、文化程度、年龄、职业等因素也影响着人们的商标喜好心理。

（三）商标联想心理反应

顾客在购买商品时往往会将商标同所代表的商品用途、质量甚至厂商的信誉形象联想在一起，这种购买心理被称为商品联想心理。

顾客在消费时产生的联想与想象力常常较为复杂，加上个人心情、境遇、性别、年龄、民族、文化修养、个性心理等差别，就会对商标做出各种各样的联想。因此，在选定商标前要做好以下几方面的分析、预测和判断：先确定产品的主要消费对象，产品能够带来什么益处，消费者的经济状况、文化程度、社会构成使他们对该产品的价格、用途寄予何种希望，会对选定的商标产生哪些联想，等等。

（四）好奇商标心理反应

市场上，使用不同商标的众多同类商品中，那些使用奇异商标的商品，往往会给顾客留下较深的印象，顾客的这种心理现象叫好奇商标心理反应。

（五）对外商商标的心理反应

外商商标，是指进口商品在国内市场销售时所使用的商标。一般有两种情况：一种是不加翻译，原样不动地在我国市场上出现。这类进口商品，除名牌、易记的商标外，一般不受国内市场顾客欢迎。另一种是经过翻译后使用的，这类商品则同国内商标一样。外商商标市场心理反应情况，一般也包括上述四种类型。

三、包装、装潢与顾客心理

商品包装是指附加在商品本体上的裹覆物和容盛物，而装潢则是对包装所采取的美化手段。

商品的包装、装潢，不仅具有装载、储存和保护商品的作用，还具有显示商品、传递信息、吸引顾客、刺激顾客购买的作用，同时也可以美化和丰富人们的生活。包装、装潢对顾客的心理影响主要有以下五种。

（一）实用需求喜好心理

顾客在购买商品时，希望买到的商品包装方便实用，这种心理状态被称为包装实用需求心理。这种需求喜好，有以下五种类型：

1. 使用需求喜好

这是指顾客喜欢所需商品的包装可以为自己的消费提供方便，如牙膏、爽身粉、鞋油、啤酒瓶（听）、方便食品袋等。这些商品包装同商品组合成了一个不可分开的整体，甚至成为商品使用价值的内容。它们一般具有开启省事、使用简单、携带方便等特点。

2. 经久安全的喜好心理

有的商品需要密闭安全储存，如食品、汽油、易爆、易挥发商品等。顾客在购买这类商品时，除关心其质量、价格、数量外，也会关心其包装是否坚固和安全。

3. 定量包装喜好心理

为便于使用和携带，顾客往往希望某些商品采用定量包装，如瓶、肉罐头 500 克一听的定量包装等。定量包装为商品的使用提供了方便。

4. 礼品包装喜好心理

在日常生活中由于社交需要,人们通常会礼尚往来,互相馈赠,但由于送礼的场合和对象的不同,礼品的内容和形式也要有所区别。例如,祝贺新年的礼物要用彩盒包装,祝贺结婚的礼品要扎彩带,贴"囍"字,探视病人的礼品有"康复"字样最好。

5. 节俭性包装喜好心理

勤俭节约是中华民族的传统美德,有不少顾客在购买商品时往往只注重商品本身的质量,对包装要求不高。例如,对许多顾客而言,一些低值商品只需用一张粗质的包装纸来包装即可。

(二)风俗习惯喜好心理

人们由于民族、地域的不同,所形成的风俗习惯也不同,因而对商品包装的要求和喜好也就会各有不同。例如,南方人喜欢精细灵巧,北方人喜欢浑厚大方;乡村人喜欢色彩鲜艳,城市人喜欢典雅别致;回族和维吾尔族等民族,绝不买用猪作图案装饰的商品,等等。

(三)包装、装潢喜好心理的性别差异

顾客的性别差异也会导致对包装、装潢产生不同的心理反应。男性一般喜欢刚劲有力的包装、装潢设计造型突出男子气和实用性,具有色彩庄重,图案粗犷明朗,对比度强的特点;而女性则要求包装、装潢设计造型要柔和、平顺、具有艺术性,图案线条细致潇洒,色彩鲜艳,具有时髦、典雅和流行的特点。例如,女性化妆品的包装,应该造型优美,小巧玲珑,色彩应以桃红色、翠绿色、天蓝色为主,这样能增强女性的魅力。

(四)包装、装潢喜好心理的年龄差别

由于顾客的年龄不同,对商品包装的喜恶,也会形成心理上的差异。少年儿童一般注重包装、装潢的直观美感,而不注重包装材料的质量和包装技术,他们出于活泼、幼稚、天真、可爱、带有幻想色彩的心理,要求包装、装潢形象生动、色彩鲜艳、具有趣味性。

中青年一般则要求所购买商品的包装式样新颖、美观、大方,具有一定的科学性和时尚感。例如他们对自己所买的服装包装,要求造型别致,工艺精良、采用透明度高的塑料薄膜,同时要图案独特,装潢美丽新颖,有潇洒脱俗之气。总之,应采用那些具有美感和现代时髦特征的商品包装,让人们感到内里包容的商品品质优良。当然,也有一部分中年人开始向注重包装的实用、实惠及得当等方面转变。

老年人对所购商品的包装要求,一般是朴实、庄重,具有传统性和实用性,主要侧重于能保护商品和使用方便这两个方面。对于那些文化程度高,有艺术爱好的老人,

他们还喜欢商品的包装、装饰具有可供观赏的价值。老年人一般都喜爱有益于身心健康、延年益寿、福乐康泰的图案，同时还希望包装结实、轻便。

(五)惯用包装喜好心理

在长期使用中，由于某些商品分别具有某些优良特征，所以许多商品包装的造型、用料和色彩深受顾客欢迎，于是这些商品的包装在人们心目中已和其内部商品化为一体，人们看到这种包装就知道它是何种商品，或者将它们作为某种商品的象征。这样的包装就是惯用包装。例如，中国名酒茅台酒一直用白瓷瓶包装。所以，一种商品如果在市场上打开了销路，一般就不会改变商标与包装。

(六)等级包装喜好心理

等级包装是指那些与所包装商品的档次价值相适应的不同级别的，同时在质量、用料、形式上了有差别的包装。顾客在购买不同档次的同类商品时，无论从保护商品的角度出发，还是从显示商品的价值角度出发，总希望同类商品有分等级的包装。这就是等级包装喜好心理。例如，买瓷茶具，若买高档的细瓷茶具，包装则要求精美、坚固，内衬完好。若是馈赠亲友，还需加以美化装潢，结扎彩带，以显示内装名贵器具；如果买中档茶具，就要求包装与档次相对应；如果买低档茶具，包装只需注重安全即可。

(七)特殊包装喜好心理

特殊包装是一种为价钱昂贵、用途特殊的商品专用的包装形式。买这类商品时，总喜欢附以特殊的包装。我国古代就有买椟还珠的故事，它说明高贵商品所用的包装独特高雅，名贵不凡，这种做法是由来已久的爱好。

由于受我国传统文化的影响，民众对特殊包装的喜好，在世界上是享有盛名的。我们常见的名贵中药、艺术珍品、文物古董、珠宝首饰等珍稀物品一般都放在名贵特异的包装里。这种包装用料名贵、设计奇异、工艺精湛、彩绘美丽、坚实牢固，它既能保护内中商品，又能显示其贵重的特点，让人一见就产生爱惜珍重的感情。贵重商品若不用特殊的包装，就会降低这种商品在人们的心目中的名贵感。

(八)久用包装喜好心理

久用包装是指那些坚固、耐用、美观的商品包装。即使包装内商品用完后，这种包装还可长久使用，可放同类商品，也可放其他商品。例如，糕点桶、糖果盒、茶叶桶等，具备这种功能的商品包装，很受顾客的欢迎。

(九)包装联想心理

包装联想心理是指由商品包装产生某些联想，进而产生购买行为的现象。例如，一位女性去百货商店买衣服时看见另一位女性提着一个糖果盒，盒上的彩绘图案是一个胖小子手拿糖果，满面笑容。这图案使她联想起自己不满 3 岁的儿子，于是便产生了为儿子购买糖果的念头，并进而形成购买行为。这就是在包装联想心理的作用下形成的。

（十）艺术欣赏喜好心理

这是指当某些商品质量和价格等基本因素一定的情况下，有些顾客将该种商品的包装、装潢的艺术性作为取舍标准的心理状态。这种心理活动在购买不同厂家的同类商品，或购买同一厂家包装图案或色彩不同的同类商品时表现得十分明显。包装、装潢艺术性高，能给人一种美的享受的商品就容易被顾客选中。这种心理，在一部分注重艺术欣赏的顾客身上表现得十分突出。

在商品经济高速发展的社会，商品的包装质量和包装艺术甚至已成为商品自身价值的一个组成部分。

第五节　商品价格与顾客心理

在具体阐述商品价格与顾客心理的关系之前，首先需要理解价格的三种特定含义：从政治经济学的角度来看，价格是商品价值的货币表现；从市场学的角度来看，商品的价格决定市场上该种商品的供求关系和同类商品的竞争程度大小；从顾客心理学的角度来看，商品的价格，是以顾客在心理上是否愿意接受某种商品为出发点的。因此，它比政治经济学和市场学意义上的价格具有更大的灵活性和可变性。

在研究商品价格与顾客心理的关系时，我们发现顾客对商品价格主要有以下一些心理反应。

一、对价格与商品价值品质的权衡心理

这是指顾客往往都希望商品价格与该种商品的品质好坏和用途大小相一致的心理。我们常说"便宜无好货""一分钱，一分货"，就是这种价格心理的典型反应。特别是在商品经济迅速发展、市场上商品品种繁多、新产品层出不穷、工艺复杂、用料制作难以测算的情况下，人们很难去对所购物品的成本、价值、质量和作用进行直接测算。于是越来越多的人便产生透过价格去区分商品品质、价值和用途的购买心理。

实质上这种价格心理同价格形成的原理并不矛盾，在价值规律的作用下，价格总是围绕价值而上下波动。因此，从宏观上看，商品交换总是要遵循等价交换的原则。

二、对国有企业价格的信任心理

这是我国广大消费者目前普遍存在的一种市场价格心理反应。这种价格心理的主

要表现是，顾客从不怀疑国有商店所售商品的价格，这是顾客多年来在国有商店购物的体验。这种价格心理表现了顾客对国有商店的信任，因此国有企业决不能利用顾客的这种价格心理去任意提价。

在商业改革实行所有权与经营权分离，进行承包、转让、租赁等的今天，我们仍必须严格遵守国家的价格政策，讲究商业信誉。

三、对价格的习惯心理

习惯价格是指人们在长期购买、使用那些基本生活用品过程中，它们的价格与性状用途已经形成了一个固定完整的形象，人们一见到这种商品就知道它的大致价格。人们对习惯价格与习惯价格商品质量的变化非常敏感。

通常情况下，人们把习惯价格当作衡量商品价格高低、质量好坏和使用寿命长短的标准。如果某种商品质量不变，而价格上涨，顾客就认为价格不合理了；相反，如果价格下降，顾客又会认为这种商品质量出了问题。

形成习惯价格的商品多是用用普遍、数量较大、适用面较广的基本生活用品，如粮食、食盐、酱油、食用油等主副食品和日用工业品。在我国收入普遍较低的情况下，价格稍有变动，顾客就会有强烈反映。因此，对一些已形成习惯价格的商品应稳定价格，采取薄利多销的经营策略。如果确实需要变动价格，也应事先进行宣传，并对价格调整的必要性做出合理的解释。

四、对价格的逆反心理

价格逆反心理是指顾客中存在的那种和价格与需求的一般关系相违背的价格心理状态。产生这种心理的原因有以下两种。

第一，生活需求弹性起作用。对于那些需求弹性大的商品，价格变动与需求量之间的反比例关系表现得十分明显。例如，市场上供应的肉、蛋、奶、鱼等食品，当它们价格上涨时，人们就买得少，反之，人们就买得多；而对于那些需求弹性小的商品，例如，食盐、醋等，即使价格降得再低，人们也不会购买许多。

第二，人们的心理起作用，即人们在长期的经济生活中积累的经验的影响。日常生活中的情况是，当某种商品价格上涨，人们就会想到该商品存在短缺现象；同时还会想到，该商品可能还会涨价。如果该商品又是生活必需品，人们就会增加购买数量，甚至出现抢购现象，这种行为又进一步造成该商品的供不应求，有时还会造成价格的继续上升。反之，当某种商品价格开始下降，人们就会认为该商品可能生产过量或质量降低，于是购买的积极性也就降低了，商品的购买量也就会随之而减少了。

价格逆反心理往往同价格与价值品质的权衡心理分不开，认为商品价高则质高，所以有些商品价格高时，却争得了买主；价格低时，却少有顾客。

五、对价格的自我意识比拟心理

这是指顾客在购买商品时，通过联想和想象，把商品的价格与个人的欲望、情感、个体情况结合起来，将所买商品的价格同自己的身份、地位、经济收入、文化水平、生活情操和社会价值等进行比拟，以求得相称相应的一种价格心理反应。例如，工资收入微薄的顾客买东西时往往乐于选购价廉的或减价处理的商品，即使有时手头宽裕也愿意这样去做。因为他们总认为高档商品是有钱人买的，只有价格低廉的商品才和自己的情况相称。相反，那些经济富裕或社会地位较高的人，就很少会买地摊商品，也很少买廉价和削价处理的商品，而总喜欢到大商店去买高档的、时髦的、名牌的商品，因为他们会认为只有这样才不失自己的身份地位。

六、对价格尾数挂零的信赖心理

在购买商品时，多数顾客见到所要买的商品的价格带有精确挂零尾数时，便认为该商品的价格是实实在在的。例如，买一支钢笔，标价是 9.39 元，于是他便认为这支钢笔的价钱是精确计算而得出的，是可以信赖的；如果这支钢笔的价格定为 10.00 元，顾客便往往会想：怎么会这么巧？这价钱可能有假，于是就不愿意去买了。

七、对价格尾数的错觉心理

顾客在购买商品时，对商品价格的高低往往有这样一种错觉：买某一商品时，如定价是 3.99 元，他可能认为该商品不算贵，才 3 元多；而如果该商品定价 4.01 元，他可能就会感到其价格太贵，都 4 元多了。仅 2 分钱之差，前者被认为便宜，后者被认为价高，这种价位的悬殊其实是由顾客的错觉造成的。

同时，这种商品价格的错觉有些也会由于商品布置的位置所造成。例如，同为 45 元的商品，如果摆在高档品专柜里出售时，可能被认为是价格高的高档品，而摆在低档专柜里出售时却往往被视为是低档低价商品。

八、对价格数字的喜好心理

由于受民族差异和风俗习惯等作用的影响，不同地域、不同民族、不同国家的顾客，对商品价格中的数字使用就会产生不同的情感体验。例如，在我国的顾客中不少人认为"6""8"两个数是吉祥数；日本人忌讳"4"，而喜爱"8"；西方人则忌讳"13"，等等。所以商品定价时的头数和尾数应考虑这种心理差别。

【复习思考题】

1. 顾客、用户、消费者、客户之间的区别是什么？
2. 男性与女性的消费心理是怎样的？
3. 少年、青年、中年、老年顾客的消费心理是怎样的？
4. 顾客对商品名称的具体喜好有哪些？
5. 顾客对价格产生逆反心理的原因是什么？

【综合案例分析】

网红小猪佩奇周边产品热卖

最近，电视台和各大视频网站频繁播放儿童卡通片《小猪佩奇》，在儿童中收视率颇高。如果打开朋友圈，你也许会发现自己的朋友圈被一只长得像粉红电吹风的小猪佩奇给占领了。随着表情包的广泛流传和社交网络的推波助澜，这只已经在英国诞生14年的粉色卡通猪形象，正在中国市场刮起一阵风暴。

当顾客走进超市和饰品零售店铺就会发现，以小猪佩奇 IP 为热销卖点的商品随处可见。例如，在某市的沃尔玛店内，除糖果区出售小猪佩奇饼干、奶片等零食外，收银柜旁也醒目地摆上了小猪佩奇软糖等产品吸引购买者。在一些电商门户网站上也会看到，以"小猪佩奇"动漫品牌形象出现的衍生品类型繁多，已经涵盖了众多领域，包括绘本、玩具、服饰、卡通贴纸，甚至是水杯。孩子们见到有"小猪佩奇"的儿童用品就争相选购。成功吸引了消费者的注意，小猪佩奇成为当之无愧的移动印钞机。

分析：

1. 少年儿童群体的消费心理是怎样的？
2. 企业应采用何种营销策略来迎合少年儿童的消费心理？

第二章 顾客抱怨相关理论基础

【关键术语】

PDCA 循环 危机管理 归因理论 公平理论 顾客满意 客户关系管理 客户忠诚度

【学习目标】

◆ 理解 PDCA 循环理论内容
◆ 理解危机管理理论的要点
◆ 掌握归因理论、公平理论的内容
◆ 掌握顾客满意理论、客户关系管理理论、客户忠诚度理论的内容

【能力目标】

◆ 能够运用管理学理论基础指导顾客抱怨管理工作
◆ 能够运用心理学理论基础指导顾客抱怨管理工作
◆ 能够运用营销学理论基础指导顾客抱怨管理工作

【开篇案例】

李大姐的感激与口碑

李大姐刚搬了新家，在她家附近的蓝天连锁超市买了一箱啤酒与一些日用品。打印凭条付款后，收银员告诉他："您好，以您的购买额，只要再加 5 元钱就可以办理一张享受九五折优惠的、还有积分奖励的会员卡。需要的话可以到服务台办理。"

看到有很多东西不方便拿，收银员便通过对讲机叫来了超市服务员，请他帮助李大姐办好会员卡手续并将商品搬到服务台。服务员于是帮着李大姐把商品搬到服务台，并顺利地办好了会员卡。服务员向李大姐问道："大姐您好，您是开车来的还是走路来的？"当知道李大姐是走路来的，服务员便请示经理后，对李大姐说："这么多货，真挺难拿回家的。这样吧，我帮你运回家，可以吗？"李大姐非常惊讶，继而非常感激。于是，服务员用专门的小推车把货运到了李大姐的新家。

从此，李大姐逢人便说："要买东西，就去蓝天，还有比蓝天更体贴人的地方吗？"

企业绝不要轻视顾客今天的购买行为、购买数量和支付金额。销售人员今天忽视或怠慢的顾客，其明天的消费需求也许会呈爆炸式增长。但届时，付款消费增加量的

收入可能因销售人员昔日无礼的待客方式，已经转入到企业的竞争对手的口袋里了。如何与顾客保持良好的合作关系、提升顾客的忠诚度？成功经营顾客关系是必由之路。

第一节　管理学理论基础

一、管理过程理论

（一）管理过程内涵

管理过程理论认为，过程是一切事物发展的轨迹，是事物动态的存在方式。过程是客观的，是由事物的内部矛盾引起的并具有周期性。对过程的研究可以帮助我们从管理的角度了解事物内部发展运动中各因素、各环节相互作用的联系，把握事物发展的规律，为预测和控制事物的发展提供依据。

（二）PDCA 循环

把管理当作工作过程来看，日本质量管理大师 Deming 提出了管理循环式前进理论，认为管理的基本立足点应该是问题解决的概念及思维方式，管理过程就是计划、实施、检查、处理四个相互衔接的环节围绕目标循环往复的前进过程，即 PDCA 循环（见图 2-1）。从图 2-1 中可以看出，PDCA 管理循环具有完整的循环、大环套小环的循环、不断上升的循环三个特点。

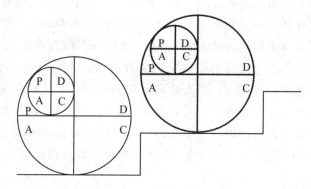

图 2-1　PDCA 管理循环示意图

计划（Plan，P）包括：分析现状，找出存在的问题；分析问题产生的原因；找出关键的原因；确定目标、拟定计划，制定工作标准。

执行（Do，D）则涉及干什么、谁来干、何时干、何地干、给什么条件干、怎么干，即合理配置管理要素。

检查(Check，C)即依据计划的标准进行评价、判断，分为阶段性检查(管理的中继环节)和平时性检查(管理的伴随活动)，检查的目的在于找出与目标的差距。

处理/总结(Action，A)是指一个计划完成之后的总体评价，包括两个步骤：总结经验、巩固成果；遗留问题转入下一阶段。

(三)在顾客抱怨管理中的应用

PDCA 管理循环为顾客抱怨管理提供了清晰的工作思路、可操作性的工作程序。Deming 认为管理的循环为 PDCA 循环，强调对运营中出现的质量问题采取及时的修正措施。顾客抱怨管理属于企业发现自身差错后所采取的解决措施，也应遵循管理循环或问题解决模式循环，并持续循环下去，直到问题得到彻底解决。因此，从管理学的角度，顾客抱怨管理是一个管理循环的修正措施。此时，顾客抱怨管理本身也应符合 PDCA 管理循环过程。

二、危机管理理论

(一)危机内涵

由于外部环境变化或内部管理不善，以及市场环境的变化，组织可能会陷入各种危机之中。从广义上来讲，危机是指一个对组织系统的基本价值和行业准则架构产生严重威胁，并且在时间压力和不确定性极高的情况下必须对其做出关键决策的事件。而从企业管理角度，危机是企业发展过程中因若干方面矛盾的激化而导致的一种非常规的状态，是事物矛盾的一种特殊表现。从企业危机的本质和发生规律可以看出，企业危机具有普遍性、不确定性、时效性、双重效果性和扩散性等特征。

顾客抱怨作为一种突发性事件，常常在某种必然因素的支配下出人意料地发生。若处理不当，会给顾客带来损失，给企业带来负面影响，可见顾客抱怨本身就是企业危机的一部分，并且是很关键的一部分，因此对于顾客抱怨管理，也应该遵循危机管理的基本理论和方法。有效的顾客抱怨管理，不仅可以对企业与顾客间关系危机的发生起到事先预防作用，而且可以对企业与顾客关系进行修复和强化。

(二)主要观点

危机管理理论认为，危机的演化有着自身内在的规律，而危机管理的目的就是通过有计划、有组织、有系统的管理活动，在危机爆发前解决危机困扰，降低危机风险率；在危机爆发后，以最迅速、有效的方法，使组织转危为安，甚至转危为机，以带动组织更高更快地发展。企业危机生命周期理论将企业危机划分为危机酝酿期、危机爆发期、危机扩散期、危机处理期和处理结果与后遗症期。该理论指出，危机的预防和处理宜早不宜迟，将危机消灭于萌芽状态才是危机管理的精髓，一旦危机爆发后才处理，其损失不可估量。值得注意的是，危机可以不经过危机爆发期、扩散期而直接被处理，企业危机处理不好或不彻底，有可能再一次地发作或扩散，从而引发新一轮的危机。

（三）危机管理在顾客抱怨管理中的应用

企业危机管理理论为企业从宏观的企业运营角度来探讨顾客抱怨的系统管理与实施提供了理论基础，有助于企业站在自身的角度去思考如何对顾客抱怨进行预防和处理，从战略的高度去规划顾客抱怨管理。有效的顾客抱怨管理机制，不仅在失误发生后才对失误回应，而应在失误发生前就做好准备，如预防顾客抱怨的计划、探测顾客抱怨的发展程度、抑制顾客抱怨的伤害以及在抱怨处理结束后学习经验并重新设计更有效的顾客抱怨管理机制。

第二节　心理学理论基础

一、归因理论

（一）归因内涵

产生不满体验后，顾客会努力寻找产生不满的原因，归因水平将影响不满意顾客对顾客抱怨的反应方式，也决定了企业采取相应抱怨处理措施的有效性。

归因理论是关于人们如何解释自己或他人的行为以及这种解释如何影响他们情绪、动机和行为的心理学理论。所谓归因，是指个体通过分析他人或自己的外在行为表现以推论和解释其原因的过程。归因理论包括两个部分：归因过程和归因结果。前者研究人们如何归因，后者研究归因之后对人们情绪以及后继行为的影响。

（二）归因类型

根据归因理论，顾客对抱怨的归因结果可分为三个维度：一是归属性，二是稳定性，三是可控制性。

1. 抱怨原因的归属性判断

抱怨原因的归属判断，是顾客对抱怨行为进行归因过程的核心，其结论决定和影响着顾客对抱怨原因可控制性的判断。客观地讲，导致顾客抱怨的责任方应该包括三方：企业、外部因素和顾客自身。但由于基本归因错误和自我服务偏见的存在，顾客在对抱怨进行归因时一般不将自身原因考虑在内。

2. 抱怨原因的稳定性判断

顾客对抱怨稳定性的判断，主要是依据可获得的一些直接或间接经验。例如，如果一个顾客到银行去办理存款等业务，却在一个月内遇到了银行三次因网络瘫痪而无法提供服务，那么顾客就会认为导致此类抱怨产生的原因是稳定的。又如，一位顾客听朋友说，某银行的网络经常出现问题，或在报纸和行业杂志社上看到过此信息，则当其遭遇网络瘫痪时，就会勾起其对此类信息的记忆，并对其确信无疑。

另外，顾客也会经由因果关系分析来进行判断，这一判断深受抱怨原因归属性判断结果影响。一般而言，顾客认为由外部因素而引发的顾客抱怨稳定性较低，即不会经常发生；认为由企业整体表现较差而引发的顾客抱怨原因稳定性较高，而由员工个体表现较差而引发的顾客抱怨稳定性较低（见图 2-2）。

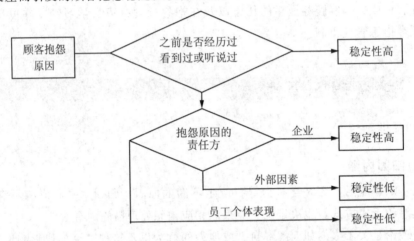

图 2-2　顾客抱怨原因的稳定性

3. 抱怨原因的可控性判断

外部因素虽然可控性较低，但并非完全不可控制。如因供应商无法供应而导致的企业不能有效响应顾客需求，虽可以解释为由外部因素导致，但企业也应为原料采购缺乏柔性和保证性较低承担责任。因此，即使由外部因素引发的顾客抱怨原因，顾客也有进一步划分为可控性低和完全不可控原因的倾向。顾客对何为不可控外部原因的认定，也经常受竞争对手表现的影响，如按传统思维应将临时停电列为网吧的不可控外部因素，但如果大部分网吧皆配备了 UPS 电源，则顾客将不再把此视为不可控外部因素。

企业内部导致的抱怨原因虽是可以控制的，但控制起来的难度也不尽相同。一般而言，个别员工所导致的抱怨原因比较容易控制，如采取培训、解雇等手段；而由企业系统原因所导致的抱怨原因却较难控制（见图 2-3）。

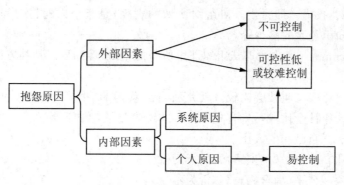

图 2-3　抱怨原因的控制性

（三）在顾客抱怨管理中的应用

当顾客认为某项抱怨产生的原因是不可控的，并依据常理推断其不会一再发生，或者抱怨虽是由可控原因所导致，但企业已对其表现出足够重视并采取了积极的控制措施，则顾客会确信此类抱怨再次发生的概率较小，愿意继续尝试此企业的服务。而当顾客认定抱怨产生原因是可控的，但企业却丝毫未表现出对其进行控制的意愿与行动，那么只要有可替代产品或服务的存在，顾客将注定不会再次消费该企业的产品或服务。

通过归因理论，企业可事先对各类型潜在抱怨对顾客的影响进行剖析，以提高预防和消除顾客抱怨对顾客不利影响的效率，有针对性地规避顾客抱怨对组织的不利影响，从而提高顾客抱怨管理的效率和效果。

二、公平理论

在社会心理学中，公平理论亦称社会比较理论，最早是由美国心理学家亚当斯（J. S. Adams）提出的。该理论涉及结果公平性、程序公平性和交互公平性三个方面，其实质是探讨个人的投入与产出之间的关系。

（一）结果公平性

结果公平性主要是指利益和代价的分配是否公平。针对这一问题，亚当斯认为，当一个人做出成绩并取得报酬以后，他不仅关心自己所得报酬的绝对量，而且关心自己所得报酬的相对量。在通过多种比较确定自己所获报酬是否合理后，依据比较的结果调整今后对工作投入的积极性。

比较可分为横向比较和纵向比较，如下所示：

$$\frac{O_p}{I_p} = \frac{O_o}{I_o}$$

27

- I(Input，投入，即付出，对组织所做的贡献)是指个人的努力程度、付出工作量的大小以及知识经验的多少等。

- O(Outcomes，产出，即从组织那里所得的报酬)即物质、精神方面的报酬。

- p 代表自己 ，o 代表他人。

其中，横向比较又叫社会比较，就是将自己获得的"报酬"与自己的"投入"的比值同组织内其他人作社会比较，只有相等时，才认为公平，如下所述。

横向比较——自己和别人比：

前项＜后项：不公平(负疚感)——行为改变；

前项＝后项：公平(满意感)——行为不变；

前项＞后项：不公平(愤怒感)——行为改变。

纵向比较又叫历史比较，就是把自己目前投入的努力与目前所获得"报酬"的比值，同自己过去的投入的努力与过去所获"报酬"的比值进行比较，只有相等时才认为公平，如下所述。

纵向比较——自己今昔比：

现在＞过去：不会产生不公平感——认为是理所当然；

现在＜过去：不公平——积极性下降。

(二)程序公平性

程序公平性是指产生结果或决策的过程是否公平。人们不仅关心决策结果的公平性，而且非常关心决策程序的公平性。期望对程序的控制和期望得到好的结果是紧密相连的，人们偏爱那些能使他们的个人结果最大化的程序，程序控制是保证个人结果最佳的最好方法。

(三)交互公平性

交互公平性涉及信息交换及沟通方面的问题。美国学者贝斯认为，在程序执行中，程序的执行者对待员工的态度、方式等会影响员工的公平知觉，也会影响分配公平。格林伯格将交互公平分解成两部分：人际公平和信息公平。人际公平指员工被那些与执行程序和决定结果有关的当权者以礼相待和尊敬的程度；信息公平指向员工传递有关信息，解释为什么采取某种分配程序和为什么是这样的分配结果的程度。

对于分配公平、程序公平和交互公平，这三者常常是交织在一起对人们的态度和行为起作用。将公平理论运用于消费者研究领域时可发现，顾客会把从消费经验中所获得的价值与所投入的价格同其他参考群体作比较，只有当顾客所认知的消费效用与价格相等时，才会觉得公平，因而感到满意。

当顾客对于服务质量的认知低于事先期望时，则预示着企业有可能发生服务失败。根据公平理论，此时顾客除了希望企业尽快采取补救措施以达成其先前所承诺的服务标准之外，还希望能获得服务人员的重视、理解与诚挚的道歉。

(四)在顾客抱怨管理中的应用

可见，公平理论为企业从微观的业务层面探讨顾客抱怨产生之后的具体补救措施提供了理论基础。从心理学角度，可将顾客抱怨视为一种恢复顾客心理状态的技术。顾客在享受服务的过程中需要感知公平，而服务业很难避免的顾客抱怨又会导致顾客感知不公平，为了重建公平，需要对顾客采取一定的服务补救措施来重建顾客"感知公平"；此外，不同类型的顾客抱怨导致顾客不同类型的感知不公平，这也需要服务企业根据公平理论采取不同的抱怨处理措施。因此，企业可以通过服务补救措施中的道歉和积极主动来向顾客表示尊重和认同，从而提高顾客的满意度。

第三节 营销学理论基础

一、顾客满意理论

(一)顾客满意内涵

在高度竞争的市场环境中，企业如何赢得顾客并与顾客维持长久关系是非常重要的，而这种长久关系的建立在很大程度上是以顾客满意为基础的。

按照 GD/T19000—2000idt ISO 9000：2000《质量管理体系化基础和术语》中 3.1.4 的定义，"顾客满意是顾客对其要求已被满足的程度的感受。"对于这一定义，2000 版标准又给出了进一步的注释："顾客抱怨是一种满意程度低的最常见的表达方式，但没有抱怨并不一定表明顾客很满意"。

(二)顾客期望与感知比较

顾客满意与否，取决于顾客接受产品或服务的感知同顾客在接受之前的期望相比较后的体验。通常情况下，顾客的这种比较会出现三种感受，如图 2-4 所示。

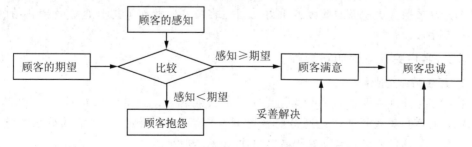

图 2-4 顾客满意期望与顾客感知比较后的感受

当感知接近期望时，一般会出现两种状态：一种是顾客因实际情况与心理期望基本相符而表示"比较满意"；另一种是顾客会因对整个购买决策过程没有留下特别印象而表示"一般"。所以，处于这种感受状态的顾客既有可能重复同样的购买经历，也有可能选择该企业的竞争对手的产品或服务。

当感知高于期望时，顾客就会体验到喜悦和满足，感觉是满意的，其满意程度可以从事后感知与事前感知之间的差异函数来测量。显然，感知超过期望的越多，顾客的满意程度越高；而当感知远远超过期望时，满意就会变成忠诚。值得强调的是，顾客满意并不等于顾客忠诚。顾客满意其实是进行某种消费后的心理状态，而顾客忠诚则是一种购买行为，代表了企业的盈利能力。

当感知低于期望时，则顾客会感到失望和不满意，甚至会产生抱怨或投诉。

以上顾客不满的反应，如果企业采取积极的措施妥善解决，就可能使顾客的不满意转化为满意，甚至令其成为忠诚的顾客。

(三)在顾客抱怨管理中的应用

从顾客满意理论角度，处理顾客抱怨可以视为企业赢得顾客的一种营销策略。对企业而言，若要实施"以顾客满意为中心"的营销战略，就必须尽力消除顾客不满的情况，即通过提高产品和服务相对于顾客的价值来满足甚至超越顾客的期望，实质上就是平息和预防顾客抱怨的发生。

抱怨得到满意解决的顾客往往会比那些一直对企业的服务满意的顾客更容易成为企业的忠诚消费者。对于企业管理部门而言，顾客抱怨解决后的满意程度，也可用来衡量对顾客的服务绩效。

二、客户关系管理理论

(一)客户关系管理的内涵

客户关系管理是指对客户行为长期地、有意识地施加某种影响，以强化企业与客户之间的合作关系。客户关系管理旨在通过培养客户(包括内部客户和外部客户)对本企业的产品或服务更积极的偏爱或偏好，留住客户并以此作为提升企业营销业绩的一种策略与手段。

(二)客户关系管理的重要性

1. 产生持续的业绩

持续产生业绩主要通过两种渠道：一是开发新客户；二是维系老客户。以保险行业为例，其客户关系管理就是通过对企业老客户信息和资料进行详细的分析和整理，提供全面、优质的服务，从而获得顾客再次加保的机会。

国内外相关研究均表明，当客户渐渐了解企业并能获得良好服务时，他们更乐意把第二张保单交给同一家企业，并且客户随着年龄的增长和家庭结构的变化，也会不断产生新的需求。某企业曾对某地区该企业 50 名绩优销售人员 6 年的客户进行分析，发现老客户加保是保费收入的重要来源。

2. 降低销售成本，提高销售收入

销售成本包括时间成本、体力成本、交际成本和交通成本，客户维护得好，可降低时间成本和交际成本，在销售业绩不变的情况下，实际销售收入就会增加。波士顿咨询公司的研究显示，向曾经购买产品的客户推销公司的新产品只需花 7 美元的行销费用，然而同样的产品要说服新的客户购买，却必须花上 34 美元。某保险公司在小范围内对一个企业单位的销售成本进行统计分析，也得出类似数据，开发一位新客户的成本约是维持老客户成本的 5 倍。《哈佛商业评论》认为，减少 5％的客户流失，企业的利润将增加 100％，《商业周刊》则认为将增加 140％。Bain & Company 曾对一些行业进行研究，如图 2-5 所示，显示了部分行业客户留存率每增加 5％时，利润增加值的百分比。

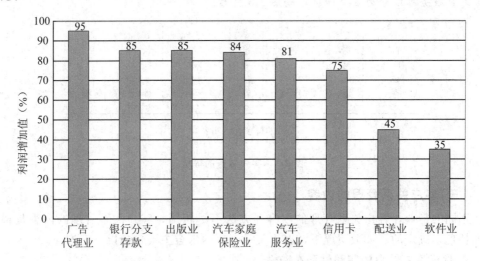

图 2-5　部分行业客户留存率增加带来的利润增加

3. 增加销售工作的稳定性

改善客户经营水平，提高客户留存率的同时也可促进销售人员销售工作的稳定性。当企业拥有了较稳定、满意的客户基础时，客户的流动性降低，销售人员销售的难度随着工作经验的积累逐渐变小，销售压力逐步减轻，销售业绩和收入将更加稳定。此外，销售人员稳定性的增强，也可进一步改善客户服务质量，减少客户的抱怨；反过来又提高客户留存率，形成与客户的良性循环。

4. 提高客户的满意度和忠诚度

客户关系管理的重点内容就是提供个性化的优质服务，让客户获得与众不同、物超所值的良好感受，因此，客户的满意度和忠诚度是衡量服务效果好坏的重要标准。客户的满意度主要来自三方面：一是购买后仍然关注客户，并能及时解决其疑惑；二是提供期望值以外的服务，如保险销售人员可提供除保险以外的帮助服务，当客户身体不适时，销售人员利用自己的人脉关系帮助客户联系自己做医生的朋友，以提供方便的医疗咨询等，这样的服务将获得更高的信任；三是把客户服务成朋友，当客户有购买需求时，"第一时间就想到你"，这是服务的最高境界。从某种意义上讲，有了客户的满意，也就获得了客户的忠诚，同时也就扩大了销售机会。

【资料拓展 2-1】

客户服务的等级

客户服务可以分为 6 个等级，如图 2-6 所示。

图 2-6　客户服务的等级

（三）客户关系管理的内容

不同的行业，客户关系管理的内容和方法不尽相同，客户关系管理的内容是根据行业特色来确定的。一般情况下，客户关系管理的内容主要包括以下三方面。

1. 保证客户信息的完整性和准确性

在客户提出的抱怨中，有部分抱怨是因为客户购买后没有获得任何售后服务而产生的。经核对客户信息才发现，客户的联系方式和家庭住址已更改，但在企业客户资料库中仍保留着旧的信息，造成客户与企业之间信息不对称，使客户没能及时享受到企业提供的服务。

2. 实现客户的分类管理

客户分类的依据很多，不同的企业、不同的销售人员选择的分类方式不同。在各种划分方法中，不能背离的基本原则就是客户带给企业的盈利能力，即客户价值。客户价值越大，客户的等级就越高，就越应该引起销售人员及企业的重视。按照客户价值分类，找到最有价值的客户(即关键客户)才是最重要的工作。ABC 客户分类法就是一种比较实用的方法。

ABC 客户分类法是根据事物在技术或经济方面的主要特征，进行分类排队，分清重点和一般，从而有区别地确定管理方式的一种分析方法。由于它把被分析的对象分成 A、B、C 三类，所以又称为 ABC 分析法。以保险行业为例，ABC 客户分类法以缴纳保费数额为基准，把客户群体分为关键客户(A 类客户)、主要客户(B 类客户)、普通客户(C 类客户)三个类别(见表 2-1)。

表 2-1　ABC 客户分类法

类别	品种数占全部品种的比例(%)	价值占总价值的比例(%)
A	5～15	70～80
B	20～30	15～25
C	60～70	5～10

在对客户进行分类后，即可依据客户价值来实施配套的客户关怀项目，针对不同客户群的需求特征、消费行为、期望值等制定不同的服务策略，对关键客户定期拜访与问候，确保关键客户的满意程度，刺激有潜力的客户升级至上一层，创造更多销售机会。

(1)对关键客户(A 类客户)的管理。关键客户是金字塔中最上层的金牌客户，是特定时间内给企业带来的利润排在企业前 5% 的客户。这类客户既是企业的优质客户，又是个人的高端客户，购买能力强，具备持续稳定的产生利润的能力，值得企业花费大量的时间和精力来提高其满意度。

对这类客户的管理应做到：一是定期拜访，为他们提供 VIP 的高端服务；二是邀请客户参加公司举办的高端讲座和活动；三是密切关注该类客户所处行业的趋势、企业人事变动等其他异常动向；四是优先处理该类客户的抱怨和投诉。

(2)对主要客户(B 类客户)的管理。主要客户是指在特定时间内给企业带来的利润排在公司前 20% 的客户中，除关键客户之外的客户。这类客户属于有潜力上升一层的客户，是比关键客户容易联系和接触的客户。对这类客户的管理应做到：一是为客户提供绿色通道，并通过"一对一"的服务减少占用客户的非工作时间；二是节假日的定期问候和祝福；三是关注客户行业动态，不定期给客户邮寄行业资讯。

(3)对普通客户(C 类客户)的管理。普通客户是指除了上述两种客户外，剩下的80% 的客户。由于这类客户数量较多，具有"点滴汇集成大海"的增长潜力，在客户服务方面应按照"方便、及时"的原则，为这类客户提供大众化的基础性服务。保持与这些客户的联系，并让客户知道当他们需要帮助的时候，可以找到服务人员。

总之，在运用 ABC 客户分类法时，应注意：将交易量大、带来收益高的少数重点客户划分为 A 类客户，给予 VIP 待遇，实行重点管理；将众多的业务量小、收益低的散户划分为 C 类客户，实行一般管理，可以一人管理多户；介于 A 类、C 类之间的中等客户，划分为 B 类客户，实行次重点和跟踪管理，发掘成长性好的客户向 A 类客户过渡。

3. 制订客户服务计划

通过制订客户服务计划，销售人员能够与客户深入沟通，倾听客户的意见，可随时关注客户的新需求，挖掘客户更多、更深层的资源，从而为客户提供更多、更新的服务。

常见的客户服务计划有以下四项。

(1)亲情服务。根据客户的基本信息，在客户的生日或在重要节假日，寄送本企业的贺卡、小礼品等，以示祝贺；主动邀请客户参加企业周年庆或客户服务节活动。

(2)产品推荐。根据各类客户群体特征，针对客户的需求，提供最适合的产品计划。

(3)客户俱乐部。作为忠诚计划的一种相对高级的形式，通过互动式的沟通和交流，可以发掘客户的意见和建议，有效地帮助销售人员改进服务流程，完善服务品质。用俱乐部这种相对固定的形式把客户组织起来，从一定程度上讲，也是有效阻止竞争者进入的壁垒。

(4)向客户提供附加的经济利益。根据客户的档次不同，可针对性地附送其他具有经济价值的物品，如买保险可赠送客户一次体检等。

(四)客户关系管理在顾客抱怨管理中的应用

客户关系管理作为一种真正意义上的"一对一"的营销方法，其目的已经从传统的以一定的成本争取新客户转向想方设法地留住老客户，从获取市场份额转向获取客户份额，从追求短期利润转向追求客户的终身价值。

从客户关系管理角度，企业管理者应认识到处理顾客抱怨实际上是建立在客户关系管理上的问题处理方式，并呈现出定制化的特色。处理顾客抱怨效果的好坏不仅取决于企业服务提供者的努力，还取决于不同顾客对顾客抱怨的不同理解。因此，企业管理者应在客户关系管理的相关原则指导下，以顾客为导向实施服务补救工作。

三、客户忠诚度理论

(一)客户忠诚度内涵

1. 客户忠诚度定义

客户忠诚度与客户满意度相近但又有异于客户满意度的概念。如果说客户满意仅仅是客户的心理感受，那么客户忠诚则是客户的一种行为，它通常是一种结果的表现。客户忠诚是指客户对某一特定产品或服务产生好感，形成对某种产品品牌或企业的信赖，进而重复购买的一种趋势。

从行为角度看，客户忠诚度被定义为对产品或服务所承诺的一种重复购买行为，这种形式的忠诚可以通过诸如购买份额、购买频率等指标衡量。

从态度角度看，客户忠诚度被定义为对产品和服务的一种偏好和依赖，这种方法要求描述客户忠诚度时不仅要考虑客户的实际购买行为，还需要考虑客户的潜在态度和偏好，测量指标有购买意愿、偏好程度等。

2. 客户忠诚度分类

客户对企业的产品或服务的忠诚，主要通过客户的情感忠诚、行为忠诚和意识忠诚表现出来。其中，情感忠诚表现为客户对企业的理念、行为和视觉形象的高度认同和满意；行为忠诚表现为客户再次消费时对企业的产品和服务的重复购买行为；意识忠诚则表现为客户做出的对企业的产品和服务的未来消费意向。

3. 客户忠诚度与客户满意度的关系

客户满意度不等于客户忠诚度。客户满意度是一种心理的满足，是客户在消费后所表露出来的态度。它衡量的是客户的期望和感受，反映的是客户对过去购买经历的意见和想法，它只能反映过去的行为，不能作为未来行为的可靠预测。客户忠诚度是一种持续交易的行为，是为促进客户重复购买，它可以预测客户最想买什么产品、什么时候买等。

满意度与忠诚度的关系成正比。当客户对某个产品或服务不满意时，将可能产生两种结果：要么退出，不再购买该企业的产品；要么抱怨，以求得到补偿。因此，提高客户满意度将会减少客户抱怨，并且降低客户退出的可能性，即提高客户忠诚度。从一般意义上来说，满意度是忠诚度的基础，如果没有满意度作为保障，企业不可能成功地塑造自身品牌形象，也不可能提升忠诚度。

此外，客户忠诚度也反作用于客户满意度，即忠诚度越高的客户，其对产品满意度的标准也越高。

（二）影响客户忠诚度的因素

客户忠诚度是客户忠诚营销活动的中心结构，是客户对产品感情的量度，是客户的忠诚行为与未来企业利润相联系的指示器。把不同程度的情感态度取向和重复购买行为结合起来，客户忠诚度可以划分为四个不同的层次，如图 2-7 所示。

影响客户忠诚度的因素很多，主要包括企业品牌、服务质量、客户满意度、购买方便性等。

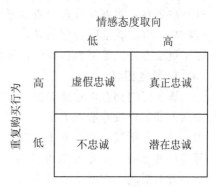

图 2-7 客户忠诚度分类

1. 企业品牌

客户忠诚度与品牌影响力有着很大的联系，企业品牌是影响客户忠诚度的主要因素之一。对于消费者来说，名牌产品是客户购买时的首选产品。久负盛名的品牌即是优良品质的保证，便于客户辨认、识别和选购商品。企业没有品牌，开拓市场就会艰难；商家没有品牌，销售渠道就会堵塞。对于市场强势的品牌，客户会抢着购买，没有客户愿意放弃真正的强势品牌。因此，品牌保障品质，品牌保障客户，企业应力求塑造品牌魅力，成就客户高忠诚度。

2. 服务质量

很多研究表明，企业服务与客户忠诚度是相关联的，服务质量对客户忠诚度有着更为直接而根本的影响。这就是说，服务质量的好坏直接决定着客户的忠诚与否。当企业不间断地通过服务帮助客户创造价值时，客户会奉企业为上宾，会不离开企业，会永远忠诚于企业；当企业不能为客户创造价值时，客户可能会逐渐远离与企业的合作，忠诚就变得苍白。因此，服务质量决定忠诚度，改善服务质量自然会提高客户的忠诚度，提高企业的盈利能力和经营绩效。

3. 客户满意度

大量的有关客户满意度和客户忠诚度的研究表明：无论行业竞争情况如何，客户忠诚度都会随着客户满意度的提高而提高。客户的满意程度高，则该客户会购买更多该企业的产品，对企业及其品牌忠诚会更久。可以说，客户满意是推动客户忠诚度的最重要因素。客户忠诚度的获得必须有一个最低的客户满意水平，低于这个水平线，忠诚度将明显下降。因此，客户的满意度提升是企业创建品牌及维系提升忠诚度的必由之路。

4. 购买方便性

在消费者无法找到替代品或者没有竞争者的情况下，就可能形成潜在的忠诚。由于地理位置等因素的制约造成购买者不能很方便地获得产品时，就会影响客户忠诚度。这种情形在一些服务行业中更为常见，例如，很多人会长期而固定地选择一家超市进行购物，仅仅就是因为这家超市距离客户家很近，但这种忠诚并不牢固，一旦客户发现了更加方便或是更为满意的目标之后，这种忠诚也就随之减弱甚至消失。

5. 其他因素

服务好内部客户有助于提升外部客户忠诚度。内部客户是指企业的任何一名雇员，如果内部客户没有适宜的服务水平和相应的专业素质，使他们以最大的效率进行工作，则外部客户所接受的服务便会受到不良影响，进而会引起外部客户的不满甚至丧失外部客户的忠诚。企业要以外部客户满意为标准，促使内部员工积极参与、努力工作，从各方面提高工作质量，促进整体素质的提高。企业有满意的员工，才有满意的产品和服务，才有满意的客户。

(三)在顾客抱怨管理中的应用

随着社会的发展和市场经济竞争的加剧，客户忠诚度在促进企业发展的过程中扮演着越来越重要的角色。

顾客满意是影响顾客忠诚的最重要的因素，而顾客抱怨又是始于顾客的不满。在顾客不满当中，那些因抱怨而使其问题迅速得到解决的顾客与那些抱怨尚未得到解决的顾客相比，更可能发生再次购买行为；而那些从未抱怨的顾客则相对最不可能再次购买。也即，产生抱怨的顾客经企业努力补救后并最终感到满意的，将比那些问题未被解决的顾客更加忠诚。而这种忠诚度的提高将转变成企业的盈利。因此，良好的顾客抱怨处理会对顾客忠诚度及企业绩效产生积极影响。

【复习思考题】

1. 处理顾客抱怨引入危机管理理论的必要性是什么？
2. 顾客抱怨对归因的结果具体有哪些维度？
3. 顾客进行横向、纵向比较的结果给顾客能带来哪些感受？
4. 顾客期望与顾客感知的关系是什么？
5. 客户关系管理的具体内容是什么？
6. 影响客户忠诚度的因素有哪些？

【综合案例分析】

中国移动的优质服务

中国移动根据客户的消费能力，将其客户群分为高端客户(全球通客户)与中低端客户(神州行客户)；高端的全球通客户群又分为钻石客户、金卡客户和银卡客户，每个层次配备不同的资源来满足其客户的需求。当全球通客户拨打 10086 服务热线时，会直接转入人工服务，同时其钻石级客户还配备专门的大客户经理为他们提供更有针对性的服务。

特别是当两个客户有利益冲突，如当两个客户的订单交期有冲突时，可以优先完成级别高的客户订单；当发生缺料时，优先完成级别高的客户订单；甚至在付款条件等方面，也可以给级别高的客户比较宽松的付款条件等。

分析：

1. 中国移动客户分级的依据是否可行？
2. 中国移动是如何处理客户的利益冲突的？给你带来哪些启示？
3. 中国移动配备大客户经理的目的是什么？此举能给客户带来哪些感受？

第三章　顾客抱怨认知

【关键术语】

　　顾客抱怨　　抱怨影响　　抱怨行为　　抱怨类型　　抱怨动机　　抱怨原因

【学习目标】

◆ 了解顾客抱怨的真相

◆ 理解顾客抱怨行为的不同呈现方式

◆ 理解顾客抱怨的影响、类型

◆ 掌握顾客抱怨的动机与原因

【能力目标】

◆ 能够分析不同类型的顾客抱怨

◆ 能够根据不同动机处理顾客抱怨

◆ 能够判断顾客抱怨产生的原因

【开篇案例】

茶餐厅的老总会议

　　最近，来茶餐厅的客人越来越少了。王总的眉头也一直紧锁着，茶餐厅里的环境和菜肴质量都没有什么问题，那到底是哪里出了问题呢？他找来了两位副总，想听听他们的意见。

　　张副总首先说话了："要说到茶餐厅的硬件，我觉得没有什么问题。无论是环境、价格还是菜肴，我们都是有竞争力的。我们现在客人减少，问题很有可能出在软件上。"

　　李副总接过话茬，说道："我同意张总的看法。其实像我们这样的茶餐厅不在少数，光从环境上看，客人可能有很多种选择。要想留住顾客、吸引顾客，必须在服务上做足工夫。"

　　王总点点头，说："我也是这样想的，让顾客满意是我们的宗旨，我们茶餐厅也就是要给顾客提供休闲舒适的体验。那么在服务方面，两位有什么看法呢？"

　　张副总想了一会儿，说："恐怕问题就出在顾客不满意上。顾客不满意，他就要抱怨。这一抱怨，麻烦可就接着来了。首先，就是影响我们茶餐厅的声誉。你想，他在大堂里一嚷嚷，所有的客人都听见了，这造成的影响多坏啊！其次，要真是我们的服务出了问题，赔偿倒也是理所应当的。但就是有一些蛮横的顾客，怎么做他都不满意。另外，有几个服务员因为老碰到这样的顾客，都没了工作热情。所以说，我们得想办法减少顾客的抱怨。这抱怨多了，不是好事。"

李副总摇摇头："张总，你这个观点我可就不认同了。要知道，顾客不抱怨并不一定就代表他们满意。相反，很多情况下，因为种种原因，顾客不愿意把自己内心的真实想法表达出来。他们尽管嘴上不说，可以后再也不会光顾我们茶餐厅了。如果他们在我们餐厅里没有把意见说出来，情绪没有发泄，很有可能回去的时候添油加醋告诉他们的亲朋好友，这样对我们的声誉影响才大呢。我们不但不能减少他们的抱怨，反而应该鼓励他们直接向我们提意见。这样，才能及时改正我们服务当中的不足，吸引更多的客人。"

两位副总你一言，我一语，各有道理，这让王总也陷入了深思：顾客抱怨到底是越少越好呢，还是越多越好呢？顾客又是怎么考虑的呢？

20世纪七八十年代，美国学者对顾客抱怨行为进行了大量的研究。因此，西方对于顾客抱怨行为的研究已经比较成熟，研究主要集中于三个方面：一是顾客是否抱怨、何时抱怨、为什么抱怨以及如何抱怨；二是顾客抱怨以后可能的行为或者实际的行为；三是企业是如何处理顾客抱怨的，以及企业应该如何处理顾客抱怨。但是，这些研究很少有涉及亚洲国家的，而在中国，关于顾客抱怨行为的学术研究还较少。

第一节　顾客抱怨的真相与影响

面对日趋激烈的市场竞争，企业在顾客抱怨这一点上应变被动为主动，彻底从观念上正确认识顾客抱怨。顾客对企业的产品或服务提出抱怨，只要是客观存在的，这些抱怨对改进产品技术、提高产品市场竞争力有很大帮助，对企业来说是有百利而无一害的。

一、顾客抱怨的真相

(一)顾客不满的发泄

什么是抱怨？抱怨又是因何而起的呢？

简单地说，"抱怨"就是顾客对商品的服务方式的不满及责怪。因此，似乎只要售卖品质优良、性能超群的商品，并且提供良好的服务水准，就不会遭到顾客的抱怨。但是，事实也并非如此简单。

【案例 3-1】

相同的产品，不同的反应

王先生带孩子逛街，在浏览地摊商品时，孩子吵着要买一辆大约 30 元的玩具小汽车，王先生当时不怎么在意地就买了给他。可是到了第二天，不知道是孩子的玩法太粗野还是玩具车的齿轮接合出问题，车子一动也不动了。王先生非常无奈，只好笑着安慰闷闷不乐的孩子："没办法，这是在地摊买的，过几天再买一个好的给你。"

几天后，王先生在公司附近的一家玩具店看到了同一款式的小汽车，就如约购买了一辆给孩子。这一次花费 35 元，比上次只贵了几块钱。孩子很高兴地玩了起来，可是到了第二天，车子又不动了。王先生在得知孩子的使用方法无误之后，判断所买的玩具车是有瑕疵的，于是下班回家时顺道去玩具店找店家理论。最后，换了一辆新的玩具汽车回来。可想而知，他的孩子一定非常高兴。

(二)企业信用的体现

即使商品及服务已达到良好的水准，几乎可说是"零缺点"的程度，但只要与顾客之前的期望有差距，就会有抱怨的情形发生。而面对同样的商品及同样的服务，有些顾客可能只是一笑置之、自认倒霉，但是有些人就会吹毛求疵地提出抱怨。其实，能接遭到顾客严重的抱怨，说明这家商店尚有信用。

事实上，抱怨的确是信用度的表现，消费者之所以会主动抱怨，也是这些商店长期提供使顾客信任、使顾客期待的产品与服务，并日日苦心经营、兢兢业业努力不懈的结果。

因此，当顾客对于他们一向信任而又抱着高度期待的企业产生不满时，就会很容易地将之表情化，也就是直截了当地产生"抱怨"。

但是，倘若以此为依据，把"抱怨"当成是评估企业是否存在信用值的标准，那就会产生一个奇怪的理论：遭受抱怨越多的企业就是顾客越值得信任的好企业。果真如此，那就大错特错！总体上，顾客的抱怨一定是越少越好，没有越多越好的道理。

对企业而言，抱怨当然是越少越好，因为这些抱怨正是企业经营的弱点所在。因此，要想改善企业的经营状况，树立良好的形象，就必须先处理这些由顾客心中产生的抱怨。

(三)企业进步的财富

"抱怨"并非啰唆、烦人的事或者是顾客存心找茬，而是顾客发自内心的重要信息，一种既难得又贵重的"财富"。

俗话说"良药苦口"正是这个道理。但是如果企业经常遭到顾客的抱怨也并非好事。

如果顾客经常针对企业员工大加责骂，任何员工都不可能做到无动于衷。但反过来看，当顾客抱怨时，如果企业员工能真正反省自己的态度和服务方式，不但可以增进企业本身待人接物的技巧，也会使企业及员工的心智成熟。因为，最大的关键即在于如何"施"，如何"受"这两方面。

【案例 3-2】

兑现承诺的商厦

某商厦开业之际，经营者们经过深思熟虑，针对社会上假冒伪劣商品横行的现象和顾客怕上当受骗、怕购买不称心的心理，提出了"不满意就退货，退货没商量"的经营策略。在通过各种传媒向社会各界做充分宣传的同时，他们还要求全体员工将此作为一种承诺、一种信誉坚持下来。具体内容是：凡在商厦出售的商品属质量问题，实行"三包"，即包修、包退、包换。因顾客改变兴趣或价格在本商场偏高，要求退换者，在一月之内，保持原质、原样，不脏不残，不影响再次出售者，给予退换（不含国家规定不退换的食品、化妆品、内衣、珠宝、卫生用品），力争做到"购物到商厦，风险等于零"。

该商厦能否实现自己的这一承诺？他们是如何兑现自己的承诺的呢？截至开业第二年 6 月底，各楼层柜组累计退换商品 1780 人次，退换金额 23 万余元，损失金额 9 万多元。从总经理到营业员，全体员工都尽职尽责地兑现了自己的承诺。

顾客王莉在柜台购买真皮手套一双，一星期后发现手套有裂皮开线现象，商厦按退换货制度给予接待处理；另一名顾客在商厦购毛线 0.9 千克，由于挑选不细心，该顾客在织毛衣时才发现有 0.25 千克毛线颜色不一样，她抱着试一试的心情带着已绕团的毛线找到柜台，营业员很快为该顾客挑选配对同色的毛线。

价格低的货物可退还，价格高的怎么办？1 月 6 日，顾客刘女士在商厦购买呢大衣一件，单价 1800 元。2 月 17 日以褪色为由要求退换，虽然时逾 42 天，已超过退换的时间规定，但营业员还是满足了刘女士的要求。3 月 26 日，顾客李小姐在棉布组购面料 1.05 米，计价格 72.24 元。她花去手工费 12 元，用掉 2 元的衬布做成一条裤子，穿了一上午就发现裤子扒缝，于是就来到商厦要求处理。营业人员发现裤子扒缝厉害完全是由于面料质量问题所致，就果断地为顾客退还了布料款，并将手工、衬布款 14 元也一并付给顾客，真正体现了在商厦购物风险等于零的承诺。

当然，在实现自己的承诺时，商厦人也为此付出了许多辛酸。有位顾客在商厦买了一件价格 3800 元的皮夹克，两个月后他带着伤痕累累，严重脱浆，并划了几道的夹克上门要求退货。因为这件夹克的问题不属于质量问题，又超过了保修时间，营业员除进行了耐心的解释外，还对皮夹克重新刷浆修补，甚至连坏了的拉链也进行了修理，夹克面貌一新，顾客满意而归。皮鞋开胶，本属保修范围，但有些顾客硬要求退换，认为"我不满意就要退，退货用不着跟你商量"。有位顾客20多天换一双鞋，换了4次还要换。更有甚者，皮鞋买了只穿了一天感觉不舒服，就要求退换。虽然这些要求超出了商厦的承诺范围，但营业员们每次都耐心解释，认真处理，尽量使消费者抱怨而来，舒心而去。

商厦信奉"诚信为本，仁中取利"，"不满意就退货，退货没商量"与他们信守的这八字原则并不矛盾。商厦切实保证商品质量，使顾客买了放心，用得舒心，体现了"诚"和"信"的要求；通过退货赢得了顾客的信赖，充分激发了他们再次购买的欲望，使其中不少人都成了商厦的回头客和义务宣传员。得消费者心者得市场，有市场必有"利"可取，这又最终体现了"仁中取利"的信条，商厦最后还是真正的赢家！看来，还是俗话说得好，"有失必有得"。商厦的退换策略不仅在于他们以小"失"换来了大"得"，更重要的是他们实际上是先有所失而后有所得。在他们的这一明智的市场行为中体现出来的"得"与"失"之间的辩证法，很值得广大商家细细体味！

【案例 3-3】

主管与营业员

一天，一个年轻小伙子带着女朋友在鞋柜台前大吵大闹，说该店鞋柜卖的鞋质量差，这不好那不好，还指责营业员小肖态度恶劣。小肖听他的话很不入耳，说话口气便稍重了些，结果这位小伙子不但满嘴脏话，还吵嚷着要和小肖打起来。当时围观的人很多，这时服装部张经理过来，立即给该顾客换了一双鞋，并双手把鞋子交给那个年轻小伙子，同时代表整个柜组向他道歉。事态终于得到平息，围观的人大都赞叹："你看人家的负责人，真有水平，给人一种讲道理、重信誉的印象。"

【案例 3-4】

烧鸡不见了

一天中午，某商城的人特多，售货员正在副食组帮忙。这时，有一位老太太走到柜台说她买了一只铁盒装的道口烧鸡，可铁盒里什么也没有。售货员见她那生气的样子，连忙打开包装盒，一看，果然空空如也。于是他怀着歉意给老人解释："这些是我们从别的公司进的货，至于铁盒里有没有烧鸡，我们也看不到。这样，我们给您退钱好不好？"老人接受了售货员的处理，满意而去。虽然损失了一只烧鸡，但由此换来了信誉，何乐而不为呢！

二、顾客抱怨的积极影响

(一)有助于企业正确认识抱怨行为

顾客抱怨不仅仅意味着顾客的某些需要未能得到满足。实际上，抱怨也是顾客对企业、对企业员工管理工作质量和服务工作质量的一种劣等评价。任何企业的员工都不希望有顾客抱怨自己的工作，这是人之常情。然而，即使是世界上最负盛名的企业也会遇到顾客抱怨。成功的企业善于把抱怨的消极面转化成积极面，通过处理顾客抱怨来促使自己不断改进工作，防止抱怨再次发生。正确认识顾客的抱怨行为，就是不仅要看到抱怨对企业的消极影响，更重要的是把握抱怨所隐含的对企业的有利因素，变被动为主动，化消极为积极。

(二)有助于提高企业基层管理质量

对一线服务而言，基层管理的主要对象是员工在服务现场的工作质量；对后勤部门而言，基层管理的主要对象为协同前线部门，确保企业产品或服务的整体质量符合要求，无论前线或后勤部门，都通过自己的工作与顾客产生直接或间接的沟通，是顾客心目中的"企业代表"。企业各岗位、各工序员工，他们的工作态度、工作效率、服务质量和效果直接影响到顾客抱怨行为的产生。

顾客抱怨行为实际上是企业基层管理质量的晴雨表。一般情况下，质量管理都是以企业内部标准为基准的活动。而抱怨管理则是直接与顾客的需求相关的，所以它就从实践的角度扩大了质量管理的范围。通过顾客向企业抱怨，企业可以及时发现自己发现不了的工作漏洞，鞭策企业及时堵塞漏洞、对症下药，解决可能是长期以来一直存在着的、严重影响企业声誉的工作质量问题。即使是顾客的有意挑剔、无理取闹，企业也可以从中吸取教训，为提高经营管理质量积累经验，使制度不断完善，服务接待工作日臻完美。

(三)有助于改进产品或服务

改进产品或服务主要体现在：降低成本、提高生产技术。

一方面，如果企业由抱怨引起的损失赔偿要求不断增加，其补偿额往往也是巨大的。因此，防止抱怨本身就能够降低成本。而且，在进行抱怨管理的过程中，还有机会寻找能够消除生产过剩和无谓浪费的有效手段。在多数情形下，引起抱怨的部分往往在生产过程中也是最容易发生问题的部分。所以如果采取了治本的对策，往往能够发挥降低成本的作用。

另一方面，对于企业而言，当然应该尽量为满足顾客的需求而努力不懈。但无论产品的设计、生产技术多么完善，总存在自身的不足。在实践中，生产技术在不断改进，完全按照出奇的设计和生产方法一成不变地进行生产的情况是很少的。因此，企业在处理抱怨时，要利用抱怨改进设计和生产技术。否则，如果不依据市场的要求做出技术方面的努力，企业是很难生存的，更谈不上参与市场竞争了。

【案例 3-5】

卫生纸的卷未必越大越好

某商场老板一次偶然听到两位顾客抱怨"卫生纸的卷太大"，他感到很奇怪。于是，他马上就去问顾客："卷大、量多不好吗?"原来，顾客是一个低档宾馆的采购人员，由于来宾馆投宿的客人素质较低，每天放到卫生间里的卫生纸(虽然可以用好几天)，往往当天就没了，这造成宾馆成本大幅上升。

这位商场老板在了解情况之后，立即从造纸厂订购了大量的小卷卫生纸，并派人到各个低档宾馆去推销，结果受到普遍欢迎。

(四)有助于挽回企业社会声誉

顾客抱怨为企业挽回社会声誉提供了宝贵的机会。顾客在企业消费过程中遭遇不满，则往往会将自己的不愉快经历向家人、朋友倾诉，这是对企业极为不利的口头宣传。顾客产生抱怨的行为，表明顾客仍然相信企业能够改正错误，解决企业面临的问题。若企业能正视顾客的抱怨，通过采取一些服务补救措施，能够将不满意的顾客变为满意顾客，企业则能够重新赢得顾客的信任，挽回企业的声誉受损。

实践表明，顾客抱怨如果能够得到迅速、圆满的解决，顾客的满意度就会大幅度提高，顾客大都会比失误发生之前具有更高的忠诚度。不仅如此，这些满意而归的顾客，有的会成为企业义务宣传者，即通过这些顾客良好的口碑鼓动其他顾客也购买企业产品，进而促进企业社会声誉的提高。

(五)有助于企业把握顾客价值趋向

抱怨是顾客不满的一大信号。但在实际中，企业一般都把注意力集中到追究产品缺陷发生的责任上或是对抱怨的处理上，却忽略了顾客的真正需求。由于抱怨是与市场紧密相关的，因此在开发新产品或服务时如果考虑到抱怨的提示作用，那么新产品或服务的开发成本就可能降低，还可以避免生产出市场不需要的滞销商品或服务，创造出良好的销量。

面对顾客抱怨，如果能够保持积极的态度，就会发现在顾客的抱怨中暗藏着顾客的"价值取向"，也就是在企业提供的产品或服务中，顾客最看重、认为真正体现"价值"的方面。而顾客之所以抱怨，就是因为企业在产品或服务中并没有提供这种价值，或没有达到顾客的期望值。正确判断顾客抱怨中所包含的价值取向，有助于企业更有效率地响应顾客，最大限度地满足顾客需求，从而提升顾客忠诚度和美誉度。顾客的价值取向对企业而言，总是积极的，但有趣的是，通常它们总是和顾客的抱怨相反，就如表 3-1 所示。

表 3-1　顾客抱怨价值取向表

顾客抱怨内容	顾客价值取向
服务响应慢	速度
工作人员粗鲁	礼貌或态度
昂贵的价格	金钱的价值
产品缺陷	可靠性
呆板的政策	灵活性
机械的工作人员	个性化的关注

三、顾客抱怨的消极影响

顾客对企业的评价与抱怨，对于企业是一种重要的信息。对于抱怨，要承认它本身所具有的"财富"价值，这些价值可以使商家更清楚地认识到自己的不足，隐含着无限的商机。

松下幸之助①的体会是："人人都喜欢听赞美的话，如果顾客只说好听的话，一味地纵容，会使我们懈怠。没有挑剔的顾客，哪有更精良的商品？因此，面对挑剔的顾客，要虚心求教，这样才不会丧失进步的机会。"

(一)对顾客产生的消极影响

1. 顾客心中产生不良印象

很多时候，顾客抱怨是由于顾客对企业或产品有所误会而引起的，如果企业不能及时处理好顾客抱怨，就会在顾客心里"失分"。这样不仅会损害企业和销售人员的形象，而且会使顾客对销售人员和企业失去信心，从而取消交易。当顾客有所不满，甚至连抱怨行为都不愿意了时，说明顾客对企业已经失望至极。可以想象，一个顾客的不满会影响到多少人对企业的印象。

2. 顾客减少购买或不再购买

抱怨的顾客不仅自己会减少购买或不再购买，还会通过负面的口碑宣传劝阻其他人购买。相当一部分顾客在感觉不满意的时候会选择抵制企业或者告诫亲友。抵制企

---

① 松下幸之助是日本著名跨国公司松下电器的创始人，被人称为"经营之神"。"事业部""终身雇佣制""年功序列"等日本企业的管理制度都由他首创。他用一句话概括自己的经营哲学："首先要细心倾听他人的意见。"

业的做法包括减少购买、转换品牌等，而告诫亲友的结果是对企业做负面的宣传，影响企业的声誉和形象。现代企业面临着激烈的市场竞争，而企业之间的竞争本质上就是对于顾客资源的竞争。企业的市场份额、经营绩效、品牌效应等都是建立在顾客基础上的。这种私人行动恰恰会造成企业的现实顾客流失，潜在顾客减少，直接对企业的生存和发展带来危机。根据调查显示，一家企业平均5年就会失去一半的顾客。很多顾客可能不会突然离开，但一次次的不高兴总有一天会让他们决定离开。

【案例 3-6】

算一算

假设你在某小区附近经营一家面包店，你的邻居一周至少光顾一次，每位顾客平均一次花费20元钱。如果你不注意做错了什么，这位顾客也没有告诉你做错了什么，而是再也不来了，你的损失有多大呢？

这是一个简单的算术：你损失的是一年1 040元钱(20元×52周)。如果你一个月丢掉10个这样的顾客，一年就是100多个。这样算下来，如果你不注意顾客抱怨的损失，一年就有100000元之多。

抱怨的顾客是企业最大的财富。如果不能有效、及时地处理顾客抱怨，则顾客在你这里的消费就会减少或者不再光顾。顾客如果连抱怨都没有，那么表明你可能就再也见不到他了，因为没有人是永远满意的，他不再抱怨就表示他已去别的企业了。实际上，你在丢失顾客！

(二)对企业的消极影响

1. 企业社会信誉下降

顾客抱怨尤其是公开的抱怨发生后，企业的"知名度"会大大提高，企业社会影响的广度、深度也会不同程度地扩展。不满意的顾客不但会自己终止购买企业的商品或服务，还会转向企业的竞争对手，而且还会向他人诉说自己的不满，给企业带来负面的口碑传播。有研究发现，一个不满意的顾客会把他不满的经历告诉其他至少9个人，其中的13%会告诉20个人。一位顾客曾经通过互联网宣泄自己的不满时写道："只需要5分钟，我就向数以千计的顾客讲述了自己的遭遇，这就是对厂家最好的报复……①"

---

① 郑海：《浅析顾客投诉》，载《企业研究》，2005(10)，40～41页。

【案例 3-7】

美国的消费者抱怨处理调查

美国一家著名的消费者调查公司 TRAP 公司曾进行过一次"在美国的消费者抱怨处理"的调查，并对调查结果进行了计量分析，以期发现顾客抱怨与再度购买率、品牌忠诚度等参量之间的关系。

从顾客抱怨处理的结果来看，顾客抱怨可能给经营者带来的利益是顾客对经营者就抱怨处理的结果感到满意从而继续购买经营者的产品或服务而给经营者带来的利益，即因顾客忠诚的提高而获得的利益。

TRAP 公司的研究结果表明，对于所购买的产品或服务持不满态度得顾客，提出抱怨但却对经营者处理抱怨的结果感到满意的顾客，其忠诚度要比那些感到不满意但却未采取任何行动的人好得多。具体来说，他们的研究结果显示，在可能损失的 1～5 美元的低额购买中，提出顾客抱怨但却对经营者的处理感到满意的人，其再度购买比例达到 70％。而那些感到不满意却也没采取任何行动的人，其再度购买的比例只有 36.8％。而当可能损失在 100 美元以上时，提出顾客抱怨但却对经营者的处理感到满意的人，再度购买率可达 54.3％，但那些感到不满意却也没采取任何行动的人气再度购买率却只有了 9.5％。这一研究结果一方面反映了对顾客抱怨的正确处理可以增加顾客的忠诚度，可以保护乃至增加经营者的利益。另一方面也折射出这样一个事实：要减少顾客的不满意，必须妥善地化解顾客的抱怨。

案例来源：王京生：《从顾客抱怨中淘金》，载《企业改革与管理》，2008(9)，76～77 页。

2. 企业经营发展受限

顾客的抱怨并不可怕，可怕的是不能有效地化解抱怨，最终导致顾客离去。有研究表明，一个顾客的抱怨代表着另有 25 个没说出口的顾客的心声。企业如果当场为顾客解决问题，95％的顾客会成为回头客；如果延缓到恰当的时候再解决，处理得好，将有 70％的回头客，顾客的流失率为 30％；若对顾客的抱怨一拖再拖或没有进行正确的处理，则将有 91％的顾客流失。对于许多顾客来讲，他们认为与其抱怨，不如放弃或减少与经营者的交易量。由此可见，顾客是市场竞争中的"法官"，及时、有效地处理顾客的抱怨对于企业的经营活动及发展有重要意义。

3. 企业生存受到威胁

回顾每一次重大的企业危机，几乎每一次都有一些先兆，只是没有引起企业的足够重视。顾客抱怨可以有效预警企业危机，为企业危机提供线索。因此，企业要珍惜顾客投诉，认真分析、及早发现企业可能存在的重大问题。日本的"经营之神"松下幸之助说："应将顾客的批评意见视为神圣的语言，任何批评意见都应乐于接受。"

【案例 3-8】

英国航空公司的"抱怨冰山"法

"抱怨冰山"是由英国航空公司提出的。该公司在处理顾客抱怨过程中，将顾客满意度与抱怨的关系进行了调查、统计和分析，并绘制了图表（见图 2-1），因为图表很像浮在水面上的冰山，因此英国航空公司将其命名为"抱怨冰山"。

"顾客抱怨冰山"显示，大量的不满顾客如冰山一样隐藏在表面上看起来平静的海面之下，只有当企业这艘大船撞上之后我们才会了解，而这时的企业往往已经失去了补救的机会。

在提供服务的过程中，大部分公司认为，当顾客不提出抱怨或投诉时，他们是处于满意的状态。通过"抱怨冰山"我们注意到大部分的顾客尽管不满意也不会提出投诉。当公司没有注意到这部分顾客，并且没有任何应对措施时，我们的顾客正在流失。消费行为学研究表明：尽管有 69% 的顾客不会投诉，但有 50% 的顾客会将这种不满意传递给其他人，其中小问题会传递给 9 个人以上，大问题会传递给 16 个人以上。因此，"抱怨冰山"应得到企业的高度重视。投诉只是意见的冰山一角。实际上，在投诉之前就已经产生了潜在抱怨，即服务存在某种缺陷。潜在抱怨随着时间的推移逐步变成显在抱怨，最后进一步转化为投诉。

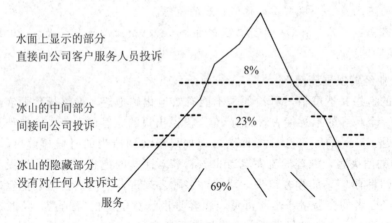

水面上显示的部分
直接向公司客户服务人员投诉

8%

冰山的中间部分
间接向公司投诉

23%

冰山的隐藏部分
没有对任何人投诉过
服务

69%

图 3-1　顾客抱怨的"冰山图"

（三）顾客抱怨对员工的影响

1. 心态

企业在考核员工的专业素质时，对心态方面提出了更高的要求。对于员工而言，从事销售行业时间越长，自我心态调整的技能就越高，但对于刚从事销售工作的人员来讲，受到顾客的抱怨，若不能及时调整心态的话，就会对自己的销售工作失去信心、产生怀疑，严重的会导致对行业失去信心。

2. 收入

员工的收入是靠业绩衡量的，顾客资源就是业绩的保证。有效处理顾客抱怨，不仅可以化解危机、重新实现销售，而且可以提高顾客忠诚度，扩大良好的影响面。销售人员的收入必将随着顾客量的不断增加而不断提升，反之，收入则会减少。

3. 成就感

组织行为学研究认为，对成就的渴望是个体与生俱来的。每个人都希望工作有意义，自己的能力得以施展，并且得到人们的认可。事实上，对于每一个销售人员而言，在稳定、健康的市场背景下，成功提升销售业绩是一件很有成就感的事。顾客抱怨出现时，销售人员如不能有效处理，则意味着不仅失去现有顾客，而且毫无销售成就感，以致自尊心受到挫伤、自信心降低、工作热情下降，最终丧失职业理想。

【案例 3-9】

医院的委屈奖有效吗？

如今，一些城市的部分医院设立了"委屈奖"。该奖主要是针对那些能够包涵患者、避免发生冲突，从而受了委屈的医护人员进行的一种物质奖励，最高奖金 2000 元。实施以来，获得"委屈奖"的人最高也只发了 200 元奖金。而且每年大约只有 10 名医护人员能够获得这一奖项，一些人是含泪领奖，其中保卫部门的工作人员获得"委屈奖"最多，微创科、骨儿科、产科等临床科室也有获奖者。

这些城市的医院规定：一旦医生受到病人的投诉，就要立即给予罚款，罚款过后再进行核实。如果是病人的无理投诉或医务人员并无过失，医院经查实后年终再颁发"委屈奖"给相关的医务人员。"委屈奖"设立的本意，是希望能够促进医德医风的建设，为病人提供良好的医疗服务。医院的这种做法受到了许多病人的赞许。但同时，也打击了一部分医务人员的工作热情。

一位护士小姐在接受采访时说，医院设立的"委屈奖"根本无法弥补心里受到的委屈。医院里确实有医护人员医风医德不好，但也难免一些难缠的病人对医护人员的服务吹毛求疵。不少医护人员认为，这种做法未免有点"矫枉过正"。因为医院一接到投诉后，不分青红皂白就先扣钱，若投诉情况属实那无话可说，若是病人捏造或打击报复的，那被诬陷的医护人员的形象就遭到严重的损害。

从该案例可以看出，顾客抱怨会影响医院员工的工作热情，对医院的凝聚力产生不利影响。实际上，没有哪个员工乐于接受领取这个"委屈奖"。自己辛苦努力的劳动成果不仅得不到顾客的肯定。反而受到指责或者投诉，对于员工来说并不是一件容易接受的事。

从经营管理的角度考虑，这种重视顾客的做法没有错，但是当事的员工或多或少会受到顾客抱怨的影响。另外，很多情况下，顾客抱怨意味着企业在服务设计上或者服务执行上存在缺陷，企业的某一部分人需要承担责任。而由于服务的特殊属性，责任的调查和追究往往难度很大。一旦调查处理出现失误，很容易打击员工的工作热情，影响整个企业的凝聚力。

第二节　顾客抱怨的内涵

产品和服务的最终评价者是顾客，要使所有的顾客感到满意是很难做到的，失误总是在所难免。如果顾客直接向企业提出抱怨，企业就有机会对失误进行良好的补救，并由此增加顾客满意度，建立顾客关系，防止顾客转换品牌。如果顾客不进行抱怨，企业就失去了发现并改正问题的机会，而且这些不满意的顾客很可能把这种不满传递给更多的人。

一、顾客抱怨的界定

（一）顾客抱怨定义

抱怨在字典中解释为"心中不满，诉说别人的不对"。顾客抱怨行为研究开始于20世纪70年代，其代表学者包括Landon、Best和Andreasen等。理论界普遍认可的顾客抱怨概念是由Singh(1988)提出，该观点认为：顾客抱怨是指一部分或全部由于购买商品或服务而感到不满意所引起的顾客的一系列多重反应。这些反应可以是"表达不满意"的任何行为，也可以是非行为的。例如，顾客忘记了这个问题而没有采取任何行动。简言之，抱怨是对于与商品、服务有关的缺陷，消费者对制造者或供应者所持的不满和责难。从根本上来讲，顾客抱怨是顾客因企业产品或服务质量没有达到期望而发出不满意的表示。因此，当顾客真的发出抱怨时，表示问题已经超出其容忍的范围。

可见，一般说来，抱怨并没有伴随什么诸如损失赔偿等具体的要求。但广义的抱怨包括索赔。由于抱怨是来自顾客的一大信息，所以在考虑如何处理抱怨时，就有必要把这些信息进行一定的分类。

（二）抱怨与索赔的区别

由于广义的抱怨包括索赔，所以需要区别抱怨与索赔，如图3-2所示。

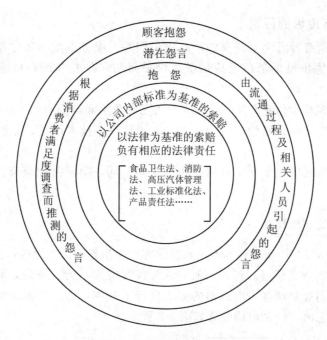

顾客抱怨
潜在怨言
抱 怨
以公司内部标准为基准的索赔
以法律为基准的索赔
负有相应的法律责任
食品卫生法、消防
法、高压汽体管理
法、工业标准化法、
产品责任法……
根据消费者满足度调查而推测的怨言
由流通过程及相关人员引起的怨言

图 3-2　抱怨、索赔的范围图

第1类，以法律为基础的索赔，是企业必须遵守的有关准则。

第2类，以企业内部标准为基准的索赔，是企业对顾客的承诺。对于第1类、第2类索赔的情况，我们必须进行及时处理，防止同类索赔事件的再次发生。目前在产品质量越来越受到人们重视的同时，消费者的立场也得到了更多的重视。从这方面来看，对第1类、第2类情况的处理更应该慎重。

第4类，潜在抱怨，能为我们今后的生产或服务提供帮助和指导，它是我们应当意识到的将来可能会出现的抱怨。在现实生活中，以介于第2类和第4类之间的第3类抱怨最多。对于这类抱怨，我们不但要进行切实的处理，同时还要意识到消费者的不平、不满。

抱怨和索赔的区别如下所述。

抱怨——针对物品及服务的缺陷，消费者表达的对制造者或供给者的不满。

索赔——以客观的证据、数据为基础，（消费者）理所当然的权利要求，即损失赔偿要求。（注：因考虑到产品责任问题，对消费者的证据要求并不十分严格）

如前所述，当顾客对其需求已被满足的程度的感受越差，顾客满意度也就越低，顾客抱怨的情况也就由此产生。本书所讨论的抱怨是广义的抱怨，指顾客不满意（即顾客满意度＜顾客期望）时的心理感受以及做出的反应。

(三)抱怨与投诉的区别

投诉，是由消费者因为对商家的产品质量问题，服务态度等各方面的原因，向商家上级部门或者物价投诉部门反应情况，检举问题，并要求得到相应的补偿的一种手段。

抱怨是指顾客对本企业产品品质或服务状况有所不满，而直接或间接提出之退货、换货、减价、免费维修、赔偿、减少订单、取消订单、技术改善、品质改善等要求或建议。

两者最主要的区别在于诉求对象和执行主体不同，前者为上级或管理部门，后者为企业。

二、顾客抱怨的行为

Day，Landon(1977)认为顾客不满意是顾客产生抱怨行为的原因，他们提出了顾客抱怨行为的两层次分类模型。首先，他们认为顾客抱怨行为也分为采取行动、不采取行动；其次，他们针对顾客采取行动的方式进行了分类，即公开抱怨和私下抱怨两种方式，顾客不满意时，会采取的反应如图 3-3 所示。

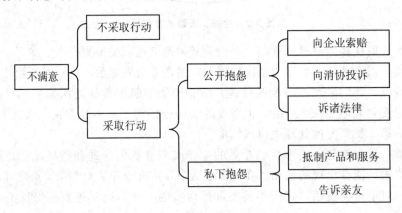

图 3-3　顾客抱怨行为两层次模型

从上图可知，顾客在不满意时主要会采取的反应有：

一是不采取行动。虽然内心不满，但不采取任何行动。不满意顾客采取容忍与否，取决于购买经历对顾客的重要程度，购买商品的价值高低、采取行动的难易程度及其需要额外付出的代价等条件；

二是采取行动。具体分为公开抱怨和私下两种情形。

在公开抱怨中，顾客会采取向企业、消费者权益保护机构表示不满意或提出相应要求，如以相关的法律为基础，或以企业内部标准、合同等为基准向企业提出索赔要求；如果顾客不满意的态度很强烈，就会采取法律行动，向仲裁机构申请仲裁或向法院起诉。

在私下抱怨中，顾客会抵制企业的产品和服务，不再重复购买或光顾该企业。同时，也会向亲友和身边的朋友传递负面口碑和不满遭遇。

三、顾客抱怨的类型

任何销售活动，都会遇到顾客的种种怀疑、反驳，甚至拒绝，我们把这些反对意见统称为抱怨。顾客的抱怨是销售过程中的障碍，也是顾客的权利。

美国著名销售大师汤姆·霍普金斯把顾客的抱怨比作金子："一旦遇到顾客抱怨，成功的销售员会意识到，他已经到达了'金矿'；当他开始听到不同意见时，他就是在'挖金'了；只有得不到任何不同意见时，他才真正感到担忧，因为没有抱怨的顾客一般不会考虑认真地购买。"因此，销售人员若想成功地销售产品，就必须做好应对和消除顾客抱怨的准备，了解顾客抱怨的种类是消除顾客抱怨的前提。

（一）按抱怨是否可转化分类

根据顾客抱怨是否可以转化、消除，可将顾客抱怨分为可转化抱怨和不可转化抱怨两类。

可转化抱怨就是通过销售人员的努力可以将顾客的抱怨转化或消除。例如，"这东西太贵了！"这样的顾客抱怨就可通过一定的努力加以转化。

不可转化抱怨就是销售人员无法转化和消除的顾客抱怨。例如，"我们昨天刚签订了一份这样的合同！"这就是不可转化的抱怨，因为一般来说，顾客不会昨天刚签订了合同购买产品，今天再购买同样的产品。

尽管在准确、严格的顾客资格审查后应该很少出现这种不可转化的抱怨，但是，由于销售工作的复杂性，这类抱怨还是不可避免的。

（二）按抱怨的内容与其实际关心的内容之间的关系分类

1. 真实抱怨

真实抱怨表达的是顾客是否愿意成交及关心的问题。应该承认，确实有些人因为某种原因而不能接受销售人员所销售的产品。比如说，销售人员去向一个食不果腹的人销售某奢侈品，这样必然会遭到顾客的抱怨，这种抱怨就是真实的。归纳起来，真实抱怨的理由有以下几种：

- 没钱购买或消费此产品
- 有钱，但不舍得花
- 拿不定主意
- 无权做出预算之外的开销决定

- 另有打算
- 目前暂不需要（或者觉得不需要）
- 认为太贵
- 不喜欢销售人员或对销售的产品无信心
- 不喜欢、不信任的企业

2. 虚假抱怨

虚假抱怨多为顾客回避销售人员及其所销售商品的借口，主要有以下几种情况。

（1）自然防范。一般人都会有本能的心理防御，人们比较喜欢自主购买而抱怨推销。我们都会有这样的经历，在大街上当有人向你推销衬衣或电动刮胡刀时，很多时候你连看都不看一下。

（2）缓兵之计。有些顾客因没有主见，不喜欢自己做出决定而抱怨，但这只是为了暂时回避，并不是对产品没有兴趣。

（3）过往教训。有些顾客因为曾经吃过硬性推销的亏，而对所有的推销都采取抱怨的态度。

（4）对销售人员心存不满。这可能是销售人员本身素质有待提高，或者是在销售过程中冒犯顾客所致。

（5）存在误解。对企业或商品以往的口碑有误解而产生抱怨。

无论是真实抱怨还是虚假抱怨，有的可以转化，有的难以转化。抱怨能否转化是比较难把握的。如"我不需要"这样一个抱怨，如果是因为顾客不愿暴露其财力的窘境而说"不需要"，则经过销售人员的说服，以及重新进行产品的组合，这一抱怨是可以转化的；如果是因为顾客对销售人员或其代表的企业不满，又不便直接说出来，而说"不需要"，这就难以转化。一般来说，销售人员很难一时搞清顾客抱怨的真实原因，即使搞清了也难以马上扭转过来。在任何情况下，只要还没有确定顾客提出的抱怨是不可转化的，就要把销售过程继续下去。

（三）按成交阶段分类

根据销售流程和顾客提出抱怨的时间，可将顾客抱怨分为成交前的抱怨、成交中的抱怨和成交后的抱怨。

成交前的抱怨，就是顾客在咨询、了解和比较产品阶段的抱怨。成交中的抱怨，就是顾客在购买和消费产品时的抱怨，如"我都要买你这么多东西了，不再给我优惠一点呀！"成交前和成交中的抱怨都可能阻止成交，销售人员要根据抱怨的内容进行认真处理。成交后的抱怨，就是顾客在购买或消费产品后因某种原因提出的抱怨，如顾客提出退保的要求或对销售人员抱怨售后服务不到位等情况。对此，销售人员也必须认真对待，妥善处理。

（四）按抱怨的性质分类

顾客抱怨按照性质划分，可以分为有效抱怨和沟通性抱怨。

1. 有效抱怨

有效抱怨有两种情况：一是违法违纪，即顾客对企业在管理服务、收费、产品质量、维修养护等方面失职、违法、违纪等行为的抱怨，并经过有关行业主管部门查实登记的；二是服务不满，即顾客向企业提出的有关管理或管理人员故意、非故意、失误造成顾客或公众利益受到损害的抱怨。

2. 沟通性抱怨

沟通性抱怨可分为求助型、咨询型和发泄型。求助型，抱怨者有困难或问题需要给予帮助解决的；咨询型，抱怨者有问题或建议向管理部门联络的；发泄型，抱怨者带有某种不满，因受委屈或误会等而内心不满，要求把问题给予解决的。沟通性抱怨若处理不当，会变成有效抱怨，所以必须认真处理好沟通性抱怨。

（五）按抱怨的内容分类

根据顾客抱怨的内容分类是最主要的分类法，可将顾客抱怨分为以下几种类型。

1. 需求抱怨

需求抱怨是指顾客提出其根本不需要销售人员所销售的产品。这是一种很常见的来自顾客自身方面的抱怨，它主要可能是由于顾客的认识水平、生活阅历和成见心理造成的。顾客可能提出的需求抱怨包括不确切知道自身具体需求的抱怨、没有意识到的需求抱怨等。

【案例 3-10】

他们需要什么样的保险？

一对年轻的夫妇来到保险公司的营业大厅，业务经理李先生彬彬而至："请问有什么我可以帮忙吗？"

"谢谢，看到我很多的朋友婚前都买了很多保险，我们也想来看看。"

"那请问两位需要的是哪种保障的产品，是关注自己的身体健康还是关注自己的老年生活问题呢？"

"嗯……我也不是很清楚，你有什么样的计划？让我们看看再说。"

"好的，先生，太太，这是我们公司最新的关于养老新政出台后如何规划自己老年生活的保险计划，它的特点是长期投资、累计升息、回报稳健、保值增值。请两位过目。"

最后，在李经理的帮助下，夫妇俩看上了一款既能累计升息、保值增值，同时还兼具一定的意外保障的分红型养老保险计划。

可是，这对夫妇又开始为这款计划交费期长、红利不确定等问题犹豫不决。他们又提出希望再看看别的计划再作定夺。

这对年轻夫妇对购买保险究竟存在什么疑惑？

在这个案例中，夫妇俩并不是很清楚地知道他们的需求。一开始夫妇俩就指出因为看见朋友买了保险，所以提出了"也想来看看"，其实，他们需要更多的信息。选择保险产品时，顾客提出"看看再说"，可见他们并不知道自己需要的保障是什么。在李经理的帮助下，夫妇俩看上了一个分红型养老计划，可是他们又开始为交费期、红利等问题犹豫了。可见，案例中的夫妇俩不清楚自己的实际需要。因此，顾客的反对问题若是需求抱怨，需要销售人员在销售过程中与顾客不断确认他们的需求。

(1)不确切知道自身具体需求的抱怨。在很多情况下，顾客并不确切地知道自己的具体需求。例如，顾客买保险时，并不确切知道他需要的保险类型、险种、利益等，这时，他就会提出"随便问问""看看再说"之类的抱怨或异议。我们把这种抱怨或异议叫作不确切知道自身需求的抱怨或异议。此类抱怨还有其他表现，例如：

"我只是随便看看。"

"我是替别人看看。"

"我不需要这东西。"

"这东西对我来说没用。"

"我没相中我想要的东西。"

(2)没有意识到的需求抱怨。当顾客产生购买欲望时，有时可能并没有想到其他需求。如购买汽车时，没有想到所需的维修保养、驾照的办理等相关配套的需求；购买羊绒衫时，没有想到穿着后的洗涤、保养等需求……这些需求我们统称为顾客没有意识到的需求。

顾客没有意识到的需求抱怨通常有以下几种说法：

"你们不是说提供这些服务，为什么还要我掏钱？"

"什么？还要买配套产品？"

"这些服务不是免费的吗？"

"为什么买这个保险还要体检呢？太麻烦了！"

"为什么保单办复效还要付利息？"

2. 商品质量抱怨

商品质量问题往往成为顾客抱怨最集中的反映，主要集中在以下几个方面。

(1)次品：顾客发现所购商品有瑕疵。

(2)过保质期：顾客发现所购买的商品或是货架上的待售商品有超过有效日期的情况。

（3）品质差：在连锁超市、便利店里出售的商品大都是包装商品，商品品质往往要打开包装使用时才能做出鉴定。例如，包装生鲜品不打开外包装很难察觉其味道、颜色及质感；干货类的商品打开包装袋才能发现内部发生变质、出现异物、长虫，甚至有些在使用后发生腹泻及食物中毒的现象。因此，打开包装或使用时发现商品品质不好，是顾客意见比较集中的方面。

（4）包装破损。顾客购买的商品出现包装损坏，甚至已影响到产品的外观质量。

上述四种情况是常见的商品质量抱怨，其产生的原因非常复杂，有可能由于商品自身客观存在的不足，也有可能源于顾客自身的主观因素，如顾客的文化素质、知识水平、消费习惯等。此种抱怨是销售人员面临的一个重大障碍，且一旦形成就不易说服。

3. 服务抱怨

顾客对销售的产品质量很满意，但是对销售人员提供的服务不认可，也会妨碍顺利成交，甚至顾客根本就不给销售人员任何机会。更糟糕的是，顾客还可能会对他的邻居、亲友、同事等抱怨销售人员的服务是多么差劲，那样对企业和产品就很不利了。在销售界有这样一个 1∶250 定律，意思是说每一个顾客都可能会影响到身边的 250 个顾客，即乔吉拉德定律。如果销售人员不能正视顾客的服务质量的抱怨，那么销售人员及企业就有可能失去这 250 个潜在顾客了。

【案例 3-11】

顾客对企业服务质量不满意时怎么说

- 哎，我真让他们气死了。这个破玩意儿老是出问题，他们也不派个人过来瞧瞧。
- 他们老是不准时送货。我再也不买他们的东西了。
- ××企业的服务比他们好多了，瞧他们那些业务员，劝你购买的时候嘴巴跟抹了蜜似的，一旦购买了他们就不闻不问了。
- 今天我在家里等了半天了，也没见他们派个人上门修理修理，这不是折磨人吗？
- 哎，别提了，我们上当了，以后不买这些破玩意儿就是了。

对服务质量提出的抱怨有以下两种情形。

（1）对企业的服务质量不满意。顾客对企业的服务质量不满意，说明销售人员的服务质量还存在一定的问题。商家奉行的一条金科玉律说得好：顾客永远是对的！

顾客对企业的服务质量不满意时，通常会提出下列抱怨：

- 态度不够诚恳
- 轻易允诺，事后做不到
- 企业送货/送单不及时

　　·售后服务不尽如人意

　　顾客就是上帝，顾客就是销售人员的衣食父母，销售人员应该善待每一位顾客，力求让顾客满意，争取更多的回头客。

【案例 3-12】

你对销售人员的服务感到满意吗？

　　在一次非常隆重的新产品发布会上，王先生在听完新产品的特点和理财优势后主动与业务员小张签下一张大额保单。小张非常兴奋，在最后分别时信誓旦旦地和王先生说，会在一周内将保单所有的投保手续办完并专程送到王先生的家中。王先生也非常信任并感谢了小张的热情。

　　但是在核保的过程中，王先生的保单出现了一点小问题，10天后投保手续才办理结束。其间小张及时向王先生表达了歉意，并再次承诺会尽早将保单送达，王先生也表示理解。正当小张拿到王先生的正式保单准备递送时，接到团队要进行年度策划会的通知，小张又拖延了3天，其间小张无奈再次表达了自己的歉意，这开始让王先生感到不快。最后，当这份保单送到王先生手中时已经是两周后。当王先生拿到保单后，他发现保单中的顾客名字居然还是错误的。尽管小张言辞恳切地表示很抱歉并承诺会及时为其更改，但在王先生送小张出门时他脸上分明写满了不悦。

　　(2)竞争对手的服务质量更好。竞争对手对待顾客的态度可能做得更好，送货及时、售后服务做得好，顾客会更倾向于购买竞争对手的产品。这时如果登门拜访的话，顾客可能就会向销售人员提出竞争对手的服务质量更好的抱怨。例如：

　　"××公司的服务比你们好多了，人家多热情周到呀！你们做得到吗？"

　　"人家的售后服务没得说，一个电话过去马上就有人过来给你修。你们怎么跟人家比呀？"

　　"人家答应啥时送货，准到，不像有些公司磨磨蹭蹭的。"

　　"买了他们的产品，他们还会给我们安装，定时派人来查看。我为什么不选择他们呢？"

　　一般而言，真实的服务抱怨通常较容易应付，而虚假的服务抱怨则往往令销售人员找不到销售的方向和切入点。总的来看，顾客的服务抱怨是多方面的，销售人员应该学会看出这些抱怨的实质，学会辨别顾客的服务抱怨是否反映顾客的真实看法、是否会对销售产生真正的阻碍等。只有这样，销售人员才能有效地进行顾客抱怨处理。

4. 价格抱怨

　　价格抱怨是指顾客认为销售人员的产品价格太高，不能接受。这种抱怨表现为销售中的讨价还价，是销售过程中顾客的主要抱怨。

价格抱怨也有真实与虚假之分。虚假的价格抱怨最主要的原因是顾客想用最少的钱获得最大的利益。当顾客认为产品的价格与他的预算有出入的时候，他就会提出反对意见，如"你们的价格太贵了""我可以在其他地方以更便宜的价格买到这种产品"。对此，销售人员一般不能轻易让步，要找出价格之所以如此的确凿理由说服顾客，如缩短了交费期、具有新增利益、与竞争产品相比具有更多优点等。真实的价格抱怨，如顾客因为没有购买能力而抱怨你的产品价格太贵，就不能"勉为其难"了。

价格抱怨是成交的主要障碍之一，也是成交的绝好信息。虚假的价格抱怨一般表明顾客是乐于购买商品的，只是要求商家作出价格上的让步。在这种情况下，销售人员应抓紧时机、主动出击，采用一些方法，如降低保额，反问、强调产品优势等来消除障碍。销售人员对这种常见的抱怨应有充分的心理准备，最好能将估计到的价格抱怨事先化解。例如，先多谈价值，尽量强调产品能给顾客带来的好处；少谈价格，以使顾客觉得物有所值。约翰·罗杰曾说过："如果顾客对你产品的价格不提出抱怨或异议，那也许是他对你的产品缺乏兴趣。"

【案例 3-13】

衣服买贵了

顾客张小姐在 A 商场购买完衣服后，发现自己买的衣服比别的商场贵就回到商场来找服务员理论。

张小姐："小姐，你们的服装为什么比别人贵?"

服务员："有什么问题，我可以为您服务吗?"（保持平静，将顾客引至一旁）

张小姐："像这个品牌的服装，你们比别的商家贵 50 元，为什么你们要赚得比人家多？简直是剥削消费者嘛!"

服务员："实在很抱歉，不过我们很感谢您给我们提供这些商品信息，让我们了解应该改进的地方。我会将您的建议写在顾客意见单上并汇报店长和采购人员，我们一定会改善。如果您还有其他的问题，我请店长出来，您直接告诉他（表示抱歉并提出解决方案）。"

（导购的表情：仔细聆听，并且随时点头，眼神接触顾客，同时面露关心。）

顾客在这里买了东西后，发现别的地方更便宜，心里一定很不舒服，所以应给予理解，同时将顾客的意见记录下来。

上述案例中服务人员（在顾客同意之后）应拿出顾客意见单请对方填写，同时填写顾客抱怨意见记录表存档。若顾客希望直接见店长，应立即通知店长。服务人员随后应通知店长及采购人员立即做市场调查，由连锁企业总部重新评估是否有修改价格的必要。若商品确有降价的变动，可打电话告知顾客，本店已经依他的建议予以改善。

5. 购买时间抱怨

购买时间抱怨是指顾客有意拖延购买时间，承诺自己将来会对所销售产品有需求，表示以后购买。

这是来自顾客方面的一种抱怨，它说明顾客不是不买，而是现在还不买这种产品。造成购买时间抱怨的原因主要有资金周转困难、决策条件不够、需求未被认同等。如果是真实的抱怨，并且是不可转化的，建议销售人员暂告一段落，但应留有余地和空间，到顾客需要时再销售；如果是可转化的真实抱怨，销售人员应积极说服顾客立即购买，并说明拖延购买的不利因素，如预期通货膨胀、早买早保障、拖延购买的机会成本太高等，这些都可以说服顾客立即购买。

除此之外，由于企业生产安排和运输方面的原因，或正处于销售旺季，可能无法保证货物的及时供应。在这种情况下，顾客有可能对交货时间提出抱怨。面对此种抱怨，销售人员应诚恳地向顾客解释，力图得到顾客的理解。

6. 销售人员抱怨

销售人员抱怨是指顾客不愿意向某一特定的销售人员购买产品，或顾客对销售人员的行为提出的反对意见。

这种销售人员方面的顾客抱怨，其原因很多，如销售人员服务态度不好、不讲究销售礼仪、销售信誉不佳、人际关系不良、销售恶性竞争、顾客与其他同业销售人员有某种特殊关系等。这种抱怨几乎都是真实的，顾客虽然想买这种产品，但是由于上述原因，不愿意向那位特定销售人员购买。因此，销售人员应尽力改善自己的形象，让顾客感受到自己的人格魅力，从而改变顾客的决定。显然，这是一种积极的抱怨，说明销售工作没有做好，需要改进。由此也可以看出，加强销售人员自身修养、提高业务素质和技能的重要性。

7. 进货渠道抱怨

此类抱怨是指顾客对所售商品的来源提出的反对意见。在零售店销售商品的过程中，顾客经常会这样说"你们的商品质量不行，我宁愿去买另一家商场的商品。"这就属于进货渠道方面的异议。消除这种异议，一方面要靠人员劝说的技巧，另一方面是经营者要加大广告宣传的力度，把零售店推向市场，让顾客和其他公众了解，树立零售店的良好形象。

8. 支付能力抱怨

此类异议是指顾客由于无钱购买而提出的反对意见。这种抱怨往往不直接地表现出来，而间接地表现为质量方面的抱怨或进货渠道方面的抱怨等，销售人员应善于识别。一旦觉察确实存在缺乏支付能力的情况，应停止销售，但态度要和蔼，以免失去其成为未来顾客的机会。

9. 权力抱怨

权力抱怨也称为购买人格抱怨或决策权力抱怨，是指销售人员在拜访顾客或销售洽谈中，顾客表示无权对购买行为做出决策。

产生权力抱怨的主要根源在于顾客的决策能力状况，这种信息在顾客资格的审查阶段就应了解清楚。如果是真实的权力抱怨，销售人员宜找到真正的决策人。权力抱怨有时也是迫使销售人员让步的一种借口或手段。对此，销售人员应巧妙地揭开这一假象，提出问题的实质。

第三节　顾客抱怨的动机

顾客抱怨时心里是怎么想的？希望通过抱怨获得什么？客服人员务必深刻洞察顾客的心理状态，培养准确分析顾客心理的能力，然后给予合理解决。为了能够妥善处理顾客抱怨，首先必须了解顾客抱怨背后的动机。一般来说，顾客抱怨的动机主要表现为以下几个方面。

一、伺机发泄

这类顾客在接受服务时，由于受到挫折，通常会带着怒气或产生抱怨，若能把自己的怨气发泄出来，他们的郁闷情绪就会得到释放和缓解，从而得到心理上的平衡。例如，在银行网点办理业务的顾客，因为排队等待时间过长，又遇到柜员的服务态度不好，便会抱怨银行网点柜员，这就是非常典型的发泄不满。此时，客服人员耐心倾听是帮助顾客发泄的最好方式，切忌打断顾客，让他的情绪宣泄中断，淤积怨气。此外，顾客发泄的目的在于取得心理平衡，恢复心理状态，客服人员在帮助他们宣泄情绪的同时，要弄清问题的本质，表示出对顾客的理解，表达出对其感受的认同，向顾客真诚地道歉，以化解其抱怨，还要尽可能营造愉悦的氛围，缓和顾客的情绪。

作为抱怨处理人员，即便有着过硬的业务能力和极强的责任心，如果整天苦着脸或表现出神经质的紧张，给顾客的感觉必然会大打折扣，所以营造愉悦氛围非常重要。但是营造愉悦氛围也要把握尺度和注意顾客的个性特征，如果让顾客感到轻佻、不受重视，那宁可做一个严肃的倾听者。

【案例3-14】

酒店大堂的客人

某四星级酒店大堂中，几位远途劳顿的客人歪七竖八地躺在了大堂的沙发上，姿势极为不雅。大堂值班经理走上前对客人善意提醒道："先生，我们这里是四星级酒店，请您照顾一下其他客人，注意下自己的仪态。"

这些客人一听这话就火了，其中一个客人朝着大堂值班经理吼道："什么四星级酒店，办个入住手续都半小时还没办好，不让我们进房间休息，我们就在这里休息。"

大堂值班经理听客人讲完后，赶紧道歉，并赶紧到服务台查看情况。原来有位客人正在办理 10 余人的团队入住手续，加之该酒店新更换了酒店管理系统，刷房卡时出现了故障，让客人等了很长时间。

知晓原因后，大堂经理立即加派前台服务人员为这些客人办理入住手续，并向这些客人所入住的房间赠送了果盘表示道歉。

二、获得尊重

顾客在进行抱怨时，总认为他的抱怨绝对正确，是有道理的，所以他们希望获得尊重，得到明确道歉及相关处理措施。在抱怨过程中，企业员工能否对顾客本人给予充分的理解、高度的重视、设身处地的关心、真诚地道歉、及时有效地补救等，都被顾客作为是否受到尊重的衡量标准。如果顾客的确不当，企业员工也要用聪明的办法给顾客一个台阶下，这也是满足顾客尊重心理的需要。

道歉是指企业的工作人员就已经发生的负面事件向顾客表达歉意的行为，包括口头道歉与书面道歉。口头道歉就是当顾客向企业抱怨时，企业员工当面向顾客道歉；书面道歉是企业在收到顾客的抱怨后，以书信、贺卡等形式向顾客表达歉意。

道歉是企业承认并愿意改正错误的表现，会令顾客有一种被尊重的感觉，进而影响他们对交易公平的感知。当顾客觉得道歉是真诚和公平的，不管是否得到赔偿，都会提高他们对企业处理其直接抱怨这一过程的满意度。

顾客是企业生存、发展的基础，是企业利润的来源。只有尊重顾客、服务顾客，企业才能稳定地发展。只有做到真心对待顾客，心为顾客所想，情为顾客所系，利为顾客所谋，才能取信于顾客，从而稳定和增加销售量。

【案例 3-15】

倒霉的假期

国庆假期，水上乐园内游人如织。张先生和朋友一行几人高兴地来到水上乐园的小卖部准备买泳裤。走进店内，他们发现品种不少，就埋头挑了起来，但令人遗憾的是每个商品都没有标价，而站在旁边的两位营业员也好像没"看"出他们的烦恼，各顾各地站在一旁，没有理会他们。无奈之下张先生只好拿着两条看起来不太贵的泳裤走向收银台。

张先生试探着说："两条 30 元吧?"话音还未落就听见站在旁边的营业员不屑一顾地说："什么 30 元，你现在到哪里去买 15 元一条的短裤?"听到这话张先生心里很不舒服，于是说道："你这样说话就不对了，15就15，20就20，何必用这种语气和态度呢？"营业员听到这句话狠狠地盯着张先生看了两眼，一副很不服气的样子。

交完钱，张先生真心诚意地对那位营业员说："小姐，我觉得您的服务态度应该改进一下。"话还没说完，背后就传来一句："我们还不想卖给你呢！"张先生心中的怒火随着她这一句话"腾"地一下就窜了上来，他被这样的服务态度着实给惹火了。张先生走过去，要求看她的工牌，正在这时，旁边另一位一直未开口说话的营业员走上前用手使劲地推着张先生说："算了，算了，你快走吧！"这一举动更加把张先生激怒了，他强烈要求见经理，并要投诉这两位服务员。这时一位经理来到小卖部，张先生便把事情详细的经过告诉了他。这位经理听完后一副"没有关系"的表情，不当回事，只是想很快地把张先生劝走，并且一再强调说："我现在不能听你的一面之词，我一定要调查清楚。"经过这个倒霉的"泳裤事件"，张先生的好心情全给破坏了，也无心度假了，决定以后再也不来这个鬼地方了。

良好的服务素质与服务态度是决定企业服务的关键因素。在企业的日常服务工作中，员工态度好坏可能会引起人与人之间不愉快的冲突与摩擦，导致不良后果。上述案例中"经理的态度"对以后如何处理顾客抱怨是一个良好的警示。如果企业员工今后能从这种反面案例中得到警示，那企业顾客服务工作一定会越做越好。顾客在购买行为中自尊受到了伤害并投诉商家，商家应该主动道歉，平息顾客的怒气，不应为了省事而导致顾客的流失。因此，此案例值得我们深思。

三、获得赔偿

企业对顾客做出的赔偿包括物质赔偿和精神赔偿。当顾客的权益受到损害时，他们希望能够及时地得到赔偿。物质赔偿主要表现为打折扣、退还现金、支付由于顾客抱怨而引起的花费、退换商品、修理商品及赠送礼品等；精神赔偿往往是通过企业对顾客表现出的尊重、礼貌、同情、努力与道歉来体现。多数情况下，赔偿主要指物质赔偿。赔偿是企业处理顾客抱怨的一个重要环节，它不仅是企业承认错误的一种形式，也是顾客进行抱怨行为的首要期望所得。

例如，顾客通过网上银行进行汇款，因网络故障造成汇款不成功，但账户资金已经扣减，顾客要求退还汇款及汇款手续费。对于这类要求补偿的顾客，在处理过程中一定要根据实际情况尽量考虑补偿其损失，对顾客提出的要求不能敷衍了事，要给出明确答复。对于确因己方责任造成的不可挽回的损失，使用物质补偿是常用的方法。但应注意，企业客服人员千万不要做没有把握的承诺，否则会给履约造成麻烦。

【案例 3-16】

缩水的旅游服务

张先生一行四人与某旅行社签订了"海南四星纯玩双飞五日游"旅游合同，合同所附行程表标明第一日为太原飞海口，第五日早餐后自由活动，18:20乘航班返程。张先生之所以签约是因为第五天自由活动的时间较长，行程充实。可行程进行到第四天的晚上，导游却通知游客第二天早上10:30集合，乘13:10的航班返程。张先生对此强烈不满，认为旅行社违约，行程缩水。但鉴于机票已买，只得乘变更后的航班返程。回来后，张先生向旅游质量监督管理所提出抱怨，并以每人的总团费除以五日的小时数，得出每小时的款额，再乘缩减的小时数，从而计算出旅行社的赔偿额。

旅游质量监督管理所接到抱怨后，及时与被抱怨的旅行社取得联系。被抱怨旅行社提出，太原赴海南双飞有两种行程，一为太原飞海口，三亚飞太原；二为太原飞三亚，海口飞太原，这两种行程的景点不变，只不过顺序有所调整，自由动时间有所减少，而且事前也都和游客解释过，游客是一种恶意索赔。

事后，旅游质量监督管理所认为，双方签订有旅游合同，附有行程表，双方都应严格遵守，旅行社改变行程安排，导致自由活动时间减少，应当属于违约行为。旅行社提出的向游客解释过的意见，在游客不认可的情况下，旅行社缺乏相关证据予以证明，所以不予采信，仍以书面合同为准。

游客赔偿额的计算方式不符合相关规定，旅游费用是吃、住、行、游、购、娱六要素分解费用的综合，并不是以时间来计算的，但旅游法律法规及双方的合同对此种违约情况并无具体规定。

经调解，双方以旅行社赔偿四名游客共计 500 元达成最终处理协议。

四、寻求认同

顾客在抱怨过程中，一般都努力向商家证实他的抱怨是对的和有道理的，希望获得商家的认同。所以客服人员在了解顾客的抱怨问题时，对顾客的感受、情绪要表示充分的理解和同情，但是要注意不要随便认同顾客的处理方案。比如顾客很生气时，客服人员可以说："您别气坏了身体，坐下来慢慢说，我们商量一下怎么解决这个问题。"这个回应是对顾客情绪的认同、对顾客期望解决问题的认同，但是并没有轻易地抛出处理方案，而是给出一个协商解决的信号。顾客期望认同的心理得到回应，有助于拉近彼此的距离，为后面协商处理营造良好的沟通氛围。

五、倾向表现

顾客前来抱怨，往往潜在地存在着表现的心理，顾客既是在抱怨和批评，也是在建议和教导，好为人师的顾客随处可见。他们通过这种方式获得一种成就感。

顾客表现心理的另一方面，是顾客在抱怨过程中，一般不愿意被人做负面的评价，他们时时注意维护自己的尊严和形象。

利用顾客的表现心理，商家客服人员在进行抱怨处理时，要注意夸奖顾客，引导顾客做一个有身份的、理智的人。另外，可以考虑性别差异接待，如男性顾客由女性来接待，在异性面前，人们更倾向于表现自己积极的一面。

六、报复心理

顾客抱怨时，一般对于抱怨的所失、所得有着一个虽然粗略却理性的经济预期。如果不涉及经济利益，仅仅为了发泄不满情绪，恢复心理平衡，顾客一般会选择抱怨、批评等对企业杀伤力不大的方式。当顾客对抱怨的得失预期与企业的相差过大，或者顾客在宣泄情绪过程中受阻或受到新的伤害，某些顾客会演变成报复心理。存有报复心理的顾客，不计个人得失，不考虑行为后果，只想让企业难受，出自己的一口恶气。

自我意识过强，情绪易波动的顾客更容易产生报复心理，对于这类顾客要特别注意做好工作。顾客处于报复心理状态时，企业客服人员要通过各种方式及时让双方的沟通恢复理性。对于少数有报复心理的人，要注意搜集和保留相关的证据，以便在顾客做出有损企业声誉的事情时，拿出来给大家看看，适当能提醒一下顾客这些证据的存在，对顾客而言也是一种极好的冷静剂。

第四节　顾客抱怨的原因

兵法有云："知己知彼，百战不殆。"若想有效地处理顾客抱怨，必须先了解为什么会产生抱怨。顾客抱怨产生的原因很多，既有顾客自身方面的原因，也有产品、销售人员、企业及销售环境方面的原因。这些原因相互联系、相互转化。一般来说，导致顾客抱怨的原因有以下几个方面。

一、顾客方面的原因

由顾客方面的原因所致的顾客抱怨主要集中在顾客的需要、支付能力、决策能力及顾客的消极心理等方面。

(一)顾客自身需要

需要是人们活动的源泉、前进的动力，人们接受什么或拒绝什么，都是同他们的需要密切联系在一起的。在销售产品或服务时，如果没有深入了解顾客的需求，不能提示顾客及他的家庭在未来的生活中有哪些需要时，就会导致销售的产品或提供的服务不符合顾客的需要，就无法给顾客带来期望的利益。此时若销售人员一味地、毫无需求点地推销，顾客就会产生抱怨，自然就会拒绝购买。

顾客抱怨意味着顾客还没被说服，顾客的需求意识还没有被唤醒，销售人员的卖点诉求还不能打动顾客，无法使顾客产生购买冲动。在现实生活中，许多顾客都没有真正认识到自己的需要，但是，顾客认为不需要并不等于真正不需要。

(二)顾客的支付能力

在产品销售中，顾客的支付能力是形成购买力的基本条件，也是鉴定准顾客的标准之一。如果顾客缺乏支付能力，特别是不愿意承认自己缺乏支付能力时，就会以各种借口抱怨产品和公司，甚至抱怨销售人员。顾客缺乏支付能力的原因主要有以下三种。

(1)顾客的财务状况不佳，虽有使用需求却难以购买产品。对于此类顾客，销售人员应果断放弃该顾客，去寻找和联系其他有支付能力的准顾客。

(2)顾客只是暂时存在财务问题，而无法购买所推销的产品。对于此类顾客，销售人员应紧密跟踪。

(3)顾客已购买或订购了其他公司产品，暂时没有预算资金来购买产品。对于此类顾客，销售人员要有耐心，要尽量争取顾客下一年度、下一季度或新产品的订单。

(三)顾客的购买决策权

顾客的购买决策权是决定销售成功的一个重要条件。如果顾客无权决定是否购买产品、无权决定购买产品的支出水平、无权决定购买产品的数量，则顾客就有可能提出抱怨。这就需要销售人员通过多次与顾客沟通，了解顾客的家庭结构及决策结构，了解谁是真正购买行为的决策者。只有这样，才能减少产品销售及服务的盲目性，提高销售活动的工作效率。

(四)顾客的心理障碍

销售工作常常是以销售人员为主动，所以当顾客在面对销售人员时，对自己的"被销售"都会存有抗拒的心理，形成一种自我保护意识。顾客的心理障碍，主要表现在以下五个方面。

1. 认知障碍

认知障碍主要表现为销售人员的销售建议与顾客所持有的观点之间的差距。顾客的购买行为常常受自己的知识结构、职业特点、个人偏好等因素的影响，没有一个人对所有行业都能做到"专业"，因此在与专业的销售人员沟通时，易产生抱怨。

2. 情绪障碍

人的行为有时会受情绪的影响。顾客由于各种原因情绪不好时，可能会将不好的心情带到销售洽谈中来。在这种情况下，很有可能提出各种抱怨，甚至恶意反对、肆意埋怨。

3. 群体障碍

群体障碍源于顾客的从众心理。相关群体会影响顾客的态度和自我观念，影响顾客对产品和品牌的实际选择，影响顾客新的行为和生活方式。

4. 惯性障碍

抱怨是人的天性，是一种发泄情绪的方式，有时候没有任何利益关系的冲突，纯粹是耍嘴皮子、为了抱怨而抱怨，长此以往会形成一种抱怨惯性。

5. 顾客的炫耀心理

有些顾客为了表现自己的知识丰富、阅历深而提出各种抱怨。此时，销售人员应当采取谦虚的态度耐心倾听，甚至表示赞赏，满足顾客的自尊心与虚荣心。

二、企业方面的原因

产品是一个综合概念，它涉及产品的功能、质量、款式、价格、服务等方面，因此，顾客对企业的抱怨，外在表现形式即为对产品的抱怨。

（一）产品质量缺陷

由产品质量引起的抱怨是引起顾客不满的首要因素，也是引起最多顾客抱怨的原因。多数顾客在选择商品时，首先考虑的因素就是产品质量。

产品质量是指产品满足人们需要的效用程度，即产品功能的耐用性，其特征包括产品性能、寿命、可靠性、安全和经济性五个方面。产品质量包括内在质量特征，如产品的结构、性能、精度、纯度、物理性能和化学成分等；外部质量特征，如产品的外观、形状、色泽、气味、手感等。

【案例 3-17】

断电的电视机

一位顾客购买了某品牌的电视机。有时看电视时，电视机会发生突然断电的情况。该顾客怀疑是电视机的电源质量不过关。由于这种现象发生时，电视机还在保修期，于是，顾客按产品包装上留下的电话，找到了该厂家的售后服务部门，请其帮助解决。该部门让其与当地的代理商联系，而代理商宣称有关产品的售后服务工作由厂家负责。

那位顾客又一次与厂方取得了联系，终于代理商答应过几天就会派人处理。

结果此事拖了一个星期，毫无音讯。万般无奈之下，那位顾客只好拨通了当地消协的电话。最终问题总算得到了解决，那位顾客也得到了相应的赔偿，但是今后，他的亲戚、朋友及其同事等再也不会购买该品牌的任何产品了。

(二)产品价格偏高

价格因素是形成顾客抱怨的因素之一，当顾客认为产品的价格较高时就会与销售人员讨价还价。顾客认为产品价格偏高的原因是多方面的，例如基于对同类产品的比较，顾客的经济状况、支付能力，顾客对产品价格的心理预期等。

【案例 3-18】

一瓶酒引起的争执

餐厅一客人在用完餐结账时，对一瓶酒收费 180 元提出了异议。客人说有位男主管告诉他这瓶酒的价格是 160 元。负责为之结账的领班第一时间立即寻找该男主管，但他已下班离开了，无法与之取得联系。虽然这位领班拿出菜单价目表让客人看，证明这瓶酒的价格确实是 180 元，但这位客人仍不加理会，强调是那位男主管告诉他这瓶酒的价格是 160 元。由于与这位主管联系拖延了结账时间，加之与客人产生争执，使这位客人非常不满，认为餐厅在推销酒水时有欺骗行为。最后，餐厅经理出面，同意按 160 元收取，同时又再三向客人道歉，虽如此，客人仍是满面怒容，结完账怒气而去。

(三)产品服务欠缺

顾客购买产品，购买的并不仅仅是产品本身，还有产品附加的服务。而随着供过于求现象的出现，卖方市场竞争加剧，服务质量构成了产品差异化的重要因素之一，也渐渐得到顾客重视。尤其是近年来，顾客对服务质量提出更高要求，由于服务的不足引起的抱怨呈上升趋势。

顾客服务是产品销售的延伸。销售服务包含丰富的内容，既有技术方面的服务，也有满足顾客心理需要方面的服务；既包括有形产品服务，包括无形产品服务。在激烈的市场竞争中，如果销售人员不能提供比竞争对手更周到、更全面的服务，不能使消费者"买得放心，用得舒心"，则会引发顾客的抱怨。

企业常见的产品服务抱怨有以下四项。

(1)员工应对不得体。如不顾顾客的反应，一味地推荐；对顾客反应冷淡；拒绝提供服务；对顾客缺乏耐心；言谈举止缺乏礼貌。

(2)收银服务抱怨。如找零的错误；多扫描了商品，多收了顾客的钱；收银速度太慢。

(3)企业不遵守约定。如对于提货日期的不遵守；随意改变顾客要求。

(4)产品运送不当。如配送速度慢；物流运输地点错误；运输途中损坏商品。

【案例 3-19】

客房的叫醒服务

某日，A 酒店入住客人张先生打电话要求总机在第二天早上 7：30 叫早。第二天话务员准备叫早时，刚好有一个电话转入张先生房间，于是话务员先将电话转接到张先生房。两分钟后，话务员打电话叫早，电话占线，十分钟后电话还是占线，于是总机断定张先生已经醒了，于是没有继续提供叫早。

事后张先生来酒店投诉：由于酒店叫早服务不到位，张先生接完电话后又继续睡着了，导致正事被耽误了。张先生生气地说："这么点小事都办不好！"客服人员解释道："我打过两次电话给您，一直占线，我以为您醒了。"张先生生气地说："以为以为，你们办事都靠以为？"

(四)产品宣传过度

企业新产品上市，需要运用各种手段广泛宣传产品，赢得顾客的关注和认可。但是广告宣传不当，或者宣传过度，或者不兑现广告承诺，就变成了误导消费者。宣传不当主要表现为：控制意图过于明显。当销售人员试图促使顾客产生购买行为的这种意图过于强烈、明显、急切时，就可能会产生抱怨与拒绝心理。

【案例 3-20】

产品质量缺陷，商家拟送赠品被拒绝

某美容院加盟某品牌后，向一位顾客推荐一套价值 1500 元的美白产品，并由在场的厂家美容导师写下"无效退款"(宣称其美白产品具有美白、祛斑功效)的保证书。该顾客在使用该品牌产品一个月后，发现皮肤肤色未见白净，脸上的色斑也未见淡化。于是顾客找到美容院，要求退款。美容院答应向厂家反映情况并及时处理。但在两星期后，该顾客才被知会厂家可赠送她一件价值 288 元的礼品，但不退款，因为产品有无效果无法判定。该顾客表示，原来厂家与美容院承诺无效退款，现在却不退款，这一行让其难以接受。她表示不需要厂家的礼品，坚持要求退款。美容院答应与厂家做进一步的沟通，而厂家此时则以各种借口进行推诿。一个月后，该顾客再次来到美容院强烈要求退款，美容院出于留住这位较有经济实力的顾客的想法，附和该顾客说产品没有效果以表安慰，顾客在得到解决期限的答复后离去。到期限后，该顾客的问题仍然没有得到解决。于是该顾客决定到消费者协会投诉，在此情况下，美容院为息事宁人，不造成"负面影响"，退还了其 1500 元钱。

因产品"无效"或有副作用导致顾客抱怨是美容院面临最多也最头疼的问题。美容院在遇到此类情况时，因为厂家（代理商）在合作前信誓旦旦，所以往往寄希望于厂家（代理商）来解决。但"远水解不了近渴"，很多厂家在处理这类问题时与代理商、美容院互相推诿，或因为时间的问题导致抱怨迟迟得不到解决，极大地影响了合作关系，影响了美容院、代理商和厂家的声誉，损害了消费者的利益。作为直接面对消费者的美容院，在接到顾客的有关产品品质的抱怨时，应该充分考虑如何保障消费者的利益，主动及时地处理好抱怨，以维护美容院的声誉，保证客源不致于流失。然后与代理商或厂家进行协调，保障自身的权益。

案例中的美容院在处理顾客抱怨时就存在着几个方面的不足：一是未能对顾客的皮肤状况进行检测，不能对产品使用前后的效果进行比较；二是在答应顾客向厂家反映问题并要求厂家及时处理后，未能抓紧时间去协调；三是当厂家与顾客之间无法协调时，为留住顾客，以不客观的语言和态度去安慰顾客；四是美容院寄希望于厂家，未能以主动积极的心态去面对抱怨和寻求解决的办法。

从以上案例中，美容院应该汲取一个教训：在加盟品牌时应该对产品进行试用并全面详细了解其功效，而不应只听信厂家的宣传。

三、其他方面的原因

（一）销售人员的个人因素

在产品的销售与服务过程中，如果顾客发现销售人员的思想素质、文化修养或业务素质低，就会产生怀疑和抱怨。主要表现在以下方面。

1. 业务素质较差

销售人员如果对产品理论、产品实际情况的专业知识了解不足，或缺乏服务经验、服务技能与技巧，特别是对顾客的问题和疑虑不能正确解决时，就会导致顾客的不信任和抱怨。如保险销售人员对合同条款，包括合同中最关键的保险责任、责任免除、赔偿方法及保险复效、理赔时的一些限制条件等内容不熟悉，针对顾客的疑问又无法向顾客解释清楚时，就会引发顾客的抱怨。

【案例 3-21】

更换美容师，留住老顾客

一日，美容院美容顾问主管接到顾客的抱怨。顾客反映，为其安排的美容师刘某专业技术手法差，如果不为其调换美容师，她将不再来店消费。在此情形下，美容顾问主管首先稳住了这位顾客，答应为其更换美容师。随后，根据美容院的规定，主管让另一位美容师为其做了一次免费护理，而且还要求原来的美容师刘某在以后的工作中，每当遇到这位顾客时，都要主动与之热情地打招呼，从而迅速、有效地解决了这一抱怨，留住了老顾客。

顾客在美容院消费时，往往会因为产品或美容师的原因向美容院抱怨，这就要求美容院建立顾客抱怨处理机制，包括制订顾客抱怨处理规定、明确责任人及抱怨处理流程，以迅速有效地解决问题。

2. 服务态度欠佳

此类顾客抱怨通常都是由销售人员、柜面服务人员等一些与顾客打交道的人员造成的，如不尊敬顾客、缺乏礼貌、言语不当、用词不准引起顾客误会、只顾自己聊天不理顾客等。在保险行业，保险销售人员变动频繁致使顾客长时间无人负责售后服务，即使保险公司安排了其他人员接管这些保单，也难免产生顾客抱怨。在银保渠道销售中，代理保险业务的银行大多无专职的保险销售人员，由储蓄业务员兼职，难免会出现对银行顾客的保险服务不到位的情况，如对顾客提出的保险咨询敷衍了事，甚至置之不理。

3. 销售方式欠妥

此类抱怨主要是由销售人员没有注意销售礼仪、不讲究销售艺术、采用的销售方法不当等原因引起的。例如，强制顾客购买；一味地推销，不顾顾客反应；紧盯顾客，使顾客感觉压力巨大。有时即使是在顾客明确表示不想购买保险的情况下，销售人员还是坚持要说服顾客购买，甚至扰乱顾客的正常生活，引起顾客反感。

（二）产品销售环境

产品的销售环境是指顾客所处的外部客观环境是否有利于产品的销售，它也是构成产品的一个重要组成部分。对于某些特殊商品，销售环境更是构成了顾客对产品认知的首要因素。好的销售环境能够吸引更多顾客以及增加顾客的满足感，在适当的销售环境下，甚至能够培养顾客对商品的信任。

产品销售环境直接影响着消费者的购买心情，光线柔和、色彩雅致、整洁宽松的环境常使顾客流连忘返；而光线晦暗、色彩沉闷、拥挤狭窄的环境则会给顾客带来不好的心情，从而导致抱怨事件的上升。

企业常见的产品销售环境抱怨如下。

（1）光线太强或太暗。如店铺基本照明亮度不够，使货架和通道地面有阴影，顾客看不清商品的价格标签；亮度过强，使顾客眼睛感到不适。

（2）温度不适宜。如店铺温度过高或过低，都不利于顾客浏览和选购。我国北方10月下旬就已是寒风阵阵了，而室内11月中旬才供暖，店铺若不开空调，更加寒气逼人，无疑就会缩短顾客停留的时间；冬去春来，没有及时地调整店铺的温度，过热的环境也会影响顾客的购买情绪。

(3)地面过滑。店铺地面太滑，顾客行走时如履薄冰，老年顾客以及儿童容易跌倒，都会引起顾客的抱怨，有时还会引来法律纠纷。

(4)卫生状况不佳。如店铺不整洁，没有洗手间或洗手间条件太差等。

(5)噪音太大。员工大声喧哗，卸货时声音过响，扩音器声音太大等，都会引起顾客的反感和抱怨。

【复习思考题】

1. 顾客抱怨的真相究竟是什么？

2. 顾客抱怨会给企业带来哪些影响？

3. 顾客抱怨时产生的行为有哪些？顾客抱怨具体分为哪些类型？

4. 如何对待顾客的虚假抱怨？

5. 顾客抱怨的动机分别有哪些？

6. 从不同角度，分析顾客抱怨产生的原因。

【综合案例分析】

超市购买遭搜身

某日，李女士到城区某 B 超市购物。选购完商品并付款后，走到超市出口时引发了电磁防盗警报。于是，超市工作人员要求检查李女士的随身物品。检查了半天，发现是李女士身穿裤子的防盗磁扣未解除。原来，李女士前两天在另一家 A 超市购买裤子结算时，因超市突然停电，收银员疏忽未将裤子防盗磁扣解下。

李女士感到人格受到侮辱，越想越吞不下这口窝囊气，于是向 12315 服务台申诉，要求讨个说法。

工商局 12315 服务台接诉后，当即派人前往两家超市进行调查。经查实，李女士所反映情况属实。执法人员认为，超市的做法已违反了《消费者权益保护法》第二十五条"经营者不得对消费者进行侮辱、诽谤，不得搜查消费者的身体及其携带的物品，不得侵犯消费者的人身自由"之规定。

在 12315 执法人员的宣传教育下，两位超市经营者认识到自己的过错，当面向李女士赔礼道歉，并在各自商场电子滚动屏上播放致歉信，诚心诚意向李女士赔礼道歉，从而得到了李女士的谅解。

分析：

1. 你认为李女士投诉超市的原因是什么？

2. B 超市的做法为何不妥？你认为 B 超市应该怎么做？

3. 两家超市在电子滚动屏上播放致歉信，是否会给企业带来不利影响？

第四章 处理顾客抱怨的理念

【关键术语】

抱怨处理 尊重原则 迅速原则 目标原则 灵活原则

【学习目标】

◆ 理解顾客抱怨处理应有的心理准备
◆ 理解顾客抱怨处理应有的态度
◆ 掌握处理顾客抱怨的基本原则

【能力目标】

◆ 能够做好处理顾客抱怨的心理准备
◆ 能够树立正确的顾客抱怨处理的态度
◆ 能够根据顾客抱怨处理的基本原则处理具体的顾客抱怨

【开篇案例】

小新的困惑

小新觉得自己在公司里从事销售已经很长时间了，可是在处理顾客抱怨的时候还是遇到很多困惑，有时候处理得很好，而有时也觉得非常委屈——这又不是我的错，为什么顾客会这样怪我！

"我应该怎样面对顾客的抱怨？处理顾客抱怨的时候我应该注意什么？"小新将自己的困惑告诉了主管，希望主管能解决他的困惑。主管让小新分析了自己处理顾客抱怨比较成功的案例与失败的案例，总结出比较好的应对顾客抱怨的态度与应该避免的做法，并告诉小新顾客抱怨处理的原则，小新豁然开朗。

当前，大多数企业已经确立了以顾客满意为导向的经营战略。组织依存于顾客、以顾客为关注焦点、顾客第一等理念正逐渐成为企业管理者的行动准则。

然而，对待顾客抱怨的处理，如果应对不当，就会造成谬误。有的企业在追逐顾客满意的潮流中，把顾客抱怨和顾客投诉看成了洪水猛兽，只要顾客"不高兴"就自责，或者拿自己的员工问罪；有的企业甚至规定了这样的绩效标准："顾客投诉一次扣半个月的奖金、投诉两次扣一个月的奖金、投诉三次就……"这种做法有失偏颇，顾客抱怨并不一定全是坏事，对顾客抱怨和投诉也需要一分为二、辩证思考、区别对待。

第一节　做好应对抱怨的心理准备

企业的销售及服务人员并非只向顾客提供产品或服务，还会通过产品或服务，使销售人员和顾客心灵产生直接的碰触。于是，抱怨处理最终成为人与人的相互接触，以及人与人的谈话。在处理过程中，必然会显示出销售人员及顾客的风貌。因此，针对有关抱怨处理，销售人员自身应有一定的心理准备。

一、抱怨是正常现象

顾客的抱怨行为是对产品或服务的不满意而引起的，所以抱怨行为是不满意的具体的行为反应。销售产品不可能不出现问题，售后服务再好的企业也会有顾客抱怨。此外，企业也不可能满足所有顾客的所有需求，因此抱怨是必然的，也是正常的。

【资料拓展 4-1】

不抱怨不等于满意

顾客不抱怨有两种情况：一是对商品满意，二是对商品虽不满但不抱怨。感到不满的顾客中，大部分并不抱怨，吃了亏也不吭声。顾客不满意就像一座冰山，几乎90％的山体是隐藏在水面下的。公司或员工根本无法直接看到顾客不满意的90％的核心问题。经调查，顾客不抱怨的原因，主要有如下几点：

- 反正问题不是很大，忍了吧。
- 与其抱怨、投诉，不如换个牌子。
- 抱怨也没有用，不可能解决问题。
- 投诉太麻烦，耗费时间、精力，不值得。
- 怕遭到报复、遭人白眼，怕被"踢皮球"、解决无期。
- 投诉无门，寻找投诉途径太麻烦。

可见，不满意的顾客虽未提出抱怨，但可能停止购买或向他人传递不满信息。因此，企业需采取积极主动的措施与这些顾客沟通，对这些抱怨进行了解，引导顾客将不满的抱怨表达出来，以便企业了解顾客不满的原因，并进行及时、有效地处理抱怨。

二、顾客是朋友，不是提款机

首先必须要明白，一名优秀的顾客抱怨处理人员一定不要把自己放在和顾客对立的面上。"把顾客当作朋友，而不是提款机"，其根本目的是让顾客抱怨处理人员在心态上理解顾客，真诚地对待顾客，而非把抱怨的顾客看作自己的敌人或麻烦。当然，也并非是要无条件满足顾客的要求而无视行业和企业的原则。真诚是要求顾客抱怨处理人员在态度上一定要先站在顾客的立场上去看待矛盾问题，这样才能从心态上理解顾客，并成功地将这种愿意理解的态度表达给顾客，取得顾客的信任，进而成功解决顾客抱怨问题。

【案例 4-1】

同样的问题，不同的回答

某知名国产手机客服区，一名顾客拿着 3 个月前购买的新手机来到客服中心，因手机充电器无法识别而要求维修，并提出手机还存在花屏的问题。后经检测，充电器无法识别被鉴定为外力损坏，客服人员要求顾客自费修理。顾客只能自认倒霉，答应自费修理，并支付客服中心维修费用 150 元。同时，客服人员指出手机花屏需要更换元件，需收费 200 元，顾客为此质问客服人员："我已经说了这是你们其他客服人员修理的后遗症！这还要我自己买单吗？"客服人员表示如有外部损坏，整机不参加保修。

在这个矛盾下，我们来看看三位顾客抱怨处理人员的行动：

客服 A：小姐，您这款手机由于外部损坏无法参加保修，我只能说很抱歉。

顾客：请问你们修坏了也算我外部损坏吗？北京市那么大，你们一共就那么几个客服中心，都在边角，我来一趟真是不容易，就为这么点问题我都来两次了。就算真是外部损坏，花屏也是上次维修出现的！要不你告诉我，不是修坏的怎么会花屏？

客服 A：可能是在使用中……

顾客：我买个新手机给你，你弄花屏给我看看！

……

客服 B：小姐，我们说得很清楚了，不管什么原因，这台手机不能再参加保修，您的延保卡也只能作废。

顾客：你的意思是不管什么原因买手机只能自认倒霉是吗？国产手机便宜就该不管保修？

客服 B：我没有这个意思，我们品牌也有很贵的产品。

顾客：你的意思是我花钱少我就活该倒霉？

……

客服 C：小姐，我能够理解您的心情，谁也不想刚买了手机就多花钱是不是？这款手机的确比较新，很多问题我们也有待完善。要不您看这样行不行，物品尽量在我的权限以内帮您解决。

顾客：我现在就想知道，如果我不花钱，是不是只能抱怨，或者去告你们！

客服 C：您去告我们我没有办法，可这样您不就白搭了一下午时间，还拿不到合用的手机吗？您已经花了 1000 多块了，修不好不就浪费了吗？不仅不方便用，而且还耽误了您的时间，多不合适？要不这样，我跟我们这边技术人员说说，我们不收您维修费用了，您就花个配件钱，可以吗？

顾客：那你去算算要多少钱吧！

分析以上案例，该顾客是一名具有一定营销常识也很务实的顾客。有没有找到问题的关键决定着这次客服的成败，3 名客服处理人员不同的处理方式导致了不一样的结果。客服 A 显得太过弱势，被顾客引向被动；客服 B 太过强势，并带有价格歧视，这是顾客抱怨处理人员最不应该有的心态，以致顾客勃然大怒；客服 C 首先摆明是替顾客着想，所有的考虑都是从顾客的角度出发，这种同理心平息了顾客的愤怒，同时引导顾客一起思考，这件事如果处理不好，首先损失的还是自己，最后终于解决了问题。

把顾客当作朋友的态度，首先应使双方"地位平等"：不和顾客吵，至少在气场上要多让着顾客；多去理解顾客，多为顾客着想。

企业真诚和平等地对待顾客是做好顾客抱怨工作的前提。与顾客将心比心，拉近彼此的距离，摒弃与顾客对立的想法，共同解决矛盾，相信顾客抱怨处理的阻力一定能减少很多。

三、顾客是镜子，不是海报

镜子和海报的区别在于：我们用镜子看到的是自己的现状，并可以根据镜中的影像调整自己的着装和形象；而海报则是宣传自己想表达的已有信息的方式。因此，在抱怨处理中，应把顾客当作自己的一面镜子而非海报，即与顾客交流一定要从顾客身上看到自己存在的问题，而非不断地向顾客宣传自己的理念。一名优秀的顾客抱怨处理人员不能总站在自己的角度考虑问题，而要善于站在顾客角度发现自己存在的问题，把顾客当作镜子，从顾客的态度和反应中确认自己下一步的行动，以便更好地解决各种顾客抱怨问题。因此不断地从顾客抱怨中看到问题，并转化为自己的行动就成了顾客抱怨处理人员必须具备的素质。

把顾客当作指导行动的镜子，企业需要做到以下几点。

1. 认真倾听顾客表达的信息

倾听是解决问题的前提。在思考如何落实行动时，一定要记住在与顾客交流时，要学会倾听，多听听顾客的意见和建议。顾客在抱怨时往往还会表现出情绪激动、愤怒、争吵，甚至可能会破口大骂。此时，一定要先平复自己的心态，不能和顾客一样激动、愤怒。当沟通的双方产生分歧的时候，彼此第一反应往往就是先说服对方，让对方了解自己的看法，于是双方易各执己见，互不相让，反而会使沟通进一步恶化。

因此，在与顾客交流的时候，不能只简单地关注双方各自的"道理"，而必须关注支撑各自"道理"的信息。因为，我们实际上无法真正站到顾客的立场去思考问题，甚至根本就把握不了顾客真正的立场。只有真正了解了支撑顾客得出这些"道理"的信息之后，我们才能真正理解顾客，才能真正做到站在顾客的立场思考问题。同理，顾客也才有可能真正理解我们，信任我们。只有这样，我们也才能真正做到"解决顾客抱怨"。

在倾听顾客抱怨的时候，不但要听他表达的内容，还要注意他的语调与音量，这有助于了解顾客语言背后的内在情绪。同时，要通过及时地回应、解释与澄清，向顾客传达出你真正了解到了他的问题。

2. 理解顾客的感受

在学会倾听顾客之后，下一步就要对顾客的心理和感受表示理解。在顾客抱怨时，发现顾客对待这个问题的态度，并表示认同和理解，这就要求一定要充分理解顾客想要表达的意思，并从中找到自己可以认同的情绪和信息。

顾客在抱怨时会表现出烦恼、失望、泄气、愤怒等各种情绪，顾客抱怨处理人员不应当把这些表现理解成是其对客服个人或企业的不满。顾客有情绪是完全合情合理的，理应受到重视和得到最迅速、合理的解决。所以客服要让顾客知道你非常理解他的心情，关心他的问题。

【案例 4-2】

手机故障处理

王先生因为手机故障得不到很好的处理向客服抱怨、吼叫之后，该客服人员这样说："王先生，您看一下我的理解是否正确。您是说，您一个月前买了我们的手机，但发现有时会无故死机。您已经到我们的手机维修中心检测过，但测试结果是手机没有任何问题。今天，此现象再次发生，您很不满意，要求我们给您更换产品。我理解了您的意思吗？"

显然这种说法使王先生感觉到被倾听与被理解，火气也消了不少："没错。我就是想说这个意思，这台手机……"

"那么你看这样可以吗……"

该案例中，顾客抱怨处理人员认真倾听顾客的想法，向顾客解释他所表达的意思并请教顾客其理解是否正确，都向顾客表达了真诚和对顾客的尊重。同时，这也能给顾客一个重申他没有表达清晰的意图的机会。通过这样的理解与尊重，顾客的情绪自然能得以平复，也为接下来解决问题打好了基础。

3. 引导顾客的思绪向解决问题的方向靠拢

无论顾客是否永远正确，至少在顾客的世界里，他的情绪与要求是真实的，客服只有与顾客的世界同步，才有可能真正了解他的问题，找到最合适的方式与他交流，从而为成功处理抱怨奠定基础。

客服有时候会在道歉时感到不舒服，因为这似乎是在承认自己有错。其实，"对不起"或"很抱歉"并不一定表明你或企业犯了错，这主要表明你对顾客不愉快经历的遗憾与同情。同时，客服人员也不必担心顾客会因得到你的认可而越发强硬，认同只会将顾客的情绪引向解决方案。

把顾客当作一面镜子，通过倾听顾客的倾诉，找到并理解顾客想要表达的情绪，用这种情绪作为参照，指引我们自己的行动和化解表面的被动，紧紧把握主动权，拥有这种心态，相信处理顾客抱怨一定会事半功倍。

四、顾客是常人，不是上帝

"顾客是上帝"是行业最熟悉的一句话。"顾客是上帝"的说法，是销售行业适应市场竞争的需要。其实，顾客本身也是常人，所以对待顾客抱怨时有必要从常人的思维去理解顾客的想法。"顾客"与"上帝"的区别如下。

第一，顾客是享受服务的，对产品和服务有要求、有期望、自然也有牢骚、抱怨；而上帝是造物主，是无私的、是给予的。

第二，顾客是个性化的，多样化的；而上帝是唯一的，一成不变的。

第三，顾客要按照市场经济的规则来消费；而上帝只遵守自然的规则，不以他人的意志为转移。

因此，顾客是有意识形态的、有情感的，而上帝是崇高、唯一、且永恒的。所以，顾客不是上帝。

【案例 4-3】

乘客侮辱员工，美国西南航空公司将乘客拉进黑名单

这是一个发生在美国的故事。美国西南航空公司的一名空姐，在给乘客端咖啡时，因为飞机气流颠簸造成身体失衡，不小心把咖啡溅到了一名男乘客的西装上。这名乘客立刻暴跳如雷，并把空姐猛地推倒在过道上，造成空姐的脸部被椅子划伤。空姐起身后向乘客道歉，该乘客却不接受，反而继续破口大骂，其行径受到了其他乘客的指责。

这时，正在随飞机出勤的公司总裁，大名鼎鼎的商业领袖赫伯·凯勒尔从前舱走了出来，了解了事情的详细经过之后，代表航空公司向这位乘客道了歉，并同意以西装原价两倍的价钱给予赔偿；然后他通过飞机广播，向全体乘客宣布公司的决定：公司已将这位野蛮乘客拉进黑名单，他将终身不得乘坐该公司航班，理由是他侮辱了公司员工，侮辱员工等于侮辱了公司，一个被你侮辱的航空公司，应该不值得你继续乘

坐……最后他强调，顾客也有不友好的，我们拒绝载乘不友好的顾客，请大家谅解……

赫伯·凯勒尔的这个非凡举动立刻在美国引起了轰动，一时争议激烈。从顾客管理层面，我们姑且不论他这样的做法是否妥当，单从公司员工层面来看，美国南航空公司的空姐受到了乘客的侮辱，而得到了公司的保护，并为她挽回尊严，这是每位员工都乐见的。

从案例中，可以看出：过度依赖顾客容易导致顾客随心所欲。在与顾客长期的接触中，交易、交心、交朋友都是相互的。在处理问题的态度上，顾客是上帝。但在处理问题的方法上，就要区分顾客的对与错。顾客是常人，允许顾客有问题，包容顾客的错误但不纵容，这也是处理抱怨应有的心态。

五、实现双赢是顾客服务的本质

随着社会的发展，越来越多的企业介入原本垄断的行业，使得竞争更加激烈，顾客有了更多的选择，意味着商家必须要尽量地留住顾客，才能够保证品牌和企业的生存空间。为了赢得顾客，商家一定要明白：要赢得顾客，关键在于让顾客也成为赢家。

管理学大师彼得·德鲁克曾说过，商业的唯一目的就是创造消费者。在今天这样一个产品丰富、收入提高的时代，顾客无疑具有重要的发言权，谁了解顾客，谁拥有顾客，谁能留住顾客，谁就是最大的赢家。当前，随着生产技术不断改进，产品种类琳琅满目，服务方式推陈出新，顾客期望越来越高，市场竞争异常激烈，要想在竞争中获得一席之地就必须要建立与顾客的良好关系，有自己的忠实顾客。

让顾客成为赢家，当然是相对而言，即让顾客花较少的钱，买到同样的产品和享受到同样的服务，或者花同样的钱，买到更好的产品和享受到更好的服务。也就是说，商家要赢得顾客，就要让顾客在购买商品和享受服务中能够得到较之其他商家实实在在的好处。

实现双赢，并不仅仅是在简单的一买一卖中实现。高明的商家，为了维护自己的长远利益，绝不做有损于顾客利益的买卖，哪怕顾客是情愿的。在顾客抱怨处理环节，不仅仅要从企业的角度出发，解决顾客的异议而将顾客送走，同时，也要关注顾客所需要解决的问题是否得到了解决。简单来说，就是满足企业解决问题需求的同时，关注是否满足了顾客提出抱怨的需求。

【案例4-4】

盛大彩虹客服低抱怨率客户服务

每年的3·15都是网游公司头疼的时刻。在整个行业仍然保持着高抱怨率的同时，中国最大也是最早的网游公司——盛大网络却保持了出奇低的抱怨率。从一份消纲者协会内部提供的名单看，拥有业内最大用户群体的盛大，在网络安全和服务方面的抱怨是最低的。在业绩领先的同时，服务不仅能跟上，甚至成为企业的核心竞争力，这一切和盛大内部的一支"秘密部队"有关。

这支部队的名字叫"彩虹客服"。六年的成长，让盛大"彩虹客服"在用户心中深深地扎下了根。"沟通零距离；互动零距离；关怀零距离"是彩虹客服的宗旨，在面试、培训、考核、口试、试岗、观察、录用的严格筛选中形成的培训标准，让彩虹客服在运作中从中国最早的网游呼叫中心走到了现在为同行和用户所认可的专业性网游呼叫中心。"彩虹客服"首创式地推出了用户密码保护系统——盛大密宝，大大提高了用户账号的保障系数，保护了用户的利益，也使网络安全抱怨大大减少。电话、语音自助、BBS留言、邮件、传真、回访、接待等多元化的服务模式很好地实现了客服与用户之间零距离的沟通。200多万次的电话呼入量、3 000多万次的网上自助服务记录、500万人工服务总人次……一个个数字刻录着盛大客服与用户的每一次交流，并且这些庞大的顾客信息量、事件处理量使得其在一定程度上成为一个巨大的价值信息库，有效地帮助客服认真而娴熟地为用户服务。

宽敞明亮的接待环境、友善的解答、人性化的流程等提供了与顾客进行最好沟通的氛围，工作硬件商标准的提升、独立监控、多媒体培训跟进创造了与用户进行高效沟通的条件。发现不足，完善服务是"彩虹"的运动轨迹；咨询、求助、答疑、建议、抱怨、表扬等多元化方式是其零距离的互动姿态；通过各种对外联系方式，保证第一时间的正确回复是"彩虹"的风格。

"彩虹客服"的专业化和努力为其赢得了众多荣誉与称号："中国十大服务品牌""中国最佳呼叫中心""中国市场知名品牌质量信誉服务满意单位十大知名品""中国网络类最佳呼叫中心"……这是对其过去努力的肯定，更是对其未来付出的要求与期望。"急用户所急、想用户所想"，很多用户在感谢信中如此评价盛大客服的"彩虹关怀"。来自玩家的一面面锦旗承载着客服"提供乐趣无限平台、体验顾客关怀服务"的服务理念。

有位"传奇世界"的玩家在客服帮助下找回了装备，表达感谢道："我爱你盛大，我爱你盛大人！"相信这是对彩虹关怀最大的安慰和回报。通过自己的彩虹之桥，向用户展示企业积极将用户利益放在首位的价值观，是责任所在，也是目标所在。"中国式管理就是合理化管理。"盛大客服中心一位主管如是概括了彩虹客服的构架。从管理开始，"彩虹客服"人性化渗透了工作、待人接物，全心全意为用户服务。

盛大彩虹客服成功的关键在于，他们把工作重点放在如何使顾客"赢"，更多考虑顾客的收益。目前，网游市场混乱的现状使得大部分网游公司陷入了克服危机窘状，而盛大的超前客服，则保住了中国网游市场的霸主地位。

要做到成功处理顾客抱怨，使顾客满意度达到最大，从而提高顾客的忠诚度，最终挽留顾客，一定要做到以下几点。

第一，真诚地对待顾客，认为顾客是朋友，而不是单纯的付款人，把自己放在顾客一边，取得顾客的同理心，使顾客在主观上愿意倾听顾客抱怨处理人员的意见，并能够信任和接纳处理意见。

第二，根据顾客的反应确定自己的下一步行动，而不是按照自己的方式来做，要从思想上认识到顾客忠诚的重要性。许多企业平时口口声声称顾客是自己的衣食父母，但在产品生产、质量保证、售后服务等环节却很难看出其重视顾客的意识。对此，企业的领导者要关心员工，教育员工，引导员工树立对企业的忠诚。这样，可以依靠员工做好各方面的工作，为顾客提供全方位的优良服务，从而赢得顾客的忠诚和信赖。

第三，要包容顾客，作为客服人员一定不要把顾客当作万能的上帝，而要接纳顾客各种各样的缺陷，要更加注重顾客的差异化。顾客的满意需求是个性化的，企业要有意识地接触顾客，发现他们的需求，结合企业实际提供满足顾客个性需求的有价值的产品和服务。由于顾客的抱怨得到满意解决，使顾客从产品和服务上感到满意，他们有可能向周围的人群大力宣传，产生企业努力追求的"口碑效应"，从而成为新顾客的介绍者，由此产生顾客生顾客的现象，使企业的顾客群不断扩大。

第四，与顾客共赢的思想，是成功解决顾客抱怨的必胜法宝，从理论上讲，每一位顾客的需求都具有唯一性。从市场的角度看，每一位顾客都是一个细分的市场。如何有针对性地向顾客提供产品和服务，如何把握顾客的需求并以最快的速度做出回应，即如何吸引并留念顾客已成为当今企业竞争的焦点。企业在经历了质量战、价格战、广告战以及内部重组之后，已开始将生存和盈利的空间寄托在企业的顾客这一最重要的企业资源上来，力求通过获得与顾客关系的最优化来达到企业利润的最优化。而共赢的"关系营销"正是为了获得与顾客关系最优化而提出的有效运作方式。

最后，为了做好顾客抱怨处理工作，还须补充以下几点：不要忽视给顾客的第一印象，要善于给顾客传递企业产品的独特价值；要定期检查你的顾客数据库，与顾客进行有效的沟通，要找出顾客离开的原因；要建立反馈机制，倾听顾客意见；要妥善处理顾客的抱怨，不断地改进工作等。

在做任何一项工作的时候，都需要一个正确的积极的心态，才能够面对工作中各种问题。把顾客当作朋友，真诚平等地对待每一位顾客；把顾客当作镜子，适时调整自己的下一步计划；把顾客当作普通人，包容顾客的问题和错误，以平和宽容的心态接近顾客，取得顾客的信任，最后，记住双赢的出发点。相信这样的心态，一定能使您的工作少很多阻力。

第二节　处理顾客抱怨的态度

态度是人们在自身道德观和价值观基础上对事物的评价和行为倾向。态度表现为对外界事物的内在感受(道德观和价值观)、情感(即"喜欢—厌恶""爱—恨"等)和意向(谋虑、企图等)三方面。

研究表明，一个顾客的抱怨至少代表着另外 25 个没说出口的顾客的心声。对于许多顾客来讲，他们认为与其抱怨，不如放弃购买或减少购买量。这一数字显示出正确、妥善化解顾客抱怨的重要意义：只有尽量化解顾客的抱怨，才能保持和提高顾客的满意度，维持乃至增加顾客的忠诚度。

面对顾客抱怨首先要端正态度，处理顾客抱怨应有的态度有以下六方面。

一、尊重抱怨

(一)出现抱怨是正常的

顾客的抱怨行为是由对产品或服务的不满意而引起的，因此抱怨行为是不满心理的反应。顾客对服务或产品的抱怨意味着企业提供的产品或服务没达到他的期望，没满足他的需求，也表示顾客对企业充满期待，希望能改善服务水平，其目的就是为了挽回经济上的损失，恢复自我形象。

(二)保持欢迎的态度

作为一名销售人员，一定要以积极、开放、诚恳、合作的心态来面对并处理各类抱怨，要把顾客提出的抱怨当作提高服务质量、提高顾客满意度的机会。顾客提出意见是对销售人员工作的监督，因此销售人员要保持一种欢迎态度，充分听取顾客提出的意见。要尊重顾客，避免草率打断顾客的话、匆匆为自己和企业辩解以及竭力证明顾客的看法是错误的等情况，努力争取顾客的理解。

事实上，如果没有顾客提出抱怨，企业就不知道哪些方面有待改进。一般而言，顾客愿意对企业提出抱怨，表明他信任企业、愿意继续沟通，并且希望这些问题能够获得解决。因此，任何一个顾客抱怨都值得企业向顾客道歉并表示感谢。

二、沉着冷静

(一)不打断顾客倾诉

在倾听顾客抱怨时，销售人员应不断地表示自己正在认真倾听，不要流露出不耐烦的情绪，也不能打断顾客的倾诉；要冷静，不要为自己辩白，不要急于下结论。当销售人员耐心地听完顾客的倾诉与抱怨后，当顾客的情绪得到了发泄的满足之后，顾客就能够比较自然地听销售人员解释和道歉了。当自己无法解决顾客的抱怨时，可以请上一级主管出面。

（二）耐心倾听

在实际处理中，要耐心地倾听顾客的抱怨，不要轻易打断顾客的叙述，不要批评顾客的不足，而是鼓励顾客倾诉下去，让他们尽情宣泄心中的不满，从顾客的抱怨中分析顾客产生抱怨的真正原因，以便对症下药，拿出合理方案，处理顾客抱怨。

（三）调节自身情绪

顾客有抱怨或投诉就是表明顾客对产品及服务不满意，从心理上来说，他们会觉得企业或销售人员亏待了他，因此，在抱怨或投诉时会有一些不客气的用语或是过激的态度。无论顾客以什么样的态度提出什么样的异议，销售人员都要镇静自若、泰然处之。销售人员应把顾客提出的问题当作一块块改进自己服务质量、提高销售技能的基石，以平常心沉着冷静地对待顾客的反对意见，显出一种大将风度。

三、诚实恳切

（一）实事求是

销售人员在顾客提出抱怨时，应该把自己知道的有关企业、产品、服务等方面的信息告知顾客，不要因为害怕顾客的抱怨或急于尽快处理顾客的抱怨而隐瞒重要事实。以保险行业为例，保险销售人员在进行保险销售时，要把自己拥有的保险知识如实地告诉给顾客，耐心细致地为顾客分析保险的功用、保险的意义，能够经常站在顾客的立场为顾客着想，能够体恤顾客、关怀顾客，以这种态度去对待顾客，就会缩短与顾客的距离。那种信口胡说、不知而以为知的态度，也许可以糊弄顾客一时，但最终会露出不诚实的马脚，败坏销售人员的名声，败坏保险行业的名声。

【案例 4-5】

诚实帮我赢得顾客——一个资深保险营销员的告白

去年我接到一个网站的电话，他们的网络主管通过公司网站推荐找到了我，由于我的主页有个人简介、曾获荣誉、工作感想、专业服务等详细生动的介绍，他非常希望能和我见面。

见了面才知道，原来是他的爱人查出癌症，他想为她投保。我在仔细了解了她的情况后，明确告知不能投保。他说知道我做得好、关系多，希望我想想办法，帮爱人投保，同时他也会投保。由于我非常了解关于保险的精神和核保理赔的要求，而且结合在保险公司长时间的实践操作，我如实地告诉他确实不能投保，如果弄虚作假，即使投保了将来也得不到赔偿。

他当时脸色一变，说外面做保险的很多，我只是给你机会。我笑了笑，告诉他："您可以不选我，但我一定要对您负责，我告诉您的是事实；而且我建议您夫人虽然不能投保，但你们还有女儿，为了她，您应该给自己买份保险；您可以不在我这买，但请您允许我给您做一份计划书。"他未置可否。

我回到公司后，把他夫人的材料上交后，果然得到了拒绝承保的通知。我根据他的家庭状况、职业收入和风险、年龄、健康、性格的情况给他做了一份七页的计划书，并发邮件给他，第2天他就约我去他单位见面。

见面后他告诉我，另外两家公司的业务员告诉他可以忽略不写，只要没有身故就可以投保。同时，他找了保险公司负责理赔的朋友，他们和我说的一样，投保了也无法理赔，所以他认为我很诚实。同时我给他的建议书也让他很喜欢，不仅全面照顾到了他的女儿、父母甚至岳父母，而且对他的职业风险和"四金"的补充也让他感受到一份真正的保障。最后他提出了一个要求，希望我能给他打折，他说这是外面的行规，那两家公司的业务员也愿意给他打8折。

我皱了皱眉，告诉他，我们公司从不提供打折的服务，也希望他能给我完整的保费。接着我又给他展示了我为顾客做的保险服务事项和我为顾客理财的案例，还有我给顾客工作、家庭、生活等各方面提供的信息和帮助。

他一句话没说，看了看我，拿出6000元钱。"我没看错你，以后我们全家就靠你了。"我笑了笑，说："您是一个好父亲、好丈夫。我希望能是您的朋友，很乐意为您提供服务。"

我想那一刻我们都被保险感动了吧！

（二）换位思考

换位思考是人对人的一种心理体验过程。将心比心、设身处地，是达成理解不可缺少的心理机制。它客观上要求我们将自己的内心世界，如情感体验、思维方式等与对方联系起来，站在对方的立场上体验并思考问题，从而与对方在情感上得到沟通，为增进理解奠定基础。如"我能理解您的心情，如果这种情况发生在我身上，我也会这样。""您反映的这种情况，我曾经也遇到过，当时我是这样处理的……"换位思考既是一种理解，也是一种关爱！

不论引起顾客抱怨的责任是否在于你，如果你能够真诚地道歉，并对顾客提出的问题表示感谢，都可以使顾客感到被重视，从而平息他心中的怒火。

抱怨一旦产生，顾客心理上自然会强烈认为自己是对的，销售人员与之交涉时一定要避免争吵，站住顾客的立场上进行角色转换后，想法和看法就会有很大的转变。当销售人员以顾客的立场来思考，了解顾客为什么会产生这样的抱怨的时候，解决的方案也会很容易找到。

【案例 4-6】

换位思考

一头猪、一只绵羊和一头奶牛，被牧人关在同一个畜栏里。有一天，牧人将猪从畜栏里捉了出去，只听那头猪大声号叫，强烈地反抗。绵羊和奶牛讨厌它的号叫，于是抱怨道："我们经常被牧人捉去，都没像你这样大呼小叫的。"猪听了回应道："捉你们和捉我完全是两回事，他捉你们，只是要你们的毛和乳汁，但是捉住我，却是要我的命啊！"

立场不同、所处环境不同的人，是很难了解对方的感受的。因此，对他人的失意、挫折和伤痛，我们应进行换位思考，以一颗宽容的心去了解、关心他人。

四、热情自信

（一）态度积极

在处理顾客抱怨时，销售人员要展示出积极热情的态度。例如，当销售人员满怀热情、不厌其烦地为顾客解释产品价值时，当销售人员拿出种种产品性能方面的咨询材料供顾客参考时，当销售人员尽其所能帮助顾客把购买付诸行动时，销售人员的热情就会感动顾客，因为热情是一种可以相互传动的能量。

（二）专业自信

在处理抱怨时，只有顾客相信你说的，才会化解心中的怨气。要让顾客相信你，首先要对自己有信心，其次要拥有丰富的专业知识。专业自信来自于专业素养，来自于自己处理问题的娴熟技巧，来自于企业及企业产品质量。相信自己可以成为顾客最信任的销售人员，相信自己可以成为顾客真心的朋友，销售人员就与顾客有了亲切感，就比较容易帮助顾客做出决定。

【案例 4-7】

专业的保险销售员

顾客：我不想买保险，听说理赔很困难。

销售人员：我很理解您的感受，很多顾客购买的时候都会提出这个问题。在您看来，理赔方便是您购买的第一要素，对吗？

顾客：是的，有很多人都说理赔时非常困难，而且理赔金到位也很慢。我担心……

销售人员：您担心的这一点也代表大多数顾客的想法，因此，《中华人民共和国保险法》（以下简称《保险法》）第二十三条规定，对属于保险责任的，在与被保险人或者受益人达成赔偿或者给付保险金的协议后十日内，履行赔偿或者给付保险金义务。如果资料一次性准备齐全的话，赔付时间不超过十日（销售人员可以将最新的《保险法》带在身边，以便随时展示给顾客看）。

销售人员：您看，您担心的问题会有法律保护，我们公司也要依法办事。您投保后，我会为您准备一份理赔资料准备清单，以便未来遇到理赔时用。当然，我也希望理赔的事情不要发生。

顾客微笑着点了点头，又询问了其关心的产品的其他问题。

在这个示例中，销售人员较好地运用《保险法》的规定证明保险理赔是有法可依的，并不是保险公司说了算。销售人员的态度给人自信、专业的感觉，消除了顾客的疑虑。

五、避免争论

（一）以退为进

在回答顾客的抱怨问题时，销售人员要尽量避免争论，因为争论很难得到满意的结果。对销售人员来说，即使赢了争论，对处理抱怨也是无益的。销售人员与顾客面对面地交谈、处理顾客抱怨，是为了找到顾客抱怨的原因，化解顾客的疑虑，而不是为了某个问题争论个你对我错。因此，当顾客习惯性地要挑起争论时，销售人员可以退让一步然后再说出自己的建议。

【案例 4-8】

无谓的争论

顾客戴先生正为生存金问题和销售人员理论："哎！怎么搞的，我的生存金怎么还没有到账？为什么人家公司到账了，而你们公司还没到账呢？"销售人员："今天是生效对应日，您要过几天才可以在您账户上面查询到。""为什么？不是生效对应日后就可以有了吗，为什么你们过几天才给我呢？你们现在必须给我！"销售人员："您理解有错误，生效对应日后我们会给您发放的，但是钱是通过银行转账才能到您账上的，银行转入您的账户可能还需要两天的时间，您过两天查一下就可以了。"戴先生："既然说生效对应日发，为什么要过几天呢？这不是要少给我利息吗？"销售人员："生效对应日指的是……"戴先生："这是你们自己规定的还是保监会规定的？"……

销售人员与顾客争吵起来，给彼此都留下了不好的感觉，如果顾客确实错了，销售人员需要与其争辩谁是谁非吗？销售人员如何才能避免此类情景发生呢？

在以上案例中，顾客的问题包含两个内容：一是关于生效对应日的解释，二是查询生存金为何没到账。关于生存金到账日的问题明显是顾客理解有偏差，销售人员在跟顾客解释的时候，因争论这个问题的对错而与顾客纠缠在一起，导致争吵。正确的处理方法是：在关于生效对应日的问题上，只要用简洁明确的语言一次表达清楚就行了，没必要为这个问题与顾客反复纠缠，以避免陷入无谓之争。接着转入第二个问题，即生存金到账的问题，先查询顾客账户信息是否有差错，如有就要帮顾客解决问题，如没有则告诉顾客公司一般是在保单的生效对应日向银行提出申请发放，转账可能还需要一两天，说服顾客耐心等待。如顾客再有纠缠，我们就要了解一下顾客是不是因其他什么抱怨而借题发挥。

在回答顾客的抱怨问题时，销售人员要尽量避免争论，因为即使赢了争论，对处理抱怨也是无益的。

（二）善用提问

顾客的抱怨有时仅是借口，其背后可能另有原因，销售人员明白这个道理就要采取一定的方法，引导顾客说出抱怨的主要原因。

很多时候顾客不愿意主动透露自己的真实想法和相关信息，这样很不利于抱怨处理的顺利实现，这时就需要销售人员向顾客提出问题，引导顾客敞开心扉，并根据顾客的回答寻求解决的途径。销售人员应该如何引导顾客提出问题呢？可以用"为什么……""怎么样……""如何……"等这样的句式来提问，这种开放式提问的方式更容易使顾客敞开心扉。

【案例 4-9】

抓住主动权的销售人员

小美是一家保险公司的销售人员，一天，她经过公司柜面时发现一位前来办理业务的顾客正在聚精会神地看张贴在柜面的一张关于健康保险介绍的海报。小美见状忙走过去："小姐，我看您正在看这张海报，我想您一定是对健康问题很关注，我是这家公司的营销员，很愿意为您提供这方面的资讯。"

顾客："我现在只是随便看看，并不打算购买保险。"

小美："买不买没关系的，看得出来您还是有兴趣了解健康保险方面的信息，不知您最担心的是哪方面的问题，能否说出来我帮您分析一下？"

接着，小美根据顾客的描述及顾客的自身情况，设身处地地分析这款保险，顾客听了很感兴趣。

顾客："你介绍得很好，我觉得这款保险很不错，不过我已经购买了这么多的保险，我怕以后保费交不出了。"

小美："我能理解您的想法，不知道您除了保费方面的担忧外还有其他的顾虑吗？"

顾客："其他的倒没有了，我对这款保险还是很喜欢的。"

小美："小姐，刚才我为您分析的这款保险非常适合您的家庭情况，而且您以前也没有购买过健康保险。刚才您告诉过我，以前的保险有两份到今年交费期就结束了，所以也不会有太大的交费压力，您完全不用担心。"

顾客："那好吧，我就买一份吧。"

在该案例中，营销员小美通过认真观察顾客的举动，并主动上前为其介绍产品的相关信息，是一种积极主动的做法。在与顾客的最初交流中，顾客并未主动告知小美自己的购买需求，为进一步成交带来了难度。小美主动询问，并设身处地地为顾客详细分析了产品的特点并打消了顾客的疑虑，最终顺利成交。

六、灵活处理

（一）学会判断顾客抱怨

顾客抱怨的问题千奇百怪，具有较大的随意性，销售人员不必事事当真，特别是对一些与产品销售、顾客服务无关的和顾客随口编造的问题，你若当真，就会落入"圈套"。对那些一时难以回答清楚的问题，可以暂时搁在一边，待弄清了问题的性质以后，再决定回答与否；面对顾客的无理要求，应该用婉转的语气予以拒绝，而不应该态度生硬。

（二）灵活掌握处理方式

很多销售人员处理顾客投诉和抱怨的方式，就是给他们慰问、道歉或补偿品、或赠送小礼品等。其实解决问题的办法有许多种，例如，当顾客对企业的实力、企业的服务质量产生抱怨时，可邀请顾客参加企业组织的一些顾客活动；当顾客对企业的服务流程等产生抱怨时，可邀请他们提出改进意见；当顾客产生抱怨后提出一些新的建议时，可给他们奖励等。

（三）避开抱怨处理的误区

销售人员在面对顾客抱怨时，要尽量避免进入误区，如有问必答、有问不知如何答、陷入与顾客的争辩中、陷入烦琐的比较中、不知在处理异议中提出成交、轻信顾客的借口或许诺等误区。

【资料拓展 4-2】

处理顾客抱怨的误区

下列 8 种处理顾客抱怨的方式会让顾客失望，激化矛盾，甚至导致抱怨升级，在与顾客交流过程中要予以避免。

1. 只有道歉，没有进一步行动

面对顾客的抱怨，销售人员也认识到错了，连连道歉，但却不采取任何补救行动。

2. 把错误归咎于顾客

顾客来抱怨，销售人员总是在顾客身上找原因，如"你的使用方法不对""你应该早点来，现在已经有办法了"等。

3. 做出承诺却没有兑现

销售人员痛快答应顾客会很快改正错误，但是却一直没有做到。

4. 完全没有反应

销售人员对顾客的口头或书面的抱怨根本不理会，顾客催促了许多次，每次销售人员都会说再联络，但是却没有了下文。

5. 粗鲁无礼

有的销售人员连最基本的礼仪都没有，使很多顾客有被羞辱感，严重时顾客甚至会觉得销售人员对待自己像对待罪犯一样。

6. 逃避个人责任

"这不是我做的，不是我的错。我很愿意帮助你，但这事不归我管。""责任是我们的供应商，是我们的运送系统。"……此类话语使顾客觉得销售人员只会推卸责任。

7. 非言语的排斥

面对顾客的抱怨，销售人员虽然在听，但时不时地皱眉头、东张西望、看手表，表示出不耐烦，甚至觉得顾客在浪费他的时间。

8. 质问顾客

没有表示出想帮顾客解决问题的诚意，却先问顾客一连串的问题："你在哪里工作？""什么时候买的我们的产品？""在哪里买的？""你的发票呢？"等。

第三节　处理顾客抱怨的基本原则

顾客抱怨处理是预防和减少顾客抱怨的内容之一。顾客抱怨处理应把握三项原则，从而有效处理顾客抱怨，预防和减少顾客投诉事件。

一、尊重原则

（一）顾客永远是对的

这是一项很重要的原则。只有秉持"顾客永远都正确"的观念，才能用平和的心态处理顾客的抱怨。它包括三个方面的含义：第一，应该认识到，有抱怨和不满的顾客是对企业仍有期望的顾客；第二，对于顾客的抱怨行为应该给予肯定、鼓励和感谢；第三，尽可能地满足顾客的要求。

即使是顾客失误，即使是顾客在与销售人员的沟通中因为存在沟通障碍产生误解，也绝不能与顾客进行争辩。当顾客抱怨时，往往有情绪，持续的争辩只会使事情变得更加复杂，使顾客更加情绪化，导致事情恶化，结果即使赢得了争辩，也会失去顾客与生意。

【案例4-10】

一条鳜鱼

某酒店的餐厅里，一位客人指着刚上桌的鳜鱼，大声对服务员说："我们点的是鳜鱼，这个不是!"他这么一说，同桌的其他客人也随声附和，要求服务员退换。

正当服务员左右为难时，餐厅领班张小姐走了过来。张小姐走到客人座位旁仔细一看，发现服务员给客人上的确实是鳜鱼，心里便明白是客人弄错了。

当她看到这位客人的反应比较强烈，其余的客人也多数含混不清地点头，同桌的另一位客人虽然要求服务员调换，但却显得比较尴尬时，立即明白这鳜鱼是他点的，而他对朋友的错误又不好指出。

于是，张小姐对那位投诉的客人说："先生，如果真是这样，那您不妨再点一条鳜鱼。请您亲自到海鲜池挑选好吗?"客人点头应允。

张小姐陪着客人来到海鲜池前，并不着急让客人点鱼，而是先和他聊起天来。稍稍站了一会儿，恰好有其他的客人也点鳜鱼，看到服务员将鱼从池子里捞出，客人的脸上立即露出了惊诧的神情。

等点鱼的客人走后，张小姐对这位投诉的客人说："这就是鳜鱼。"接着，她指着海鲜池前的标签和池中的鱼简要地介绍了一下鳜鱼的特征。最后，她征求客人的意见，"您看您现在点还是等一会儿再点?"

"这……等一会儿吧。"客人答道。

客人回到座位，认真观察了一下，确定是自己弄错了，面带愧色地向张小姐及服务员道歉，而同桌的另一位客人则向张小姐投来了感激的目光。

服务行业中有一条金科玉律，即"顾客永远是对的"。这句话并不是说顾客不可能犯错误，而是指从服务的角度来说，要永远把顾客置于对的位子上，使服务人员保持一种"顾客永远是对的"的心态。因此在服务过程中，即使明知顾客犯了错误，一般也不要直截了当地指出来，以保全其面子。因为对于"爱面子"的顾客来说，如果在酒店丢了面子，那么即使酒店其他方面做得再好，他对酒店的服务也不会满意。

(二)以诚相待

"真诚"是人与人之间沟通交流的大门，是化解矛盾的催化剂和润滑剂。在处理顾客抱怨中，我们一定要注意把握好"真诚"原则，要让顾客感觉到我们是实实在在地在为他们着想，真诚地在化解矛盾，用真诚换得真心，用真诚融化冰雪，用真诚展现我们企业的服务理念与风采。在遇到确因企业服务不到位而造成顾客损失的，要真诚道歉，并做出相应的赔偿，让顾客真切感受到我们的诚意，从而理解和支持我们的工作。

处理顾客抱怨的目的是为了获得顾客的理解和再度信任，如果顾客感觉销售人员在处理抱怨时只是没有诚意的敷衍，他们不仅下次不会再来，而且还可能会对周围的人传递企业服务不周的信息，从而成为企业发展的致命障碍。

（三）让顾客先发泄情绪

在处理顾客抱怨时，由于顾客心中有怨气，因而难免会发出怨言，更有极个别道德修养差的顾客会讲一些难以入耳的污言秽语。在这种情况下，如果我们的抱怨处理人员，不能克制自己的情绪，而与顾客进行辩驳，甚至与顾客发生争吵，不但会影响抱怨处理的进程和效果，而且会影响企业的整体形象。因此，不管抱怨者的语言和情绪有多反常，我们一定要学会克制自己的情绪，要学会给出一点时间，让顾客先发泄怨气，排解愤怒。人是高级情感动物，一旦心中有怨气时，就会表现出急躁等情绪，如果这时，我们能给他们一定的发泄空间，待他们的怨气发出之后，就会情绪稳定，这时问题会自然化解。

处理抱怨时，销售人员需要全神贯注地倾听顾客的诉说和抱怨，千万不要中途插话，特别是在对方还没有说完时就否定对方的看法。如果在顾客还没有将事情全部述说完毕之前就打断他并进行辩解，只会刺激他的情绪。在顾客抱怨时，销售人员告诉他冷静一点，反而可能更加激怒他们。因此，不要试图阻止顾客表达他们的感情，否则会使问题变得更加复杂。如果销售人员能让顾客把要说的话及要表达的情绪充分表达出来，待顾客发泄完怒气后，就会有一种较为放松的感觉，情绪也容易平静下来。在顾客冷静下来以后，他自然会心平气和地与销售人员谈话，主动要求销售人员谈谈处理意见。

【案例 4-11】

典型抱怨引发的处理风波

顾客："哎呀，你们的扣款怎么错了？我应交 1000 元的保费，现在却扣了我 2000 元，我要退保！"

回答一："这是他们××部门的事，我也没办法。"

回答二："你骂我干什么？又不是我扣的……"

以上是一个典型的抱怨案例，我们经常会遇到。这时顾客的需求是两个方面的：情感方面，需要宣泄不满的情绪；业务方面，希望能立刻解决问题或想要知道何时及如何解决问题。在本案例中，两位销售人员的回答都是不妥当的，都没有站在顾客立场上考虑问题。

回答一：指责别的部门，没有满足顾客此时的情感需求，并且把顾客提交的情绪需求推出去，给顾客以事不关己和推诿的感觉，顾客情绪也就难以缓解。

回答二：销售人员产生角色认知错误，以为顾客指责的是自己，因此急于洗清自己，导致顾客更大的不满。

顾客因企业的系统或工作差错提出抱怨是很正常的，顾客对销售人员抱怨，说明还信任销售人员，期望销售人员能解决他的问题。销售人员首先要表达对顾客的理解和同情——满足他的情感需求；其次要积极寻求相关部门的协助，帮助顾客解决问题，如问题一时不能解决，也要诚恳地向顾客表示正在帮他解决问题。

销售人员要让顾客先发泄情绪，以上案例正确的回答应该是：您现在焦急的心情我能理解，别急，我帮您先查一下，看看是哪里出了问题……

二、迅速原则

作为抱怨顾客来说，每一个抱怨者都希望他们的抱怨举报信息发出之后，能得到及时快速地处理。因此，在接到顾客抱怨以后，我们一定要即时即办，对能当时解决的就当时解决，不能当时解决的，也要在弄清原因后，给出顾客抱怨处理的时间承诺，承诺之后，要尽快组织人员到现场了解问题、收集信息、分析问题，解决问题，做到能快则快。切不可在接到顾客抱怨后，以各种理由拖延处理时间，或者把顾客的抱怨当作耳边风，放在一边不去处理，造成顾客越级抱怨等事件发生。

(一)不回避顾客抱怨

当顾客提出抱怨问题时，不要因为害怕顾客的吵闹或害怕处理带来麻烦而推托不办，也不能对顾客的抱怨置之不理。销售人员不应该讨厌顾客的抱怨，而应该把它当作建立顾客忠诚度的好机会。设法了解抱怨的真正动机，是正确处理抱怨的重要前提。

(二)处理及时

既然顾客已经对企业产生抱怨，那就要及时处理。对于他们所有的意见，必须快速反应，最好将问题迅速解决或至少表示有解决的诚意。

拖延时间只会使顾客的抱怨变得越来越强烈，使顾客感到自己没有受到足够的重视，使不满意程度急剧上升，同时也会使他们的想法变得顽固而不易解决。例如，顾客抱怨产品品质不好，销售人员通过调查研究，发现主要原因在于顾客使用不当，这时应及时地通知顾客维修产品，告诉顾客正确的使用方法，而不能简单地认为与销售人员无关，不加理睬。如果经过调查，发现产品确实存在问题，应该给予赔偿，并尽快告诉顾客处理的结果。

从获得较好的处理结果上来分析，及时处理抱怨，一是可以让顾客感觉到被尊重，二是表示销售人员解决问题的诚意，三是可以及时防止顾客的负面影响对企业及销售人员造成更大的伤害，四是可以将损失降至最低。

三、目标原则

（一）"翻译"顾客的抱怨

1. 我听您，所以我知道您

应对顾客抱怨，首先要做的是了解顾客抱怨背后的希望是什么，这样有助于按照顾客的希望处理，这是解决顾客抱怨的根本。不能只表面听到了顾客的抱怨，而不去分析抱怨的真正原因，结果因对顾客的不满处理不当，白白流失了大量的顾客。

顾客说你的产品太贵——真的是太贵了吗？

顾客说他过段时间再来买——他真的会来买吗？

顾客说××公司的比你们便宜——那是真的吗？

我们将抱怨语言进行一定的解读，就可以知道顾客到底想说什么了。

表 4-1 罗列了一些常见的抱怨及其"翻译文本"：

表 4-1 抱怨解读对应表

抱怨语言	抱怨解读
我只是了解一下	我可能需要你的产品，不过我需要更多的信息，如果你能说服我，我就买，否则我不买
太贵了	我有点动心了，我想买一个，但我不想花那么多钱。我不是买不起，只是价格超过我的预算，我需要更多的信息，然后再买
让我想一想	我喜欢它，我被吸引了，但我拿不准，有些担心，需要花点时间想一下买的理由。我需要更多的说服工作，需要更多的信息
××公司的好像比你们好	我有点动心了，我想买，但需要看是否能买到最好的。我想知道别人的产品与你们的相比怎么样。我需要更多的说服工作，需要更多的信息
你给我压力	1. 我认为这件产品很好，我很喜欢，我都有点控制不住自己了。 2. 我不喜欢你这样做，你是在强迫我买。如果你能说服我，我就买，否则我就不买
你们的服务没××公司好	1. 除非你能证明你们的服务及信誉比××公司好，否则我就不买。 2. 我也想享受到××公司那样的服务
你们的分红不好	1. 我想我买的产品能得到更大的收益。 2. 我想知道我买的产品是否划算

2. 我看您，所以我懂您

有时仅从口头抱怨上判断顾客提出抱怨的真实意图是不够的，销售人员还可以从顾客的眼神、举止以及声调中洞悉顾客的真实意图。

(1)眼神与举止中的抱怨。俗话说，"眼睛是心灵的窗户"，眼神和肢体语言有时比口语交流更具可信度。一名出色、老练的销售人员会从顾客说话时的眼神中洞穿他的心理，会从他不太自然的举止、手势及小动作中看出他的犹豫与不安。销售人员如果没有很好地把握顾客抱怨时的眼神举止，可能就会错失良机！

(2)肢体语言中的抱怨。顾客提出抱怨时，其肢体语言可表明以下几种情况：

怀疑——顾客在听销售人员陈述时，双唇紧闭或翘起一边嘴角，眼珠转动，斜眼看人，那是因为他在怀疑销售人员的说话内容，他在用肢体语言向销售人员抱怨了。

批判——顾客用一只手抱住下颚，食指伸到面颊上，其他手指放在嘴唇下时，说明他正在对销售人员陈述的观点作严谨的批判性评估。

拖延——顾客把眼镜摘下，嘴里咬着一只镜架，说明他正在拖延时间以便仔细地考虑，以及寻找更有力的信息。

否定——顾客在销售人员陈述的过程中，用食指触摸或轻擦鼻子，那是他对销售人员的说法表示否定。

【案例 4-12】

小郑与客户

小郑是 A 保险公司的销售主管，在得知 B 保险公司的小陈销售拜访一名客户失败后，他决心去会一会这位潜在顾客。

会谈一开始，小郑非常详细地介绍了自己产品的保险责任、优势及售后服务。顾客一手托着下颚，食指不自觉地触摸着紧闭的嘴唇，始终一言不发。

"先生，您对我的介绍还有什么不明白的地方吗？"小郑轻声地在问。顾客把眼镜摘下来，无意识地咬着一只镜架。

"先生，这就是我们公司和其他公司的计划书，请您过目。相信你一定会找到您喜爱的保险。"

顾客仔细阅读起来，小郑趁机说明自己的保险产品的优势所在，并诚恳地指出一些不足，帮助顾客选择适合自身需求的保险。

顾客抱住下颚，食指不停地触摸面颊。

"先生，我想现在您只要在这里落笔，就可以使用到您喜爱的保险了。"(拿出投保单)

"在哪里签字？"顾客说。

顾客为何购买小郑推荐的保险？

销售主管小郑遇见了顾客的各种肢体语言抱怨，但是他洞察了顾客的心理，最终帮助顾客下定购买的决心。

顾客手托下颚，食指触摸嘴唇，一言不发，说明他心存疑虑。顾客摘下眼镜，无意识地咬眼镜的动作，表明了他正犹豫不决，拖延时间。小郑从顾客的肢体语言中了解了顾客还需要更多的说明工作，主动为其比较自己与竞争对手的保险产品，找出适合的保险。由于小郑较好地了解顾客的需求，顾客开始不安，食指触摸面颊，审慎地做出批判评估。顾客优柔寡断，小郑妥善处理，促使顾客下定决心。

破译顾客的眼神举止所传达出来的信息是销售人员在销售活动中必须掌握的一项技能。

（二）提供解决方案

在了解有关情况、收集所有信息后，销售人员需要与顾客一起拿出一个双方均可接受的解决问题的方案。以保险行业为例，因对产品的理赔和服务不满意而发生顾客抱怨的事情比较普遍，这些问题的处理方法可以因抱怨原因的不同而有所不同。比如说，顾客因理赔速度慢而产生抱怨，销售人员经了解发现，这是顾客理赔资料不齐全造成的，销售人员可以帮助顾客办齐理赔资料，从而解除顾客抱怨。

对顾客抱怨的问题提出解决办法才是销售人员的根本。除了帮助顾客解决好目前的问题，做好服务工作外，销售人员可以有更多的选择，比如：①提供免费赠品，包括礼物、商品或其他；②邀请参加企业组织的各类顾客活动；③对顾客的意见表示感谢；④以个人的名义给予顾客关怀，建立私交。

【案例 4-13】

一次愉快的住宿经历

在菲律宾的宿雾①，李小姐找到了一家度假中心。楼房间的落地窗一推开，就能直接滑进偌大的礁湖中游泳，放眼望去有沙洲、有椰林，再加上一望无际的水波，风景真是棒极了！真好，李小姐当下就决定多待几天。没想到第二天一大早推开落地窗，天啊，原先的一大池水怎么全不见了？映入眼帘的景象换成了几个工作人员，拿着震天响的清洁机器，站在池子中央来回地工作。

沧海桑田，竟然发生在一夕之间。李小姐决定打电话问个分明。两分钟后，饭店

---

① 宿雾是菲律宾最古老的城市，菲律宾第二大城市，同时又是一个新兴的商业旅游城市，素有"菲南皇后城"之称。目前宿雾已发展成为菲律宾著名的旅游中心。这里有大片的森林——宿雾国家公园面积 15393 公顷，又有无数白色沙滩和清澈海水，还有世界级的度假酒店——马克坦香格里拉饭店。

的当班经理珍娜亲自回了电话，以下是她的响应："李小姐，谢谢您打电话来告诉您的不满，让我们有立刻改进的机会。很抱歉由于我们的客房通知系统出了问题，没将泳池定期清理的消息通知您，造成您的不便，的确是我们的错误，我感到非常抱歉。"原来如此，李小姐心想，知道认错道歉，态度还算不错！

她继续说："李小姐，我了解您之所以选择敝饭店，是因为我们的景观以及戏水的方便性，为了表达我由衷的歉意，昨天晚上的房价给您打对折。"喔，李小姐没开口她就自动提出，果然有诚意。她又继续说："但由于池子大，要清理两三天，即使打折也仍然不能解决您在这无水可游的问题。这样吧，如果不会造成您太大的不便，接下来的几天，我很乐意帮您升级到私人别墅，里面有专属的露天泳池及按摩池，您觉得这样的安排合适吗？"

"我觉得这样的安排非常合适！"李小姐非常高兴地说。原先的不满一扫而空，这时的心境只能用心花怒放来形容啦。搬进别墅的当晚，李小姐正浸在泳池中仰头赏月，服务人员敲门送进来一瓶不错的红酒，是来自珍娜的特别问候。

这家饭店对这次客户抱怨的处理有造成客户的不满吗？李小姐不但决定要尽早再次光临这家每个工作人员都叫得出她名字的饭店，在之后的一个月内，她还大力推荐这家饭店给两位企业经理人，作为春节员工旅游的地点：五星级设备、六星级服务，去了绝不会后悔！

因此，顾客的抱怨不全是麻烦，还是机会。只要掌握了诀窍，企业就能漂亮地反败为胜，化不满为惊喜，将抱怨的顾客变成忠诚的顾客。顾客抱怨处理水平的好与差，事关企业的顾客关系管理，事关顾客对企业的依存度、信任度、合作度。

四、灵活原则

灵活性原则是指员工在处理顾客抱怨的时候，学会灵活处理顾客的要求。有时顾客提出的意见会超出企业的规定或者处理抱怨的员工的权力范围。不能因为企业规定的限制生硬地回绝顾客要求，而应多采取一些灵活的手段取得顾客的谅解。耐心的沟通交流是必需的，但是在面对愤怒的顾客时，运用一些人性化的沟通技巧和权力范围内的补偿措施会收到更加理想的效果。有时会碰到一些非常固执或者无理取闹的顾客，灵活地处理这类顾客的抱怨显得尤其重要。如果抱怨发生在顾客密集的公共场合，教条的处理方法可能会激化矛盾，甚至引起其他顾客的共同抱怨，给企业的社会形象造成严重的伤害。

员工应认识到，尽管顾客不一定总是对的，但是顾客永远是第一位的。这时应该根据事先收集的顾客抱怨信息，掌握顾客抱怨的真实原因，了解顾客预期的解决方案，对顾客要求中不合理的部分做耐心细致的解释。

　　另外，可以采取特事特办的做法，不一定拘泥于过去的经验。在处理的手段上，可以采取灵活多样的方法。员工应尽最大的可能向顾客展示企业的诚意，并通过其他的辅助手段尽量满足顾客的合理要求，平息顾客的怨气。

【复习思考题】

1. 企业对待顾客抱怨应做好哪些心理准备？
2. 处理顾客抱怨应具备的态度有哪些？
3. 处理顾客抱怨的基本原则是什么？
4. 当顾客认为产品价格太高，企业应如何解读其抱怨内容？

【综合案例分析】

蛋糕店的争执

　　某中年女性顾客在蛋糕店自选产品，因其对食品夹的使用办法不得当，连续夹碎两块葡式蛋挞后，既无歉意，也无意购买。女导购员 A 是一名入职两月余的新员工，责任心强但沟通技巧有限。A 站在旁边见顾客夹坏了第一块蛋挞时，就对顾客说"这两块蛋挞您夹坏了，您要么买回去，要么赔偿！"顾客说："我没有见到你们店里有这么一条规定啊！写出来了吗？贴在哪儿了？"遂发生了争执。

　　领班 B 过来，了解事情经过后，对顾客说："算了，算了，不要您赔了！"顾客偏又得理不饶人，说导购员 A 说话不中听，损了她的面子，坚持要求 A 当面给其赔礼道歉。领班 B 一听，认为顾客有点过分，没有同意。顾客说："你们店里的服务员服务素质太低，东西我不买了，我还要告诉所有的人今后不要上你们店里来！"就在顾客将要出门之际，领班 B 忍不住对着顾客的背影说了一句："没钱就别来店里买东西！"谁知顾客听见了，转过身来掏出钱包，将包里的钱掏出来，一下拍在收银台上，大声嚷嚷："谁没有钱啦，谁说的，是哪一个说的？"

　　店长 C 正好听到了吵闹声，忙将顾客请到休闲区的座位上坐下来，送上茶水，然后听顾客讲了事情的经过。店长 C 很诚恳地向顾客道歉，顾客说："既然你诚恳，我也就算了。但那个女孩说我没有钱，当着这么多人侮辱我，损害了我的尊严，你说怎么办吧！"

　　店长 C 说："我以蛋糕店的名义赔您一盒点心，行吗？"顾客说："不行，我一定要你罚她 500 元钱，然后赔给我，这样才能给她一个教训！"店长一听，觉得顾客难缠，简直不可理喻，渐渐地也有了一丝恼怒。双方讨论了两个回合后，店长 C 忍不住说："起初不对的是您，才产生了后来我们服务员说话过火。如果您坚持要赔钱，我就要怀疑您今天的动机了。"顾客大怒，要求店长告诉她总经理的电话，遂投诉至公司。

分析：

1. 导购员 A、领班 B、店长 C 这三人在处理该顾客抱怨时的态度是否正确？每人分别存在何种问题？

2. 你认为领班 B 在发现员工与顾客争执后，她可以采取何种行为既能有效化解顾客怒气，又能控制事态进一步蔓延？

3. 店长 C 作为现场最高主管，本应该控制事态蔓延，但为何使顾客更加生气并投诉至公司？店长 C 可以采取哪些行为来平息本次事件？

第五章 处理顾客抱怨的流程与方法

【关键术语】

　　处理顾客抱怨的标准流程　正面回答法　委婉否认法　转移法

【学习目标】

◆ 掌握处理顾客抱怨的流程
◆ 掌握处理顾客抱怨的不同方法

【能力目标】

◆ 能够梳理出处理顾客抱怨的标准流程
◆ 能够正确运用顾客抱怨处理的方法

【开篇案例】

失败的拜访

　　主管老王陪同小新一起去拜访顾客，与顾客李先生见面时，小新兴冲冲地向顾客介绍公司及产品。

　　在面谈中，小新始终单向地向顾客讲解产品，即使顾客中途偶有提出抱怨与拒绝，小新也比较简单地一带而过。随着时间的推移，融洽的气氛反而变得冷淡，李先生似乎也不愿意再多提问、多透露个人的信息。

　　失败的面谈接洽让小新感到很困惑。回来的路上主管老王告诉小新，顾客抱怨处理的过程中也藏着大学问，比如，不能直截了当否定顾客的抱怨、不能责怪顾客的抱怨……小新委屈地解释说是这些抱怨不是由他造成的。主管拍拍小新的肩膀给了些安慰和鼓励，然后向他仔细地讲解了处理顾客抱怨的流程、方法。

　　顾客抱怨是企业一种宝贵的信息资源。如果处理得好，它不仅可以有效地化解顾客的怨气，最大限度地留住顾客，同时也对改进企业的服务水平有着十分积极的意义。但是如果处理不当，这些抱怨可能被激化和扩大，给企业造成巨大的损失。企业客服人员在处理顾客抱怨时，应详细掌握顾客抱怨处理的标准流程、方法与技巧，进而做到有的放矢地为顾客排忧解惑，最终使顾客满意。

第一节　处理顾客抱怨的标准流程

面对顾客对产品或服务质量方面的抱怨，您能否妥善处理？面对顾客的抱怨，您能否从容应对？接待前来抱怨的顾客无疑是对服务员的一种挑战，要做到既使顾客满意而归，自己又不至于太过紧张吃力，这就必须掌握处理顾客抱怨的一些标准流程。

一、接待抱怨顾客

无论是销售人员还是顾客，都应把握一个重要原则，即先处理心情，再处理事情。一般来说，人们处理事情的成熟程度与情绪化的程度是成反比的，拥有一个好心态，不但能防止我们因情绪化而采取不理智的行动，还能使我们忙得更有成效。良好的心情能够帮助我们以积极乐观的心态面对因为忙碌产生的各种麻烦，所以先处理好心情，再处理事情很有必要。

情绪处理是抱怨处理的前奏。顾客抱怨首要的表现是情绪激动，在情绪没有得到缓解之前，要做通顾客的工作是相当困难的。只有让顾客将心中的怨气发泄出来，其激动的情绪才能得到缓解，其抱怨自然也就停下来了。

销售人员在接待抱怨顾客时，顾客可能由于情绪激动或心生怒气而无法沟通，这时就应该首先平复一下顾客的心情。例如，在服务台设立"服务中心"，专人负责接待工作。服务台工作人员在接到顾客抱怨后，立即记录抱怨要点，填写顾客抱怨记录卡，内容应包括抱怨人姓名、抱怨地址、抱怨时间、抱怨对象、抱怨内容及抱怨要求等，以作为下一步解决问题的资料和原始依据。同时，这样做也是向顾客表明了自己代表本部门所采取的郑重态度，是把顾客的喜怒哀乐放在重要位置，以顾客的利益为重的。另外，顾客为了配合接待员的记录，语速会不自觉地有所减慢，这样，无形之中就起到了缓冲的作用。

二、详细记录抱怨内容

对于抱怨的顾客来说，最在意的是自己的抱怨是否受到重视，愿意提出抱怨的顾客普遍来说都有良好的自我认知度，会从客服人员的重视程度中寻求一种满足感，能否达到这种感觉对于接下来需要处理的顾客抱怨情况影响非常直接。

在这里要推荐客服人员制定规范的顾客抱怨记录表（见表5-1），详细地记录顾客抱怨的全部内容，如抱怨人、抱怨时间、抱怨对象、抱怨要求、解决方法、解决期限、是否回告……并严格存档备案，对有过一次以上抱怨记录的顾客做好登记。

表 5-1　××女鞋顾客抱怨登记表

抱怨顾客	抱怨时间	抱怨详情	抱怨要求	处理办法	解决时间	处理人
刘女士	2014.11.27	穿了一周，鞋面漆皮断裂	退货	更换同一价位新款	当时解决	王丹

在每次处理完顾客的抱怨之后，及时将顾客的抱怨分类总结，并详细记录当时销售人员的解决办法，尽可能地提出改进意见或征求别人的看法（见表 5-2）。

表 5-2　顾客抱怨处理表

____月____日星期____　　客户姓名_____　　填写者_____

顾客抱怨	抱怨类型	当时的解决办法	我的改进意见	主管或同事的看法
1				
2				
3				
4				
5				

注：在成功处理的顾客抱怨栏填写"√"。

三、判断抱怨是否有效

了解并记录顾客抱怨的内容之后，接下来需要做的是：判断顾客抱怨的理由是否充分以及抱怨要求是否合理。如果顾客抱怨不满足成立条件，则根据不成立条件的原因向顾客回复，取得顾客的谅解，消除误会。

在此要注意的是，首先不要被顾客的情绪感染而慌乱、手足无措。客服新手通常会被顾客的情绪所主导，慌乱解释，表达吞吞吐吐，进而手忙脚乱，给对方留下了极其不专业的印象，更容易造成双方的误解。顾客强势通常是因为对产品或者行业情况不甚了解，只单方面从自己的角度思考。所以客服人员首先要摆正自己的态度，从专业的角度陈述，有条不紊地去帮助顾客分析当前情况，正确筛选有效抱怨。

四、调查原因，确定抱怨处理责任部门

根据顾客抱怨的内容，客服人员需要迅速寻找关键点，聆听关键词以判断直接责任发生源。确定相关的具体受理单位和受理负责人。如属运输问题，交储运部处理；属质量问题，则交由质量管理部、产品服务部处理；需要返回与公司沟通，等待反馈的，告知顾客等待时间，能在顾客所在地处理的，立即通知协同部门在第一时间处理，

绝不拖延。

为了尽可能地方便顾客、节约运营成本，建议尽量缩短处理流程，能够在客服当地处理的问题不要移交，或者就近选择相邻地区的公司代理点来帮助处理。这就需要企业给予客服部门足够的自主权力。

五、提出解决办法

根据实际情况，迅速制定顾客抱怨的处理方案或解决办法，并与顾客达成共识。在这一环节，与顾客的共识十分重要，也是顾客抱怨处理成功的关键。顾客抱怨处理的关键是取得顾客的谅解，维护忠实顾客。客服应该根据平时的积累及经验，马上找出当前顾客抱怨最重要的问题所在，然后看看所属情况是否在常见问题之列，若是常见顾客抱怨问题，则应该有备选方案可供选择处理。若情况较为复杂，则不必急于一时，通知顾客稍加等待，明确承诺对方即将回复，记录好联系方式，然后，放下电话，迅速向有经验的同事、主管、其他部门寻求解决方案。如有多种途径，可记录下备选解决方案，然后再联系顾客道明原因，向对方提供解决方法，直至满意为止。

六、处理顾客抱怨

与顾客达成处理协议后，应立即投入顾客抱怨的实际处理。如需其他运营技术部门的配合，要尽快取得联系，根据实际情况，采取一切可能的措施，挽回已经出现的损失。同时对造成顾客抱怨的责任人也要进行记录和追究，并将相关处理告知顾客，同时收集反馈信息。

在回告顾客处理状态之后，则要再度对直接处理部门进行跟踪，掌握处理进度，保证时间和效率。

到了这一环节，顾客的情绪基本已经平复，但客服人员决不能松懈，处理速度是关键。若因态度松懈造成时间延误或者环节疏漏，容易引起顾客的再度不满，适得其反。

七、责任处罚

根据顾客抱怨处理的结果，在企业内部认真寻找产生顾客抱怨的原因，如果有直接引起顾客抱怨的责任人，一定要给予相应的惩罚(如一线人员的服务态度遭到抱怨等情况)，如对造成顾客抱怨的直接责任者和部门负责人按有关规定进行处罚，同时对造成顾客抱怨得不到解决的直接责任者和部门主管进行处罚；如果是非直接原因，也要把完善自身放在第一，找到可以改善的点，使得企业一直处于不断提高的状态。

八、提出改善对策并整理归类存档

将顾客抱怨处理的整个流程记录备案（不论成功与否），一方面可以总结经验，对相关工作环节提出合理优化建议；另一方面留存的案例也便于提高客服工作的效率和质量，为以后遇到同类问题提供合理的解决方案。

同时，将其记入顾客的档案，避免顾客再次光临时，发生类似的抱怨事件。

对于顾客来函、来电抱怨，除了应注意上述处理要点外，还应将调查结果、解决的方法、争取顾客的谅解、表达歉意等内容写成信函并尽快回复顾客。

【资料拓展 5-1】

东风标致投诉处理流程

东风标致重大投诉处理政策与流程如图 5-1 所示。

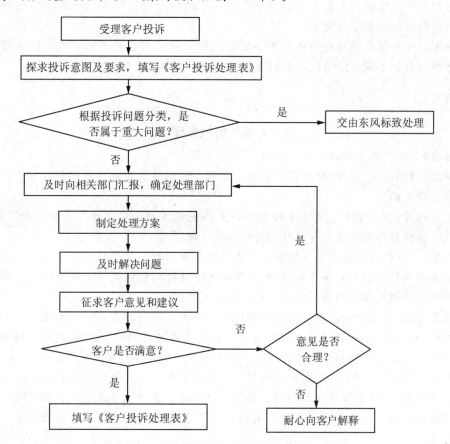

图 5-1 东风标致重大投诉处理政策与流程

第二节　处理顾客抱怨的方法

作为一名优秀的销售人员，只有了解、掌握并灵活运用多种应对的方法，才能在处理顾客抱怨时得心应手，常用的方法包括以下几种。

一、平抑怒气法

顾客抱怨时会带着怒气，这是很正常的现象。面对顾客的抱怨，销售人员首先应当态度谦和地接受顾客的抱怨，引导顾客讲出抱怨原因，然后再针对问题进行解释和处理。这种方法适用于所有抱怨及投诉处理，是采用最多的一种方法。

这种方法的运用需要把握以下三点：一是倾听，认真倾听顾客的抱怨，搞清楚顾客的不满所在；二是表态，表明你对此事的态度，使顾客感到你有诚意对待他们的抱怨；三是承诺，能够马上解决的就当场解决，不能马上解决的就给顾客一个明确的承诺，直到顾客感到满意为止。

例如，在对保险顾客进行售后服务时，销售人员经常会遇到顾客找上门来抱怨保险理赔慢、服务不到位的情况，他们通常像案例5-1中这样解决。

【案例5-1】

平心静气的销售员

销售人员："张先生，您好，很高兴见到您！"

顾客（愤怒地说）："你看你们的保险，当初买的时候，你们不是说得很好吗？弄了半天都是骗人的！"

销售人员："张先生，真是不好意思，虽然我还不知道究竟出了什么问题，但是，我依然应该向您道歉，至少是为破坏您的心情道歉。"

顾客："当初在你们这儿买保险时，你们向我保证过，理赔绝对没问题。可是出险了，我要理赔，这么长时间了，都还没拿到钱。当初，你们说得多好听啊，服务没问题，理赔没问题，都没问题，现在倒好，都是问题！"

销售人员："真是对不起，给您带来这么多不便，不过请您放心，如果是我们的责任，我们一定会承担的。您到里面坐一会，让我们看看到底出了什么问题，好帮助您具体解决，希望我们能够一次解决到位，并且将您的损失尽量降到最低。"

顾客："是啊，买了保险却赔不到钱，当然很生气，而且你们当时承诺得很好。"

销售人员："您的心情我们理解，真是不好意思，换作我也会生气，但是还是希望您多多谅解。来，我们到里面先坐下喝杯茶，具体谈谈什么情况，一定会给您一个满意的答复。"

二、委婉否认法

委婉否认法也可称为间接否认法，是指当顾客提出自己的抱怨后，销售人员先肯定对方的抱怨，然后用有关事实和理由陈述自己的观点，委婉地处理该抱怨。这种方法运用较广，使用机会较多，尤其在澄清顾客的错误想法、鼓励顾客进一步提出自己的想法等方面，具有较好的效果。运用这种方法时，表达的意思中常含有"是的，但是……"这种较强烈的否定性，因此，应用时可改为较委婉的"是……而……"或"除非……"的句型，应尽量避免使用"但是"一词。在运用这种方法时应注意以下两点。

（1）建立同理心。对顾客的任何抱怨，都要以诚挚的心去对待。首先要站在顾客的立场上，对顾客抱怨表示理解。然后再以事实婉言否认或纠正。对于那些主观自负的顾客要特别注意，要委婉地以事实诱导，万不可伤及顾客的自尊。

（2）不随波逐流。运用这种方法时，绝不能因为接纳了顾客的抱怨而受顾客错误的或不正确的想法的影响，人云亦云，忘记自己对产品的认识，对销售丧失信心。

【案例 5-2】

销售人员应对顾客的"一次性投资太大"的问题

销售人员："您看如果没有什么问题，就把这张单子填了吧。"

顾客："我还是觉得不划算，一次性投资太大了。"

销售人员："单从钱来看，似乎是不少，但考虑到能够提升员工各方面的素质，能为贵公司带来源源不断的财富，您的这点儿投资再划算不过了。现代企业间的竞争归根结底是人才的竞争，只有拥有了高素质的人才，才能为企业的发展奠定坚实的基础，才是企业发展的根本，您说是不是？"

顾客："嗯，你说得也对……"

三、主动询问法

主动询问法是指销售人员在未完全理解顾客抱怨的具体内容时，对顾客进行进一步的询问，以了解顾客抱怨的真正原因。销售人员常用"为什么"等开放式的提问法来打开顾客的话匣子，让顾客处于主动陈述的位置，从而可以对顾客的问题进行全面的了解，以便有的放矢地分析和处理顾客抱怨。这种方法最大的优点是可以得到更多的反馈信息，找出顾客抱怨的真正根源，明确顾客抱怨的性质，有效地避免与顾客发生争执，避免矛盾的激化。例如：

顾客："我觉得你们公司的销售人员服务不好。"

销售人员："王先生，您为什么会有这样的印象？"

又如：

顾客："保险都是骗人的。"

销售员："陈小姐，您认为保险是骗人的，能否告诉我您是不是曾经有过被骗的经历？"

四、类比法

类比法也可称为举例法，是指通过举例（销售人员和顾客都知道的案例或大家都熟悉的一些活生生的事实）来处理顾客的抱怨。产品销售，特别是无形产品的销售，除了理性的分析，还常常需要一些感性的引导，更容易让顾客产生联想和感慨，因此一些典型的实例或具有启发性的小故事可以在顾客提出抱怨时加以运用，让顾客得到启发，使抱怨自然消除。此法如运用得恰到好处，可以产生很好的效果。例如：

顾客："保险都是骗人的。"

销售员："李先生，您有没有听说前一段时间湖北有一架客机失事，遇险的乘客中凡是买了保险的人都很快得到了理赔款，家人的生活有了一定的保障。真不知道那些没有买保险的乘客的家人如何渡过这突如其来的难关。"

五、正面回答法

正面回答法是指当顾客提出抱怨问题后，销售人员利用事实和证据直截了当地否认和纠正顾客的看法。虽然做销售工作常常奉行"永不争辩"的原则，但并不排除必要时对顾客错误想法的直接否定和反驳。例如，当顾客缺乏基本的保险意识或对销售人员工作有片面认识时，都是可以直接进行正面引导和纠正的。运用这种方法时，要注意以下两点。

（1）态度真诚委婉。任何人都不喜欢被别人批评和说服，为避免触怒顾客，销售人员的态度要真诚、语气要温和，面容要带微笑，切忌伤害顾客自尊心。要让顾客体会到销售人员的一片苦心，引发顾客的思考。

（2）有针对性地运用。这种方法虽然能直截了当地触及问题，但是运用不当就会有火药味，因此在运用此法时，要根据顾客的类型、具体场合谨慎使用。对于固执己见、气量狭小的顾客最好不用此法；在面谈气氛比较紧张的时候也不宜使用，否则易引起争执，导致销售失败。例如：

顾客："你能给我打多少折扣？"

销售人员："王先生，对不起，我们公司的产品是不打折的，打折是一种违规行为，我们奉行的原则是顾客至上，服务第一。"

又如，

顾客："我不想买高压锅，听说使用高压锅很不安全。"

销售人员："我看得出您的担心，很多顾客在购买时都会提出这个问题。在您看来，安全是您购买的第一要素，对吗？"

顾客："是的。有很多高压锅生产厂家的产品质量不过关，经常发生故障。我担心……"

销售人员："您是担心会发生安全事故，是吗？我们公司在同行中率先采用国家标准，即 GB 15065—94 标准，我们企业也获得了 ISO 9002 质量体系认证证书。我们的产品在 110~180 kPa 时能自行排气降压，只要操作得当，绝对不会发生安全问题。"

顾客："好吧，那我就买一个。"

六、转移法

转移法是指面对顾客的抱怨，销售人员可以不予理睬而将话题转入其他方面。销售人员明知顾客已提出抱怨，但因为抱怨无关大局或一时难以圆满回答，而继续自己的话题或转换到别的话题。对于不能在职权范围内处理的抱怨，需要转移给规定的专业人员或机构进行答复；对于与销售无关的、微不足道或荒谬的甚至是故意提出为难销售人员或带恶意的抱怨，销售人员可故意忽略，不予理会。

【案例 5-3】

我要买国外公司的保险

小王最近经常拜访顾客李先生，几次接触后李先生非常赞同小王的保险观念，但总是在关键时刻会说"再考虑""再商量"之类的话来婉拒。这天小王再次与李先生交流时，顾客终于说："听说国外的保险管理更好，产品更人性化，我是想买，但我还是想等国外的保险来哦！"

小王："李先生，您觉得保险最重要的是什么？"

李先生："是保障啊。"

小王："李先生，如果今天您有亲友发生意外事故了，请问您会先问他的家人保了多少，还是问他保的哪家公司呢？"

李先生："问他保了多少。"

小王："李先生，我很赞同您多比较几家公司的想法，同时我也一直在思考什么才是最好、最便宜、服务最好的保单，那就是发生意外时您已经买了保单。李先生，您觉得是吗？"

从这个案例中可以看出，顾客本人还是比较接受小王的保险观念的，只是提出这样的抱怨：国内和国外的保险在服务和产品质量上似乎尚有差距。面对顾客的抱怨，小王并未直接指出国内保险好还是国外保险好，而是将话题转移至有保险好还是没保险好。因此在小王的引导下，顾客自己说出的答案本身就间接地暗示了其实国内与国外的保险产品并不影响自己最终购买保险。小王运用了转移法有效地处理了顾客的抱怨。

【复习思考题】

1. 处理顾客抱怨的标准流程是什么？
2. 举例说明如何判断顾客抱怨是否有效。
3. 在使用平抑怒气法时应注意哪些地方？
4. 委婉否认法常用的句式是什么？

【综合案例分析】

牛奶中喝出苍蝇，商场如何处理

某购物广场发生了顾客与值班经理的争执。只见一位穿着制服的值班经理说："您既然说有问题，那就带小孩去医院，有问题我们负责！"顾客气愤地大声喊到："你负责？好，现在我让你去吃 10 只苍蝇，我带你去医院检查，我来负责好不好？"该顾客边说边在商场里大喊大叫，并口口声声说要去"消协"抱怨，引起了许多顾客围观。

争执的起因大致是这样：顾客李小姐从商场购买了一瓶酸牛奶后，去一家餐馆吃饭。吃完饭李小姐随手拿出酸牛奶让自己的孩子喝，自己则在一边跟朋友聊天，突然听见孩子大叫："妈妈，这里有苍蝇。"李小姐循声望去，看见小孩喝的酸牛奶盒里（当时酸奶盒已被孩子用手撕开）有只苍蝇。李小姐当时火冒三丈，带着小孩来商场投诉。

该购物广场服务中心负责人听到吵闹后马上前来处理，及时将那位值班经理支开，又把顾客请到办公室交谈，一边道歉一边耐心地询问了事情的经过。询问重点：一是发现苍蝇的地点（确定餐厅卫生情况）；二是确认当时酸牛奶的盒子是撕开状态而不是只插了吸管的封闭状态；三是确认当时发现苍蝇是小孩先发现的，大人不在场；四是询问以前购买的"晨光"牛奶有无类似情况。

在了解了情况后，商场方提出了处理建议，但由于顾客对值班经理"有问题去医院检查，我们负责"之类的话一直耿耿于怀，不愿接受商场的道歉与建议，使交谈僵持了两个多小时之久依然没有结果，最后负责人只好让顾客留下联系电话，提出换个时间再与其进行协商。

第二天，超市负责人给顾客打了电话，告诉顾客：我超市已与"晨光"牛奶公司取得联系，希望能邀请顾客去"晨光"牛奶厂家参观了解（晨光牛奶的流水生产线：生产—包装—检验全过程全是在无菌封闭的操作间进行的），并提出，本着超市对顾客负责的态度，如果顾客要求，我们可以联系相关检验部门对苍蝇的死亡时间进行鉴定与确认。

由于顾客接到电话时已经不在气头上，冷静下来了，而且也感觉超市负责人对此事的处理方法认真严谨，顾客的态度一下缓和了许多。这时超市又为值班经理的不礼貌言语表达了歉意，并对当时顾客发现苍蝇的地点——并非是很干净的小饭店，时间——大人不在现场，酸奶盒没封闭、已被孩子撕开等情况做了分析，让顾客知道这一系列情况都不排除是苍蝇落入酸奶（而非牛奶本身带有）的因素。

通过商场负责人的不断沟通，顾客终于不再生气了，最后告诉商场负责人，她其实最生气的是那位值班经理说的话，既然商场对这件事这么重视并认真负责处理，所以她也不会再追究了，她也相信苍蝇有可能是小孩喝牛奶时从空中掉进去的。

分析：

1. 值班经理在处理顾客抱怨时有何不妥？

2. 服务中心负责人在处理这名顾客抱怨时的处理流程是怎样的？

3. 该购物广场今后应如何加强员工管理来更好地解决顾客抱怨？

第六章 处理顾客抱怨的技巧

【关键术语】

顾客异议 同理心 倾听类型 现场抱怨 电话抱怨 信函抱怨 前、中、后阶段抱怨处理

【学习目标】

◆ 掌握顾客异议的处理方法

◆ 理解同理心和同情心的区别

◆ 掌握不同方式的顾客抱怨处理技巧

◆ 掌握顾客抱怨的沟通技巧

◆ 掌握不同类型顾客抱怨处理技巧

【能力目标】

◆ 能够针对顾客异议进行化解

◆ 能够运用同理心评量表判断处理顾客抱怨的水平

◆ 能够正确运用销售不同阶段的顾客抱怨处理技巧

◆ 能够依据不同销售对象采取不同的顾客抱怨处理技巧

【开篇案例】

危机预警，挽回顾客

某公司曾经销售一款眼部护理套装。一位顾客在美容院使用过程中出现过敏现象，眼睛肿起来了。美容院老板经了解得知，该顾客在使用该公司的产品时也用了其他品牌的产品，而这样就很难确定是否是该公司的产品有问题。

这个产品是不是真正的过敏源头呢？后来，美容院老板带着顾客来到产品总公司。该公司经理第一时间告诉客人他们已经启动应急预案，首先了解是什么情况，同时使她相信公司是负责任的，能够为顾客解决问题。然后，传来一张顾客使用该品牌产品的调查表，让顾客按公司的要求配合填写。顾客在看到该公司的表格后，知道他们是有备而来，担心得不到赔偿，干脆拒绝与该公司接触了。但是，该公司的经理于第二天带着水果和美容院老板一道登门拜访。来前，该经理对美容院老板提出两点要求：

第一，产品要退回公司进行检测是否有问题。

第二，美容店老板如果不配合公司举措，那么损失最大的是美容院。所以，美容店老板必须向客人道歉，并负责大部分赔偿。

美容店老板同意了。当客人看到他们带着水果上门拜访，并向她致歉，还承诺填好调查表，可以向公司申请补偿，先前的愤怒完全消解了。最后，她得到 1000 元补偿款，美容院承担 600 元，公司承担 400 元。

在销售的各个阶段，销售人员都会遇到不同的顾客抱怨，处理好这些抱怨，不仅可以维护企业与自身形象，解除顾客不满情绪，提升顾客满意度与忠诚度，更能为销售工作打开一扇成功之门。本章将讲述销售各阶段的典型抱怨及处理技巧。

第一节　处理顾客抱怨的经典战术

本书将总结现实中常用的顾客抱怨处理战术，在运用之前要做好处理顾客抱怨的前提准备——注意调整心态，控制情绪，准备好记录工具以及联系簿等。

一、认真倾听，处理异议

（一）旁敲侧击法

销售人员对于顾客提出的某些异议，从正面去辩答解释，效果往往不佳，这是因为：一是辩答颇费时间与气力，二是正面交锋驳斥对方，容易造成买卖双方之间的紧张与对立。这时，聪明的营销员可以使用旁敲侧击的方法去处理顾客的不同意见。

【案例 6-1】

杂志营销员与顾客

岁末年初，某杂志营销员正在争取读者订阅，这时有位顾客走上来提出异议："整天忙得团团转，下班回家做家务还来不及，哪有空坐下来看杂志?"如果从正面驳斥对方，营销员势必要从"看书长知识""如何挤时间"等方面进行说理。

可是，这位聪明的营销员采用了侧面进攻的办法，他反问顾客："不看书看报，您怎么了解外面的世界呢?"顾客满不在乎地说："我可以听广播、看电视嘛!""先生从前大概也很忙，但还会看电视听广播，其实，只要有兴趣，自然可以安排出一定时间来看书。您瞧，这本杂志内容丰富，生动有趣，绝不亚于电视节目。"

在处理上述顾客异议时，杂志营销员还可以采用另一种说法与顾客讲道理："您现在的想法与我朋友过去的想法一样，可是他在订了杂志之后，却体会到看书还是一种休息方式和精神享受，如果您不信，不妨先订半年试试看。"

在营销辩解时，讲一个旁人的故事，谈一件趣闻轶事或者说上几句幽默笑料，都是旁敲侧击的好办法。顾客可以从情节的寓意中领悟出道理，在哑然一笑后体会出对方的良苦用心。在企业经营中，顾客自我领悟和自我体验的信服效果要比一味灌输和说教更为明显、有效。

（二）转化法

顾客有一个通性，不管有理没理，当自己的意见被别人直接反驳时，内心总是不痛快的，甚至会被激怒，尤其是遭到一位素昧平生的销售人员的正面反驳。

屡次正面反驳顾客，会让顾客恼羞成怒，就算你说得都对，也没有恶意，还是会引起顾客的反感，因此，销售人员最好不要开门见山地直接提出反对意见。在表达不同意见时，尽量利用"是的……如果"的句式，转化不同意见的语言。用"是的"同意顾客部分的意见，再用"如果"表达另外一种状况，这样效果会更好。

【案例6-2】

两种不同的转化表达

情况1

A："您根本没了解我的意思，因为状况是这样的……"

B："是的，平心而论，在一般的状况下，您说的都非常正确，如果状况变成这样，您看我们是不是应该……"

情况2：

A："您的想法不正确，因为……"

B："您有这样的想法，一点也没错，当我第一次听到时，我的想法和您完全一样，可是如果我们做进一步的了解后……"

"是的……如果……"，是源自"是的……但是……"的句法，因为"但是"在转折时让人感觉过于强烈，很容易让顾客感觉到服务员不认同他。"是的"虽然表示了对顾客的理解，但并没有多大诚意，顾客看重的还是"但是""如果"后面的解决方案，因此，服务员要多加留意，以免失去了处理顾客异议的初衷。

（三）反驳法

在运用转化法时，我们已强调不要直接反驳顾客。直接反驳顾客容易陷入与顾客的争辩中，往往事后懊恼，但已很难挽回。但有些情况下销售人员必须直接反驳以纠正顾客不正确的观点。例如：

①顾客对服务、企业的诚信有所怀疑时；

②顾客引用的资料不正确时。

出现上面两种状况时，销售人员必须直接反驳。因为顾客若对企业的服务、企业的诚信有所怀疑，销售人员营销成功的概率几乎可以说是零。如果顾客引用的资料不正确，销售人员能以正确的资料佐证他的说法，顾客会很容易接受，并会对销售人员更加信任。

使用直接反驳技巧时，在遣词用语方面要特别的注意，态度要诚恳，对事不对人，切勿伤害了顾客的自尊心，要让顾客感受到你的专业与敬业。

技巧能帮助销售人员提高效率，但对异议秉持正确的态度，才能使销售人员面对顾客异议时能冷静、沉稳。冷静、沉稳的销售员才能辨别异议的真伪，才能从异议中发现顾客的需求，才能把异议转换成每一个销售机会。因此，销售人员训练自己处理异议，不但要练习技巧，同时也要培养面对顾客异议时的正确态度。

（四）询问法

询问法在处理异议中扮演着以下两个角色。

1. 通过询问，把握住顾客真正的异议点

（1）销售人员在没有确认顾客反对意见的重点及程度前，直接回答顾客的反对意见，往往可能会引出更多的异议。

（2）销售人员的字典中，有一个非常珍贵、价值无穷的词，即"为什么"。不要轻易地放弃了这个利器，也不要过于自信，认为自己已能猜出顾客为什么会这样或为什么会那样，而要让顾客自己说出来。

2. 当你问"为什么"的时候，顾客必然会做出以下反应

（1）他必须回答自己提出反对意见的理由，说出自己内心的想法。

（2）他必须再次检视他提出的反对意见是否妥当。

此时，销售人员能听到顾客真实的反对原因，也能有较多的时间思考如何处理顾客的反对意见。

（五）补偿法

当顾客提出的异议有事实依据时，应该承认并欣然接受，强力否认事实是不明智的。这时要给顾客一些补偿，让他获得心理的平衡，也就是让他产生两种感觉：①产品的价值与售价一致；②产品的优点对顾客是重要的，产品没有的优点对顾客而言是不太重要的。

世界上没有一样十全十美的产品，虽然要求产品的优点愈多愈好，但真正影响顾客购买与否的关键点其实不多，补偿法能有效地弥补产品本身的弱点。补偿法的运用范围非常广泛，也很实用。

【资料拓展 6-1】

处理顾客异议的三部曲

第一步，先处理心情，再处理事情。

客服人员应礼貌待人，态度谦和，尽量使顾客能心平气和地讲述他的不满遭遇，客服人员应认真倾听而且不要打断顾客的讲述。

第二步，要模糊的问题清晰化。

顾客对产品或服务会产生异议，并由此而产生的抱怨在语言表达上会较为笼统或模糊，客服人员应善于提问，将顾客提出的模糊问题清晰化表述，并再次复述给顾客让其确认。

第三步，运用"认同、赞美、转移、反问"话术。

(1)认同：站在顾客的角度去理解顾客的反应，至少从言语上认同他的观点，缓解顾客的情绪，也就是避其锋芒。

(2)赞美：结合顾客的外貌、着装、需求和当时的场景等方面，给予顾客真诚的赞美。不管何种赞美，要符合顾客的情况，并能说出顾客的心声，让顾客满意即可。

(3)转移：绕过顾客有异议的话题，转移到与他切身体会的另一话题：如顾客不愿意开通手机银行(手机上直接查询、转账等)，原因是担心资金不安全，那么客服人员就应把话题转移到顾客的工作上；如果顾客是一个大老板，询问其是否经常出差在外，是否需要资金周转等。假如顾客刚好在外面出差，但是生意上又急需转账，而附近没有营业网点怎么办？是不是就有可能耽误了生意？而如果顾客开通了手机银行，那么直接登录手机银行转账，问题就迎刃而解了，既方便又快捷。这一步就是借力打力，顺势又回到异议话题。

(4)反问：最后客服人员应反问顾客，您看我说的对吗？这句话必须要自信地说出来，那么大部分异议很可能都迎刃而解。

二、建立同理心，理解抱怨

(一)建立同理心

1. 同理心含义

1920 年，美国心理学家铁钦纳(Titchener)首度使用 empathy(同理心)一词。同理心一词源自希腊文"empatheia"(神入)，是指站在对方立场设身处地思考的一种方式，即于人际交往过程中，能够体会他人的情绪和想法、理解他人的立场和感受，并站在他人的角度思考和处理问题。

美国著名的人本主义心理学家卡尔·罗杰斯对同理心的定义为人们所普遍接受：

同理心是指在人际交往过程中，能够站在他人的角度思考和处理问题，能够体会他人的情绪和想法、理解他人的立场和感受。对于客服人员而言，就是能够设身处地从顾客的角度去理解和体谅他们的处境，关怀顾客面临的困难或疑虑。

2. 同理心表现

同理心是一种与人交流的心理技术，是把自己放在既定已发生的事件上，想象自己因为什么心理以致有这种行为，从而触发这个事件它的目的是沟通的一方通过来取"先处理心情，再处理事情"的方式，以最快的速度与另一方达成共识并最终将事情处理好。所谓"己所不欲，勿施于人"就是同样的道理。同理心在人际交往过程中主要体现在，能够体会他人的情绪和想法、理解他人的立场和感受并能站在他人的角度思考和处理问题的能力。表 6-1 是有无同理心在人际沟通上的具体表现。

表 6-1 有无同理心的表现

无同理心表现	有同理心表现
自我中心	心中有"他者"
争辩或口舌	商讨与沟通
否定、不接纳或批评	肯定、接纳、说好话与激发自省
抗拒、轻视或不屑	接纳、关怀与尊重
疏忽他人的感受	温暖与设身处地
翻旧账	面对问题(此时此刻)
操纵	重视自由意志与主体性

3. 同理心与同情心的区别

同情心，最早由人本主义大师卡尔·罗杰斯提出，是指对某事(如另一人的感情)的觉察与同情感，同时也指这种感情的表露。这是同情心的基本含义和初级层面，人人都会具有不同程度的同情心。同理心更多的是指人们在日常生活中经常提到的设身处地、将心比心的做法。

(1)同理心与同情心的共同之处。同理心与同情心都包含认知因素与情感因素，但是可以明确：在同理心与同情心这两个概念中，认知因素与情感因素占的比重是不同的。同理心比同情心包含有更多的认知因素，而同情心比同理心包含有更多的情感因素，共情是同理心与同情心的重叠部分，认知与情感因素所占比重基本相同。

同时，研究表明同理心的基本动机是利他，同情心的基本动机是利己。利他动机最终所要达到的目标是帮助他人减少痛苦而不期待任何奖励，而利己动机最终是要减轻自己的压力或者避免不利的感受或者得到奖励。

(2)同理心与同情心的不同之处。

①同情心表示你用自己的观点来看别人的困境而产生的悲悯之心，而同理心是指你设身处地地思考对方的处境而产生的感同身受。

②只有在我们明确知道别人痛苦的原因后，我们才会产生同情；但没有同情也可能同理不必太多同情，人仍然可以同理。同理心让人了解他人的动机，而不需要赞同对方；同理之后，自己几乎可以确定更加了解他人，但不见得会对他人产生同情。

③同情心是高高在上、居高临下的，它在人际关系中引发的是深层次的分裂，其结果是你上我下的对抗、你输我赢的竞争；而同理则是指将自己放在和对方平等的位置上，对他人的经历感同身受。

④同情心是安慰，同理心则是理解。同理心是人们产生同情心、怜悯的基础，它有助于建立合作互助的人际关系，有助于培养利他和服务社会的道德品质。"同情心"强调的是我们为他人的遭遇而感到遗憾或怜悯的感觉；"同理心"指的是一个人能设身处地了解他人想法及感受的能力，也就是"从对方观点看世界"的技巧。

【资料拓展 6-2】

倾听的五种类型

上帝造人的时候，其实已经赋予了我们很多的技能，比如给了我们两只耳朵，一张嘴巴，意思是让我们少说多听。听其实是非常重要的，繁体字的听——"聽"，耳朵旁，意思希望我们听，但不只是听，还有一个目，即看的意思。对方在讲的过程当中，他的有些行为跟他的状况其实有些不一样。比如我们在解决客户投诉的时候，经常发现有些人一坐下来往椅子上一靠，基本上就可以发现他对我们的谈话内容有无兴趣。所以我们应该用心去听，更多地了解他的感觉与体会。

倾听有五种类型：

1. 听而不闻

第一种类型叫听而不闻。很多客服人员经常会问："你刚刚说什么来着"。这一类人就是听而不闻，即把顾客抱怨当作耳边风。

2. 虚应回答

第二种类型叫虚应回答。这类人在面对顾客抱怨时仍只顾忙自己的事情，顾客说得再多、再有理，他也只是模糊回应，却没有用心听，即简单应付。

3. 选择性地听

第三种类型叫选择性听。很多顾客在投诉的时候，客服人员只听对他有利的事情，对他没利的事情他不听。

4. 专注地听

第四种类型叫专注地听。这种状况往往会好一点，但客服人员更多还是站在自己的立场。在此情况下，顾客服务人员代表企业，他和顾客之间往往就形成相对应的对立关系。

5. 设身处地地倾听

第五类型是设身处地地倾听。即设身处地为对方着想，即建立同理心。

例如你的同事对你说，今天晚上老总请他吃顿饭，他感觉这个宴会太重要了。对方好像有炫耀的意思，希望得到你更多的关注、认同或美慕。这个时候我们设身处地为他想，就要站在他的立场上，理解他内心的兴奋。因此，你可以对他说："这实在太好了，老总请人吃饭通常都是提拔主管的开始"。这样一说，对方的心情就会非常愉快。

所以，如果我们能有效地建立同理心，就会正好匹配到对方的情绪。也就是站在当事人的立场，站在顾客的立场，更多的是了解对方的需求。比如顾客抱怨，他感觉上一批货出了一点问题，导致他的客户退货，所以要求公司赔款。当顾客这样说的时候，我们用同理心的角度就会发现他讲这句话时，情绪是负面、低沉的。那我们采取回应的方法是，也像他一样，用低沉的声音先对他说："发生这样的情况，我很抱歉"。这样正好跟他的情绪匹配，也就建立了同理心，有助于后面问题的解决。

（二）同理心评量表

1. 最低分阶段：表示受到伤害

当我们无意或有意取笑发话者的感受，或制止对方说话、挑剔其见解、自我辩护、自述以满足自我需要、完全忽视发话者的时候，发话者或者说顾客都觉得受到了伤害，这个时候在同理心评量表中处于最低分阶段。

2. 低分阶段：表示遗憾感受

面对顾客的投诉，我们只是提出问题或给予忠告，有时候只是重复发话者的内容，或仅表抱歉，盲目同意，盲目安抚等这种只表示遗憾的感受，也不能平息顾客的愤怒，也不能给顾客带来满意感，这个时候在同理心评量表中也处于低分阶段。

3. 高分阶段：表示希望进一步了解

当我们能准确辨认说话者重要的感受，并准确反馈说话重要而明显的感受时，这时候顾客才能感觉他受到了重视，得到了尊重，感觉到你是站在他这一方，真心为他解决问题的。

4. 最高分阶段：表示鼓励、赞美

当我们能体会或揣摩到到顾客在投诉或抱怨时各种复杂感受中的潜在感受和潜在需求，以及从他的话中体会到隐含的潜台词、暗示时，或者对对方的话语心领神会，跟他心心相印、心有灵犀一点通、恍然大悟时，说话一针见血，顾客会对我们的工作和答复高度认同，他会觉得我们跟他很默契，从而把我们当成知己，这个时候在同理心评量表中处于最高分阶段。

【案例 6-3】

顾客洗涤方式不当，误使毛衣褪色要求退货

一天下午，一位女士气势汹汹地冲进店铺，拿出一件黑色的格纹混纺毛衫要求退货赔偿："你们这毛衣掉色也太严重了！你看，才洗了一次就染花了，得给我一个说法！"

该店店长第一时间做出反应，立刻来到顾客身边，接过染色的毛衣："天哪，怎么掉色成这样！一起洗的其他衣物没有被染色吧？这件毛衣是黑色的，一起洗的衣服应该也都是深色的，是吗？"

顾客："嗯，其他衣服还好，但是这也太夸张了，你看根本都没办法再穿！"

店长："哎，都看不出格纹了，但是这个面料就是这样，为了出现漂亮的晕染格纹，采用的是天然植物染料，没有化学染料稳定，所以热水一洗就会掉色很厉害。这不，您看连吊牌上也写着低温水洗。"

顾客(有点心虚)："我没有看到吊牌说明，可是一般这种衣服都是这么洗的，你们也没有提醒我啊。"

店长微笑着答道："真是不好意思，我也觉得只在吊牌上写出来，难以使顾客注意到。以后我会要求我们的导购一定要记得提醒顾客，像这种混纺面料的衣服，不要用热水清洗，否则不仅会掉色，还会缩水。虽然我们品牌的衣服制版比较好，但是有些衣物的确会有这种情况发生。我们会向公司反馈这个问题，但因为吊牌有标注，所以也许不能为您退货，但是我们会尽量帮您争取。请您留下联系方式，以便我们及时通知您，可以吗？"

结果可想而知，衣服没有退，顾客离开后也没有因为这件事再抱怨过。

这个案例中，店长处理问题的关键方法如下所述。

(1)对顾客的难处表示充分地理解，从顾客的角度着想，先问顾客是否有损失。

(2)在接下来的交谈中，首先不动声色地指出了顾客的马虎——没有仔细看吊牌说明。虽然继续诚恳地向对方道歉和进行自我批评，但不知不觉已经明了主要责任的归属。再蛮不讲理的顾客，也会觉得是不是自己的问题，于是就抛弃了一开始的强势和愤怒情绪。

(3)在创造了一种平和的协商氛围之后，店长提出了合适的建议——不偏向任何一方，既道明了公司规定的退换原则，也努力为顾客争取利益。这样就没有给店铺造成损失。

总结一下这个案例的应用要点：首先要给予顾客情绪关怀，专心聆听，感同身受。其次，用自我检讨的方式沟通，不强辩，语言平和，条条在理。最后，在处理决议上做出一点让步，使顾客感到客服人员是站在自己这边，为自己着想的。这样，顾客自

然就会对工作人员加以信任，并且不会对品牌产生不良印象。

三、以静制动，化解矛盾

面对一件危急的事，出于本能，许多人都会做出惊慌失措的反应。然而，仔细想来，惊慌失措非但于事毫无半点帮助，反而会添出许多的乱子来。因此，在紧急时刻，临危不乱，处变不惊，以高度的镇定，冷静地分析形势，才是明智之举。在顾客抱怨时也宜采取"冷处理"，"以静制动"，待顾客心态趋于缓和时再进行调解，化解矛盾，往往都能取得意想不到的好效果。

【案例 6-4】

调解员耐心倾听恶言用户抱怨

纽约电话公司前几年出现了一个对接线员口吐恶言的用户。这位用户怒火中烧，威胁要把电话线连根拔起，拒绝缴付某些费用，并说那些费用是无中生有的。他写信给报社，到公共服务委员会做了无数次的申诉，还告了电话公司好几状。

最后，电话公司最干练的"调解员"，被派去会见这位用户。这位"调解员"静静地听着，让那位愤怒的用户痛快地把他的不满全部吐出来。该"调解员"耐心地听着，不断地说"是的"，同情他的不满。

"我倾听着，对他在这几次见面中所发表的每一个论点都抱着同情的态度。他从来没见过一个电话公司的人这样跟他谈话，于是他变得友善起来。在第一次会面的时候，我甚至没有提出我去找他的原因，第二次和第三次也没有。但是第四次的时候，这件事在我那儿全解决了，他把所有的账单都付了，而且撤销了在公共服务委员会对公司的申诉。"调解员回忆道。

事实上，这个案例中，这位用户所要的是一种重要人物的感觉，他认为自己是在主持正义、维护大众利益。他采取口出恶言和发牢骚的方式是为了得到这种重要人物的感觉。当他从电话公司的代表那儿得到了这种感觉后，那无中生有的牢骚就化为乌有了。

四、转移重心，缓解情绪

许多企业经理在私下交流经营心得时谈到，现在的顾客越来越难伺候，顾客在抱怨时的要求也越来越离谱。一旦处理不妥，轻则打折抹账，重则抱怨到新闻媒体或有关部门，造成企业名利双失。因此，学会并掌握"处理抱怨四步法"，灵活运用，平息抱怨，有助于缓解顾客与企业的对立情绪，为有效解决顾客抱怨提供契机。

(一)听

顾客有抱怨,员工不要急于辩解,更不要凭想象向顾客解释,而要以谦恭的态度听顾客发泄不满,了解问题的症结在哪里。有些顾客提出抱怨不过就是要服务员听一听牢骚,并不是就想和企业过不去,如果员工能认真听并适时送一点小礼品,抱怨有可能到此为止。如果顾客拒绝员工解释,要求员工"叫你们的经理来",员工要马上转到第二步。

(二)传

员工要立即找到领班或主管,汇报顾客抱怨的问题,请上级来解决。顾客找经理出面,主要是为了面子;其次可能和企业某些领导认识,借机打个折扣。经理人员如马上到场,会使顾客感觉到"很受重视",抱怨有可能到此为止。如果顾客仍不满意,要马上请更高一级的主管出面,转到第三步。

(三)问

提问是企业主管的谈话技巧。顾客抱怨到这个级别上,企业已无路可退,必须要将顾客的情绪稳定住,再寻找顾客能够接受的办法解决问题。比较被动的局面是客问我答,如:你们的产品质量就是这样的吗?你们的服务就这么差吗?你们的服务速度为啥这么慢?

这样的问题怎么回答都不妥。如果不同意对方的说法,势必要与顾客争辩,否则会火上浇油,双方都下不了台;如果同意对方的说法,会使顾客认为企业处理抱怨无原则,得寸进尺,漫天要价。所以,企业要学会以问代答,即用巧妙的问话来代替回答,使企业掌握主动。例如,顾客问:"今天的事怎么处理?"企业可以这样回答:"您认为怎么处理好?"把包袱甩给对方,让对方先提条件。一般的情况,先亮底牌的一方在谈判时总是处在被动的地位。如果双方很难达成一致意见,企业要有意识地转到第四步。

(四)转

企业处理顾客的抱怨要以不伤害顾客的感情为出发点,使顾客再次消费时能够不计前嫌继续光临。因此,交涉中的感情交流至关重要。但焦点问题的争辩很难在短时间内达成一致。聪明的主管会一点点地把话题转移,把话题转移到顾客感兴趣的内容,使对方在众人面前显得智慧、果断、通情达理,从而营造一个友好的谈话气氛,让顾客认为,企业的问题顾客要帮助解决,都是自己人,谁能不犯错呢?

【案例 6-5】

预定包间被更换，顾客不满要打折

某年中秋节，一家生意很火的酒楼因为订座问题被客人抱怨。下午 2 点，客人用电话预订了一间 KTV 包间，约定晚上 5 点就餐，客人预订后，来了另一批客人也要这间包间，而且是 2 桌，服务员自作主张，在没有与原订客人沟通的情况下，把这间包间定给了后来的客人。结果可想而知，虽然为原订的客人另换了一间没有卡拉 OK 的包间，但客人在就餐过程中的不满情绪一直没有平息。结账时，难题来了，客人坚决要求打折，否则不结账并要投诉到消费者协会。

（客人在与服务员、领班交涉之后找到经理）

客人：你们怎么可以这样，太差劲了！你如果说定不了 KTV 包间，我们也不强求，到处都是饭店，我们非得到你这儿吃吗？你是经理呀，你看怎么办吧！

经理：太对不起了，这件事是我们错了，刚才，我已经批评了下午订包间的服务员，真对不起。您看这件事怎么办好？

客人：怎么办好？这么些人的心情全叫你们给搅和了，还能怎么办？你知不知道，这顿饭有可能是我们在一起吃的最后一顿饭！

经理：为什么？

客人：这几天我们企业就要解体了，以后不知道几年才能见面呢，最后一顿饭还叫你们给搅和了！丧气！

经理：对不起，您是什么单位的？

客人：某某石油器材公司。

经理：石油行业现在很赚钱哪，怎么还会解体？

客人：一言难尽，谁知道。应该是很赚钱的，领导说去年亏损了很多钱，挺不住了，就解体吧。

经理：以后您准备干点什么？

客人：还没考虑呢，再说吧。

经理：我们做酒店的，认识人多，今天认识了，就是朋友，以后有什么事需要我帮忙的，尽管来找我。也许我能帮上忙。

客人：有事一定过来麻烦你。

经理：听口音您不是本地人？

客人：不是，是某某地的，你呢，也不是本地的？

经理：我老家离你家那不远。

客人：是吗？那以后可得好好走动走动，有什么事常沟通。哎，服务员，结账！

本案例告诉我们,当顾客发生抱怨时,首先要使用聆听战术了解顾客抱怨发生的原因。在处理的过程中可以适当地转移顾客的注意力,使顾客的不满情绪降低,再动之以情晓之以理,同时向顾客提出一个解决方案,往往会收到意想不到的效果。

【资料拓展 6-3】

处理顾客抱怨的注意点

一、接待人员做好心理准备

为了圆满地将顾客的抱怨处理完毕,首先,应在心理上做好准备。一般顾客总是在万不得已的情况下才来抱怨的,所以要站在顾客的立场,换一个角度去想如果你是顾客,遇到了他目前的这个问题,你会有什么样的反应?要确立"顾客总是对的,顾客是上帝"的信念。和顾客争个高低,那样只能破坏双方的和谐关系。

其次,负责对抱怨进行处理的服务员应了解抱怨顾客的四种心态:发泄、要求补偿、希望尊重及改进服务。接待人员应根据具体情况来进行判断,顾客究竟是属于哪种类型,是出于何种目的来抱怨的,然后再区别对待。如果顾客的目的在于发泄或是求得尊重,就要耐心倾听,给顾客发泄的机会,不与其争辩,并尽可能地安慰顾客,平息其心中的怒气;有些顾客则是为了求得补偿,虽然他可能一再强调"并不是钱的问题",对于这类顾客,就要看自己是否有权力对其做出给予赔偿的承诺了,如果没有这样的授权,就要请示上级来出面接待、处理。

二、承认顾客抱怨事实,认真听取顾客意见

为了更好地了解顾客所提出的问题,必须认真听取顾客的叙述,使顾客感到企业管理者十分重视他的问题。倾听者要注视顾客,不时点头示意,让顾客明白我们在认真听取他的意见,而且听取顾客意见的代表要不时地给予回应:"我理解,我明白,我们一定认真处理这件事情!"

为了使顾客能逐渐消气,企业部门主管或值班经理可以用自己的语言重复顾客的抱怨或抱怨内容,若遇上特别认真的顾客,在听取顾客意见时,还应做一些听取意见的记录,以示对顾客的尊重及对反映问题的重视。

顾客在叙述的时候,应集中注意力倾听,并适时地提出问题,这样可以在很短的时间内弄清事情的经过,提高办事效率,节省时间。

首先,让顾客把话说完,不能胡乱插话,随便打断顾客的讲述。

其次,对顾客讲话时要注意语调、语气、音量。

最后,表情要认真严肃,不能随便发笑,让顾客误以为是对其遭遇的幸灾乐祸。

三、回应顾客不推诿

顾客向服务员询问或抱怨时,绝不能说不、不懂、不行、不对、不会、不知道、

不是我管的之类的话。而要实行"一次到位法"，即顾客的问题在你这里一次性获得解决，绝不能以不是自己部门的事为由往外推诿。如遇自己解决不了的事，应婉转地请顾客稍等，同时立即向上级或值班经理询问，从而给顾客以满意的答复。

四、保持言行冷静

在抱怨时，顾客总是有理的。不要反驳顾客的意见，不要与顾客争辩。为了不影响其他顾客，可将顾客请到办公室，最好单独听取顾客的抱怨，私下交谈容易使顾客平静。

五、表示同情和歉意

顾客提出抱怨后，作为企业的代表、处理抱怨事件的当事人，要不时地表示对顾客的同情，如："我们非常遗憾，非常抱歉地听到此事，我们理解你现在的心情！""谢谢您告诉我们这件事！对于发生这类事件，我们感到很遗憾！我完全理解您的心情！"

如果顾客抱怨的事情属实，企业要对此负责并要给予一定的补偿，同时向顾客表示歉意："非常抱歉，我们将对此事负责，感谢你对我们企业提出的宝贵意见！"

六、感谢顾客的批评指教

任何一位明智的企业的领导或是服务员都要感谢那些对企业服务水平提出意见的顾客，因为这些意见或抱怨，甚至抱怨会协助我们提高管理水平和服务质量。

假如顾客遇到不满意的服务，他不告诉我们，也不做任何抱怨，但是，他会讲给他的朋友和身边的人，这样就会极大地影响企业的声誉。为此，凡是对我们提出批评、抱怨甚至抱怨的顾客，我们不仅要欢迎，而且还要感谢。要记住，对待抱怨顾客的最高奖赏，莫过于对他的关心。

七、切忌转移目标

把注意力集中在顾客提出的问题上，不随便引申，不推卸责任，不怪罪顾客。

八、询问顾客对于抱怨处理结果的意见

顾客抱怨的问题解决之后，还应该追踪反馈，听取顾客最后的意见。

这种周到的服务与关心会使顾客感觉到企业对其是十分关心的，对其所抱怨的问题是十分重视的，从而对整个企业的服务水准留下良好的印象。

第二节　不同抱怨方式的处理

当顾客经历过一系列的心理活动之后，他决定把心中的不满告诉企业。这时，他面临着一个新问题：采取什么样的途径把自己的抱怨表达出来呢？一般来说，顾客抱怨的途径主要有现场抱怨、电话抱怨、信函抱怨、留言报怨四种形式。

根据顾客能否即时接收到企业的回应，可以把这四种抱怨方式分成两类：一类为

即时抱怨，包括现场抱怨和电话抱怨，采取这两种抱怨方式的时候，顾客可以和企业进行即时互动，在提出抱怨后的短时间内可以得到企业的反馈；另一类为延时抱怨，顾客不会立刻接收到企业的处理信息，这主要是指信函抱怨。下面将逐一介绍这四种抱怨处理方式。

一、现场抱怨

由于服务的生产和消费具有不可分离的特征，在顾客接受企业服务时，往往参与到了服务的决策过程当中。一旦企业提供的服务没有达到顾客的要求，顾客会在第一时间觉察出来，可以很容易地提出自己的意见。所以，相对于对产品的抱怨，针对服务的现场抱怨所占的比例要更大一些。

相比其他抱怨形式，顾客的现场抱怨有利于企业和顾客双方面的信息沟通。有的顾客是故意向企业找茬的，有的顾客只是希望发泄心中不满，有的顾客是希望能够得到补偿……不同情况的顾客可能会有相同的理由，却不会有同样的表现。单纯地研究顾客提出的理由和要求，有时并不能准确地反映出顾客的真实想法。但是现场抱怨给企业提供了结合多种方式掌握顾客抱怨信息的机会。

(一)现场抱怨的优点

企业可以通过观察顾客的动作、神情、语气、态度等来判断顾客抱怨的真正原因和服务失败对顾客造成的影响，做出恰当的服务补救措施。在服务补救的过程中，企业也可以及时地和顾客交换意见，让顾客参与到服务补救的流程设计当中，制定出双方都能够接受的补救方案，避免二次服务失败。而且，由于顾客的现场抱怨往往发生在顾客购买的时刻，如果企业能够在现场就消除顾客的不满情绪，就能够有效减小顾客向亲朋好友抱怨的几率。

(二)现场抱怨的缺点

1. 抱怨始料未及

顾客的现场抱怨往往是很突然的，没有给企业留下太多的时间仔细研究，制定补救方案。俗话说："知己知彼，百战不殆。"企业在仓促中应对顾客抱怨，难免会考虑得不够周详，会增加企业的补救成本。

2. 顾客情绪激动

顾客现场抱怨时情绪往往也比较激动，企业必须立刻做出合理的反应。如果企业推诿责任，态度生硬，很容易会点燃顾客的"火药桶"，加深顾客的不满，给之后的补救工作带来困难。

3. 影响企业形象

尽管很多企业都设立了专门的顾客抱怨接待部门，顾客还是喜欢直接在公共场合表达自己的抱怨。如果企业处理得不够冷静，会引起围观顾客的不满，把自己推到骑虎难下的境地，影响企业的形象。

对于顾客而言，现场抱怨可以及时地把自己的意见告诉企业。这种"短兵相接"的形式是最有利于信息传递的。顾客可以和企业即时直接地交换意见，不会因为像其他抱怨形式那样受到限制，影响信息的准确性。

此外，顾客在向企业抱怨的时候，往往会选择公共场所，比如宾馆的大堂、超市的结账处等。这些地方会有很多其他顾客。顾客在抱怨的时候也容易利用这些顾客的同情心，给企业施压，迫使企业在很短的时间内提供令人满意的服务补救方案。

（三）现场抱怨的处理方式

1. 营造亲轻氛围，控制谈话气氛

顾客在抱怨时肯定心情不好。倘若首先询问事情的经过，顾客的愤怒情绪可能更加不易控制。因此，在开始受理顾客抱怨时应将顾客引导至休息室或会议室，和他（她）寒暄，端茶倒水，营造出亲切轻松的氛围，从而减少顾客的抵触心理。

等顾客愤怒的情绪平复后再以此作为话题，然后讲"集中考虑下您的意见"。这样，顾客的主张就从个人的变成了存在于企业和个人之间的，具有客观性。后面客服人员再稍做启发，使顾客对企业的观点表示理解，这对解决双方矛盾都是有效的。

2. 认真聆听抱怨，做好抱怨记录

客服人员在听取顾客的投诉时，应当眼睛真诚地看着顾客，并把顾客抱怨中的重要信息详细记录下来，这样会给顾客一种认真负责和受重视的感觉，顾客也不会刻意刁难投诉客服人员。

一名合格的聆听者应当做到耐心聆听和积极回应。另外，客服人员在认真聆听的同时，还应当记录顾客抱怨提供的信息，以利于开展内部调查。因为只有经过调查才能给顾客提出解决方案，才能在内部责任到人，提高管理服务水平，而在调查之前唯一的线索就是顾客提供的信息。

3. 态度真诚诚恳，注意言行举止

客服人员要表现出真心为顾客着想的态度，让顾客了解自己独立处理问题的授权范围，避免顾客要求自己做一些超出自己权利的事情。一方面，不要打断顾客的谈话，除非顾客跑题太远或者表达不清，否则会引起顾客的反感；另一方面，顾客谈话中可能有很重要的信息，打断他就可能会失去获取重要信息的机会，可能给企业带来损失。即便迫不得已要打断顾客讲话，一定要表达歉意。

与顾客交谈时切忌左顾右盼，心不在焉，或者不礼貌地上下打量顾客，或盯视顾客身体的其他部位，这些都会加重顾客的抵抗情绪，容易导致顾客愤怒，使抱怨解决的难度加大。

4. 争取现场解决，保持抱怨处理的连续性

顾客总是希望自己的问题能够在第一时间解决。如果当时没有解决，顾客抱怨与不满就可能增加。倘若确实不能马上解决，应向顾客说明解决问题的具体方案和时间表。同时，尽可能让受理抱怨的工作人员完成此次抱怨处理，避免中途换人。假设中途有其他事情，尽量调整到以后去办。若在处理抱怨过程中反复换人，顾客会认为自己像皮球被踢来踢去，从而失去耐心，更加愤怒。

5. 顾客具有结果选择权

在提出问题的解决方案时，应让顾客有所选择，不要让顾客有"别无选择"之感。例如，顾客购买的产品出现质量问题，应当给顾客几种解决方案，如换货、退货等，而不是只有换货一种选择，这样顾客就会觉得自己受到了尊重。

【资料拓展 6-4】

麦当劳：顾客现场抱怨处理的注意要点

对于顾客现场抱怨的处理，应注意以下几个方面：

1. 将抱怨的顾客请至会客室或企业的办公室，以免影响其他顾客。

2. 千万不可在处理抱怨时中途离席，让顾客在会客室等候。

3. 严格按企业规定的"抱怨意见处理步骤"妥善处理顾客的各项抱怨。

4. 各种抱怨都需填写"顾客抱怨记录表"。对于表内的各项记载，尤其是顾客的姓名、住址、联系电话以及抱怨的主要内容必须复述一次，并请对方确认。

5. 如有必要，应亲赴顾客住处访问并道歉解决问题，表示店铺解决问题的诚意。

6. 所有的抱怨处理都要限定最后的期限。

7. 与顾客面对面处理抱怨时，必须掌握机会适时结束，以免因拖延过长，浪费了双方的时间。

8. 顾客抱怨一旦处理完毕，必须立即以书面的方式及时通知抱怨人，并确定每一个抱怨内容均得到解决及答复。

9. 由消费者协会移转的抱怨事件，在处理结束后必须与该协会联系，以便让对方知晓整个事件的处理过程。

10. 对于有违法行为的抱怨事件，如寄放柜台的物品遗失等，应与当地的派出所联系。

11. 谨慎使用应对措辞，避免导致顾客的再次不满。

12. 注意记住每一位提出抱怨意见的顾客，当顾客再次来店时，应以热诚的态度主动与对方打招呼。

二、电话抱怨

随着通信技术的广泛应用，以电话为媒介的信息沟通越来越为企业和顾客所接受。很多企业都设立了专线电话来受理顾客的抱怨。电话抱怨也是即时抱怨中的一种形式，它和现场抱怨类似，只要顾客拨通了企业的电话，就可以直接和企业进行实时的交流。和现场抱怨相比，电话抱怨最大的不同就在于只能通过声音来传递信息，这给企业受理顾客抱怨带来了难度。

（一）电话抱怨的优点

1. 便捷地连入企业的信息系统

按照目前的技术水平，完全可以实现电话受理与内部决策管理的信息共享。前台员工在接听顾客抱怨电话的同时，就可以根据既定的数据模板收集顾客的信息，并且可以在最短的时间内传达到企业内部相关的决策部门，以便制定补救方案。对于一些常见的抱怨，前台员工可以直接调用前例的服务补救方案，减少顾客等待的时间。

2. 给企业的服务补救预留了时间

对于一些比较复杂的抱怨案例，企业可能无法在第一时间内给出合适的服务补救方案。如果在现场抱怨的形式下，顾客等待的成本很高，很有可能会放弃对企业的抱怨，直接选择其他的品牌或企业。而电话抱怨时，企业可以和顾客约定解决的期限，顾客要做的可能只是在某一个时刻拿起听筒，接听企业回拨的电话。

3. 降低企业形象的损害

电话抱怨是一对一的，不会像现场抱怨那样引起其他顾客的围观，对企业形象造成的损害比较小。

（二）电话抱怨的缺点

1. 难以判断顾客反应

由于没有其他沟通方式的辅助，受理电话抱怨的前台员工只能根据顾客的语气和措辞来挖掘隐藏在顾客抱怨背后的信息，这给企业制定服务补救措施带来不利。

2. 促使顾客产生误解

由于电话抱怨只能是一对一交流，接听顾客投诉电话的员工就代表着整个企业。因为没有其他沟通的方式，顾客也只能从员工的表述中判断企业的态度。如果员工态度生硬或者处理不及时，顾客会认为整个企业都在推诿责任。

3. 员工承受压力较大

在电话抱怨中，掌握主动权的是顾客。顾客是抱怨行为的发起者，如果企业的处理方式不能让他满意，他随时可以挂断电话，中断和企业的一切联系。这就对企业负责受理顾客抱怨电话的员工提出了很高的要求。每天面对着各式各样的抱怨电话，前台员工需要承受巨大的压力。无论在什么时候，员工都既要做到耐心诚恳，又要能帮助顾客解决实际问题，没有很强的心理素质和业务能力是很难胜任的。

（三）电话抱怨的处理方式

处理电话抱怨时要特别小心谨慎，要注意说话的方法、声音、声调等，做到真诚礼貌。要善于站在顾客的角度来思考，无论顾客怎样感情用事，都要重视顾客，不要做有失礼貌的举动。除了自己的声音外，要注意避免在电话周围有其他声音，如谈笑声等传入电话里，会使顾客产生不愉快的感觉。具体地讲，主要有以下四种方式。

1. 礼貌接听客户的电话

接听电话时应当使用敬语，自我介绍尽量简短，以防止顾客感到厌烦。例如："您好！这里是××客户服务部，请问有什么可以帮到您？"

2. 不打断顾客讲话

仔细倾听顾客的抱怨，站在顾客的立场分析问题的所在，同时以温柔的声音及耐心的话语来表示对顾客不满情绪的支持。当客服人员和顾客同时说话时或者顾客有话要说时，应当停下来让顾客先说，听完之后再澄清疑问。

3. 准确记录抱怨信息

尽量从电话中了解顾客所抱怨事件的基本信息。其内容应主要包括 4W1H 原则：WHO、WHEN、WHERE、WHAT、HOW，即什么人来电抱怨、该抱怨事件发生在什么时间、什么地点、抱怨的主要内容是什么、其结果如何。

在电话里听到的顾客姓名、住址、电话号码、抱怨内容等重要事项，必须重复确认，并以文字记录下来或录入电脑。同时，要把处理人员的姓名、机构、电话等告诉顾客，以方便顾客下次联络。如果在刚开始接听电话时就报上了姓名和联系方式，顾客不一定能够记住，可以在结束时再告诉顾客一次。一次通话不能解决问题时，如果需要专门技术人员再次通话，就应当明确技术人员和顾客电话联系的具体时间段，尽量安排当天处理。如果需要转到专门地方处理的，应当告诉顾客具体地址和电话以及上班时间。

4. 做好资料存档工作

如有可能，可以把顾客电话抱怨的内容录音存档，尤其是顾客抱怨情况较特殊或涉及纠纷的抱怨事件。存档的录音，一方面可作为日后有必要确认时的证明；另一方面可成为企业客户关系管理的生动教材。

三、信函抱怨

传统的信函抱怨，一般采用的是"投诉信"的书信方式。顾客把自己的购买经历、意见和建议写在投诉信里寄给企业。信函抱怨和前文提到的现场抱怨、电话抱怨不同，这是一种延时的抱怨方式。

顾客向企业抱怨的时候，并不能在第一时间内得到企业的回应。而企业在和顾客沟通时，也不能即时地与顾客交换意见。以前由于通信技术的限制，书信抱怨是重要的抱怨方式。随着技术的进步和人们生活工作节奏的加快，采取书面抱怨的顾客也在逐渐地减少。尽管如此，书面抱怨仍然是企业必不可少的顾客信息来源渠道，常常用于企业收集那些不太主动抱怨顾客的意见。

（一）信函抱怨的特点

1. 顾客抱怨情绪较为稳定

顾客采取书信抱怨的时候，情绪上没有采取现场抱怨或电话抱怨的时候激动。因为顾客自己也明白邮寄书信所用的时间比较长，并且有在传递中丢失的可能。所以采取这种抱怨形式的顾客，他们并不只是为了向企业索赔，也不会像很多现场抱怨或电话抱怨的顾客那样一去不回头。

2. 能够获取顾客抱怨的真实想法

信函抱怨的顾客是真正关心企业成长的人。他们抱怨的主要目的是希望企业能够注意到自己经营管理中的不足，并做出改进。和现场抱怨或电话抱怨相比，书信抱怨尽管在时效性上有所欠缺，但是在信息的内容上，却是非常详细的。顾客在写投诉信的时候，心情是比较平静的，他们会更加注意自己的措辞和写作内容。企业从顾客的投诉信上往往也能直接地提取出顾客的意见和真实想法。

（二）信函抱怨的延伸形式

计算机技术的运用给传统的信函抱怨带来了新的体现形式——电子邮件方式。从形式上看，电子邮件和传统的书信一样，都不能即时地和企业交换信息。但是和传统的书信方式相比，电子邮件有着非常明显的特点。

1. 电子邮件抱怨的优点

（1）电子邮件成本低，使用便捷。顾客只要有一台连入互联网的电脑和一个电子邮箱的账号，就可以实现与企业的信息沟通，而且电子邮件的传递完全依赖互联网技术，企业服务器在接收到顾客的邮件之后，可以立刻给出收到邮件的回复，减少了在邮件传递过程中丢失的可能性。

（2）电子邮件的回应时间短。回应时间是指顾客从提出抱怨到收到企业回应之间的等待时间。一般认为，等待时间是顾客评价企业服务的一个关键性因素。等待的时间越久，顾客的满意度越低。如果顾客在一个星期之内收到企业的回应，通常会感到比较满意。

2. 电子邮件抱怨的缺点

(1)增加企业信息整理意见的难度。由于顾客在向企业发送电子邮件的时没有成本，而且无需公开自己的真实身份和其他联系方式，企业每天也会接到相当数量的垃圾邮件。这些垃圾邮件给企业的有效信息整理和意见收集增加了难度。

(2)电子邮件抱怨回复率偏低。许多企业尽管设立了电子邮件抱怨的通道，却没有妥善地进行管理，造成了电子邮件抱怨的企业回复率低于传统邮件的回复率。

(三)信函抱怨的处理方式

1. 收到信函，及时告知

收到顾客利用信函所提出的投诉信后，要立即通知顾客已经收到，这样做不但使顾客安心，还给人以比较亲切的感觉。

2. 方便顾客，再次联系

在信函往来中，客服人员要把印有本企业地址、邮编、收信人或机构、联系方式的不干胶贴纸附于信函内，以便于顾客回函。如果顾客的地址不详细，就应打电话询问，要求顾客详细列明通信地址及电话号码，以确保回函能准确送达顾客手中。

3. 清晰表达，通俗易懂

在信函内容及表达方式上，通常要求浅显易懂。因为顾客的文化程度参差不齐，要考虑到不同顾客的文化程度，措辞应亲切，尽量减少用法律术语、专有名词、外来语及圈内人士的行话；尽量使用结构简单的短句，形式要灵活多变，使顾客一目了然，容易把握重点。

4. 充分沟通，程序规范

由于书面信函具有确定性、证据性，在寄送前，切勿由个人草率决断，应与负责人就其内容充分讨论，必要时可以与企业的顾问、律师等有关专家进行沟通。为了表示企业的谨慎，寄出的信函最好以企业负责人或部门人的名义主笔，并加盖企业的公章。

5. 正式回复，打印信函

企业发送给顾客的信函最好是打印出来的，这样可以避免手写的错误和因连笔造成内容表述不清。

【资料拓展 6-5】

某酒店的投诉回复信

××先生您好：

您关于客房服务的投诉我们已经收悉，感谢您对我们酒店的关心和支持。您所投诉的内容，我酒店已安排专人核实，请等待处理结果。我们会在一周内给您满意答复，再次感谢您的建议。

××酒店客户服务部

×年×月×日

四、留言抱怨

提到留言抱怨，我们很快就会想到"意见簿"，这是留言抱怨的传统形式。它和信函抱怨一样，都属于延时抱怨。这种意见簿的抱怨方式国内兴起于 20 世纪的六七十年代，基本上每一家单位都会在显著的位置设立意见簿。顾客有什么意见或者建议都会在意见簿上倾诉一番。意见簿的内容也往往作为评定服务质量的重要标准。

（一）留言抱怨的缺点

1. 留言抱怨受时空限制较大

顾客如果想要在意见簿上发表意见，往往是在接受服务之后当场完成的。由于时间仓促，顾客往往只会留下简单的几句感想。顾客离开之后，如果有了新的想法，就无法通过意见簿的形式告诉企业，而企业也无法从顾客短短的几句话中获得有用的信息。

2. 留言抱怨回复率低

由于意见簿的内容是公开的，所以很少有顾客会把自己的真实信息和联系方式留在意见簿上，这也使得通过意见簿传递的抱怨很少得到回复。换句话说，意见簿的抱怨方式是单向沟通的。顾客在意见簿上留言，往往并不是为了获得企业的补偿，而是希望能通过意见簿这个渠道传达心中的想法，希望企业能够在以后的服务中有所改进。那些情绪激动的顾客是不会考虑意见簿留言的，因为让他们在怒气未消的情况下再回忆一次不满意的服务经历，只会让他们更加愤怒。正是因为意见簿的信息有着难以克服的缺陷，所以节奏日益加快的人们逐渐抛弃了这种抱怨方式。

（二）留言抱怨的延伸形式

技术的发展拓展了留言抱怨的外延。正如信函抱怨中电子邮件逐步取代传统书信一样，网络留言也逐步取代传统的纸质留言簿，成为一种新的信息传递渠道。

1. 网络留言的特点

网络留言是通过企业在互联网上架设平台实现的。和电子邮件抱怨一样，顾客可以不受时间和空间的限制，随时随地都可以在企业的网上留言板留言。

2. 网络留言的优点

（1）网络留言是双向沟通平台。网上留言的平台同时对顾客和企业开放，顾客的留言、企业的反馈都可以在网络留言板上看到。这就从根本上解决了意见簿单向交流的问题。企业可以设立专门的人员随时查看顾客的留言，及时回应顾客提出的问题。条件允许的话，还可以开设即时通信通道，由企业主管等决策者直接和顾客进行在线交流。

（2）采用规范格式收集顾客抱怨。企业可以通过设置留言板的样式，引导顾客使用规范格式向企业提意见。规范格式的顾客抱怨信息会给企业信息系统的运用带来极大的便利。顾客通过电话、电子邮件传递的抱怨信息往往是未经处理的，信息比较杂乱，而网络留言板就可以解决这个问题。此外，企业还可以采用会员登录的形式掌握顾客的真实信息，建立与顾客的长期联系。

（3）了解企业相关信息。网络留言可以架设在企业的网站中，作为企业整体服务的一部分。当顾客访问企业网站时，可以非常容易地找到留言的入口。而当顾客使用网络留言抱怨的时候，也可以看到关于企业的其他信息，更好地了解企业的相关情况。可以说，网络留言抱怨融合了其他几种抱怨形式的特点，给企业和顾客的信息交流提供了极大的方便。

【案例 6-6】

网上意见簿的兴起

在传统的意见簿逐渐淡出人们视线的同时，"网上意见簿"作为一种全新的信息反馈渠道正逐渐为人们所接受。传统的意见簿挂在营业厅内，而"网上意见簿"却不受时空的限制。只要拥有一台连入互联网的电脑，顾客就不仅可以随时随地发表意见和看法，还可以查询到之前所有顾客提出的意见、企业的解决方案。

据报道，南京供电局在"南京供电局电力信息网"就建立了"网上意见簿"，接受顾客的意见和建议。家住南京铁路北街的孙先生反映，他家中的空气开关经常出故障，每次报修都要收费。他在"南京供电局电力信息网"网站上没有找到有关信息，便在"网上意见簿"上留言咨询。值班员 10 分钟内就将南京市物价局有关居民内部故障保修规定以及《全国供用电规则》上有关电力资产分界、电力保修范围规定等发布在了网上，消除了孙先生的误解。

3. 网络留言的缺点

（1）操作过程较为复杂。网络留言比其他的抱怨方式要复杂一些，在年纪较长的顾客群体当中推广还存在着难度。

（2）识别真假较为困难。从抱怨效果来看，网络留言的开放性会带来很多真假难辨的信息，给企业的抱怨处理带来一定的困难。

但是，从未来的发展趋势来看，网络留言抱怨会有非常广阔的前景。

（三）留言抱怨的处理方式

该种方式与信函抱怨的处理方式类似，除了应掌握信函抱怨的处理方式外，还应注意以下两点。

1. 甄别留言，判断虚实

留言抱怨由于无法体现顾客的真实信息和联系方式，给企业客服部门鉴别工作带来了一定难度。因此，客服人员应首先甄别留言簿上的留言，若留有联系方式建议主动拨打核实；若未留联系方式，而反应的问题较为普遍，客服人员则应提交上级部门开展内部调查。

2. 定期反馈，履约践诺

留言抱怨一般不知道谁是抱怨主体，顾客将抱怨的内容以留言形式登记在留言簿，企业应注意定期在该条留言内容下予以回复，以防止其他顾客重复留言类似内容。同时，此举也可给顾客留下这样一种印象：企业对待顾客的意见是非常认真的，每条留言都有反馈，即给顾客留下履约、践诺的印象。

五、道歉方式

（一）道歉的忌讳

1. 切忌缺乏诚意

道歉最重要的是诚意，是如何把检讨的心意向顾客表达出来。

2. 切忌犹豫不决

如果自己的过失给顾客带来了负面的影响，越是犹豫不决，越是会失去道歉的机会，而且给顾客的印象也较差。因此，要立刻向顾客道歉，越早越好。

3. 切忌不及时道歉

当顾客发火或是训斥自己的时候，由于害怕被训斥而沉默，反过来恐怕会使事情更加严重。及时道歉的话，多少能挽回上述影响，还能得到挽回损失的机会。所以必须拿出勇气及时道歉。

4. 切忌道歉时先辩解，试图逃避责任

想道歉又不先道歉，即使辩解主张里有不少合理的成分，也会使顾客反感，情况恶化。首先要道歉，事后等顾客冷静的时候再申诉自己的意见和主张。

（二）正确的道歉方式

1."我向您道歉"

"我向您道歉"是一种非常好的道歉表达方式。它表明了销售人员的个人立场以及愿意负责的态度。应该说："不好意思对您造成困扰，我向您道歉……"千万不能用"我谨代表公司跟您道歉……"这样的道歉方式，尽管代表着慎重的态度，但会将企业拖下水，影响企业的形象与产品从而扩大顾客与企业之间的矛盾。"不好意思对您造成困扰，我向您道歉……"则代表了销售人员个人的负责态度，可以有效地解决问题平息顾客的怒气。

销售人员在道歉后应该跟进并提出问题的解决办法，只有这样才能够真正消解顾客的不满。

2."哎呀，真是太糟糕了"

"哎呀，真是太糟糕了"是非常好的反应。它表现出销售人员的同理心，表明其在乎顾客的感受，从而表现出诚意。在表达"哎呀，真是太糟糕了"时，销售人员需要注意自己的肢体语言，嬉皮笑脸的行为举止会容易让顾客理解为幸灾乐祸，从而激怒顾客，这样不但不能解决问题，反而会扩大问题。

3."谢谢您"

"谢谢您告诉我这件事""谢谢您让我注意这件事……"都是正面道歉最好的开场白。当"谢谢"出现的时候，销售人员抱歉的意味已经传达给顾客，而且有效地避免了应用"对不起""真的很抱歉"等糟糕的语言。

（三）错误的道歉方式

1.只说"对不起"

在进行道歉之前，销售人员首先要明确各种道歉方式背后潜在的含义，才能够正确地进行道歉。销售人员在销售服务现场经常以简单的"对不起"作为开场，却很少考虑"对不起"背后的含义。其实，"对不起"是一种负面的习惯用语。销售人员与顾客对话的过程中，一旦对顾客说出"对不起"，在对话的平等方面，销售人员就矮了顾客一截，在接下来的处理过程中，就很难再次赢回平等的交谈立场，也就很难与顾客进行有效沟通。

2.旨在推诿的"真的很抱歉"

旨在推诿的"真的很抱歉"的道歉非常糟糕，它不仅使销售人员被认为没有诚意，还将问题像皮球一样踢来踢去，无法帮助顾客满意地解决问题。随着销售人员"真的很抱歉"而来的，通常会是"因为公司规定……所以不能按照您的要求处理"。面对销售人员不愿意负责时，顾客就会全副武装，准备与销售人员的不负责作战。

"真的很抱歉"不仅代表着销售人员不愿意负责任，还表现出销售人员没有解决问题的诚意，显示出明显的不愿意负责的心态。尤其当销售人员说"真的很抱歉"的话语时，由于本身没有诚意，肢体语言通常会是眼神飘浮不定，绝对不会与顾客四目交接，这将导致顾客在最短的时间内对其失去信心。

3.冷漠的"谁管你"

道歉时，销售人员内心的想法也非常重要，因为人的外在肢体语言是内心想法的反射。销售人员的"谁管你"的想法会通过肢体语言传达给顾客，表现出销售人员"事不关己，高高挂起"的态度，同时也表明销售人员对于企业的忠诚度不够。这时，销售人员不自知，顾客却清晰地接收到销售人员的内心想法。

第三节　销售各阶段的典型抱怨及处理技巧

一、售前服务的抱怨与处理技巧

（一）顾客开拓时的顾客抱怨与处理技巧

顾客开拓在销售的整个流程中是一个非常重要的环节，它是一切销售工作的开始。在这个过程里，会遇到顾客的抱怨致使销售工作出现障碍，如果这些抱怨得不到很好的解决，销售工作就可能夭折。在顾客开拓这个阶段里，销售人员和顾客大多是第一次接触，顾客本能地会对陌生的销售人员抱有戒备心理，自然而然地抵触销售人员的推销。销售人员在进行顾客开拓时通常会碰到如下抱怨。

1. 不需要

销售人员在开拓顾客时，顾客知道你的来意后，马上表明不需要。这其中包含了以下几种情况。

（1）顾客预设防线。顾客在潜意识中怕轻易被你说服或被强迫推销，因此不管是不是真的没有需求，反正先表明没有需求，给自己筑起一道防护墙。在这种时候销售人员要做的是想办法继续交谈，以确认并唤起顾客的购买要求。如销售人员可以说："王先生，在我还没有给顾客介绍保险之前，大多数的人都和您一样认为没有需要，但是听过我的介绍后他们认为非常有必要。王先生，我们再另外约一个时间见面好吗？"

（2）顾客不想多谈。当顾客有重要的事情要做或心情不佳，不想多谈时，也有可能以不需要为借口，迅速终止谈话。此时销售人员可主动告退，另选时间再次拜访。

（3）顾客目前真的没有需要。当销售人员经过多次确认，顾客都表示没有需求，销售人员就可以暂停开拓顾客，把该顾客的资料储存起来，经常关注顾客的状况，一旦碰到顾客有变动，如升迁、结婚等情况时再进行联络。

【案例 6-7】

除了保险，谈什么都行

顾客："我不需要保险，除了保险，谈什么都可以。"

销售人员："黄先生，您这么说，一定是事出有因，可以跟我说说是为什么吗？"

顾客："每天都有销售人员来谈保险，很烦人的。"

销售人员："黄先生，保险的这种推销方式可能你觉得难以适应，甚至觉得烦人、讨厌，这确实是事实。但是在大众普遍不具有多少保险观念的情况下，在享受惯了劳保和不知风险为何物的情况下，在大家都不知怎么来筹划老年生活的情况下，这种一遍遍不厌其烦的宣传、讲解，这种要使大家都拥有一份生活保障的冲劲和热情，却可以逐步地改变大家对保险的看法，使大家逐步了解保险，懂得预防风险，并真正希望拥有一份较为完备的保险计划。黄先生，我想，您肯定已经听到许多，我想听听您对保险的看法。"

……

销售人员："黄先生，您说不谈保险那就不谈吧。说点有趣的事，前天我去拜访一家公司的老板，这家公司是由兄弟俩合法经营的，当我同那位老板在谈他家的保险计划时，他哥哥恰巧来到办公室，他看到我和他弟弟在谈保险，随口就说：'什么保险，保险不好，没有用，我弟弟才不需要保险。'遭他一顿抢白，我愣住了，可转念一想，绝不能让他把事搅和了。于是，我叫住他哥哥说：'这位先生，我请教您一个问题，如果您答应了，我就立即走人。我问他，如果他弟弟万一发生事故，他能照顾他弟弟的家人一辈子的生活吗?'他哥哥一时给问住了，不知该怎么回答。过了一会儿，他说你们继续谈吧。昨天，我收了那位老板 1 万多元保费，他也认为，做事业是要有保险作为后盾，否则，心里总不踏实。保费虽然不算少，但这钱却值得花。"

在该案例中，顾客在一开始就预设了心理防线拒绝讨论与保险有关的话题。销售人员并未将自己观点强加在顾客立场上，而是先采取了认同顾客的观点，随后站在顾客的立场上为其详细分析了购买保险带来的优势。为避免顾客产生反感，销售人员又向该顾客介绍了其他顾客对保险最开始是抵触心理并转变为认同心理的事例。

2. 不相信

顾客在说出这类抱怨时，大多是由顾客对企业或商品的偏见和误解而引起的。销售人员在碰到这类抱怨时，不必长篇大论地一一加以驳斥论证，因为提出这类问题的人，其态度也未必是要谋求一个答案，只是一种防御手段而已。销售人员可以问清潜在的真实原因，然后利用相关的法律法规加以疏导；出示有关图片、文字资料、新闻报道等资料，有理有据耐心说服。

【案例 6-8】

购买冰箱的顾客

在一次家电展销会上，一位打算购买冰箱的顾客指着不远处一台冰箱对身旁的推销员说："那种 A 牌冰箱和你们这种冰箱是同一类型、同一规格、同一星级，可它的制冷速度要比你们的快，噪声也要小一些，而且冷冻室比你们的大 12 升。看来你们的冰箱不如 A 牌的呀!"

推销员回答:"是的,您说得不错。我们冰箱噪声是大点,但仍然在国家标准允许的范围内,不会影响您家人的生活与健康。我们的冰箱制冷速度慢,可耗电量却比 A 牌冰箱少得多。我们冰箱的冷冻室小但冷藏室很大,能储藏更多的食物。您一家三口人,每天能有多少东西需要冰冻呢?再说了,我们的冰箱在价格上要比 A 牌冰箱便宜300 元,保修期也要长达六年,我们甚至还可以上门维修。"

顾客听后,脸上露出欣然之色。

这类抱怨看上去很严重,其实并不一定就是顾客心中真正的疑虑,所以经过销售人员的解释,这类问题都较容易被化解。只要销售人员对产品有深刻的认识,对自己所从事的事业有足够的信心,就会顺利地让顾客接受正确的产品观念。

(二)约访时的顾客抱怨与处理技巧

约访的目的是为了与顾客约定一个见面的机会。在约见顾客的过程中,顾客常常以各种各样的理由拒绝与销售人员见面、抗拒推销。通常顾客会用以下这些理由来回绝销售人员的约见。

1. 我很忙

销售人员在与顾客约见时,顾客常常用"我很忙"来进行推诿。面对这样很忙或表现很忙的顾客,销售人员常常无法按照原来的计划和步骤从事推销工作,内心方寸已乱,找不到切入的时机,进而失去信心。通常面对顾客的这种借口应该运用两个技巧:

(1)马上明确地告诉顾客,你只需要占用他几分钟的时间。事先明确地告诉顾客你所需要的时间,请顾客安心。只有让顾客静下心来,顾客才能集中精神听你的谈话。否则顾客只想尽快结束谈话,而你说的话根本无法进入他的大脑。例如:

顾客:"对不起,我实在没空,以后再说吧。"

销售人员:"张经理,我只占用您 7 分钟的时间,绝对不多说一句话。"

(2)引起顾客的兴趣及诱发顾客提出询问。在短短几分钟的时间内想要完成交易是不切实际的想法。因此,在这极短的时间里,销售人员的目标应是引起顾客兴趣、诱发顾客想要了解更多的相关事项,以便能继续进行推销或另约时间见面。例如:

顾客:"我现在在忙别的事。"

销售人员:"张先生,那我就不耽误您的时间了。不过,我们公司有一个新推出的个人理财计划,特别适合像您这样的成功人士。您的朋友郑先生看了以后觉得非常好,已经委托我在给他做计划了,您想不想了解一下这方面的情况?张先生,您在本周三还是周五有空?"

顾客购买东西,不是因为特点多而购买,而是因为其中某一两个能打动他的利益而购买。因此,面对很忙的顾客,销售人员工作的重点应在于如何在最短的时间内找出顾客关心的利益点，以便主动地腾出时间和你见面。

2. 我有朋友在同行业工作

顾客用这种言辞拒绝销售人员的约见时，按常理来推断，这笔业务似乎是没有希望了。其实顾客的这类抱怨很多都是借口，如果他真正需要购买商品，朋友的考虑因素并不是很大，真正对他有影响的因素是谁能提供给他更好的产品和更好的服务。所以，碰到顾客说出这类抱怨，则暗示大多数顾客并没有从他的朋友那里购买商品，只是拿朋友来作为挡箭牌拒绝销售人员的拜访而已。

【案例 6-9】

销售员向顾客推荐理财产品

顾客："我有朋友在银行。"

销售人员："李先生，请问您买了理财产品吗？"

顾客："没有。"

销售人员："我们姑且不论哪家公司的理财产品好。您的朋友在业内做了这么多年，说明他做得很好。对您来说，增加一个人的服务，得到更多的投资回报不是更好？再说，您可能也有这样的感受，理财会涉及很多私人和业务方面的问题，很多人都不愿和朋友讨论这些事，熟人碍于面子反而不能很好地处理矛盾。如果您选择了我，就方便很多了。"

(三)面谈时的顾客抱怨与处理技巧

销售人员与顾客面谈的目的是沟通购买需求，取得销售机会。在面谈的过程中，经常会遇到顾客的抱怨。常见的抱怨问题与处理办法如下：

1. 你把资料留下，我研究一下再决定

销售人员和顾客面谈时，有的顾客为了赢得主动，避免被强制推销，常常要求销售人员把相关资料留下，而不和销售人员认真交流。这种提议的出现可能有多种情况，比如，销售人员的拜访时机不对，顾客有事分心，不能集中注意力；销售人员的面谈语言未能引起顾客的兴趣；销售人员的专业性不够强，使顾客不能充分信任。

如果出现了这类抱怨，销售人员应分析抱怨产生的原因，尽量不要让面谈就此短暂地结束。如果面谈已经不能继续下去，至少要尽力尝试约定下次面谈的时间。例如：

顾客："你把资料留在这里，我会看的，如果有需要我会跟你联络。"

销售人员："陈小姐，您先看看这些资料，我可以等您看完，如果有什么要问的，我现场可以为您解答。"

或

销售人员："陈小姐，现代人都很忙，一般人把资料留下来以后，大概再也不会去研究它了。等有一天收拾抽屉时，才会发现有这些资料还没有看过。在这之中您可能因此错过许多可以帮助自己的机会。"

2. 没钱

顾客喜欢用"没钱""买不起""没预算"等理由阻挡销售人员的销售。说出这种抱怨的顾客分为两类，一种是真的没钱，另一种是推托之词。若顾客连续多次都以没钱为理由而无法进行推销时，恐怕此时销售人员要另觅他法，因为顾客可能是真的没有能力负担起销售人员提供的产品和服务。若顾客是推托之词，则销售人员需要用一些方法排解他的抱怨，继续进行推销，不要一下就被"没钱""买不起"等说法击退，而松懈了推销意志。销售人员要让顾客了解你带给他的价值，找出顾客能负担的底线进行下一步推销。在面对顾客"没钱"这类抱怨时可采用：

(1)太极法。在顾客提出这种抱怨的时候，顺着顾客的话进行挖掘，引申出他的保险需求。例如：

顾客："我没有钱。"

销售人员："陈先生，正因为没钱，所以您更需要保险。万一发生不幸变故，有钱人是有能力应变的，而没钱的人就必须要靠保险这种制度渡过难关。"

(2)忽略法。因为保险是按照顾客的经济状况来进行规划的，所以对顾客来说不存在真正的没钱。销售人员可以把顾客的这种抱怨当作借口，忽略过去，继续进行自己的推销工作。例如：

顾客："像我这样的人哪有钱买理财产品。"

销售人员："李先生，您不用担心钱的问题，我们有各种付款方式，配合您的经济状况，绝对让您付得非常轻松、没有压力。而且我们的理财投资计划也是按照您的经济状况来规划的。"

销售人员在碰到顾客"没钱"的抱怨时不要丧失信心，若是顾客能认同产品带给他的利益，"没钱"这类抱怨自然就不再成为托词或借口了。

二、售中服务的抱怨与处理技巧

(一)产品说明时的顾客抱怨与处理技巧

销售面谈是通过与顾客的约洽取得面谈的机会，进行产品或服务的说明和销售工作。在销售面谈中，要使顾客感受到他自己的切身问题，认识到产品或服务是帮助他解决问题的最佳办法。销售人员要通过和顾客的交谈了解顾客个人及家庭的情况，确定顾客的需求点，引起顾客的兴趣，使销售顺利达成。在销售面谈的过程中，顾客也会针对产品、企业、营销员提出各种各样的抱怨，销售人员只有较好地解决了顾客的这些问题，才能成功地完成销售。在销售面谈过程中，销售人员常会碰到以下这些类型的抱怨。

1. 价格抱怨

虽然顾客常常提出价格太贵的抱怨，但实际上，美国《幸福》杂志的调查报告显示"只有约 4％的顾客在购买产品时考虑价格，其余 96％都会考虑品质"。价格的问题只是一个表象，当销售人员接到顾客提出的价格抱怨信息时，销售人员的反应应该是"还有哪些利益是顾客不知道的，我要如何让顾客感到更多的利益"，而不是"一分钱，一分货""实在不贵""保证不会让您后悔"等空洞不具体的话，这些话不能化解价格上的抱怨。所以，在处理这类顾客抱怨时，要从以下这些方面入手：

（1）找出更多顾客认同的利益。找出越多顾客认同的利益，就越能将产品的价值提升，顾客就越能接受产品的价格。

（2）排除顾客的疑虑或担忧。销售人员可以用良好的售后服务来增加产品的附加价值，同时排除顾客的"组合担忧"。例如：

顾客："买这台液晶电视要这么多钱，太贵了。"

销售人员："王小姐，您买了这台液晶电视可以享受长达五年的质保，另外我们再为您免费延长三年质保，这样真的是很划算呢。同时，您还是我们尊贵的会员，可以享受公司为顾客准备的免费旅游、免费听音乐会等活动，可以结交各行各业的很多朋友。"

（3）将成本细分化。成本细分化，能把顾客的注意力从庞大的总数转到细分后的金额，比如，把顾客年交保费金额转变为每日应交的数额，顾客在心理上更容易接受，更能客观地衡量他能得到的利益。例如：

顾客："我觉得这台带自动除霜的冰箱价格太贵了，我可能买不起。"

销售人员："张先生，看得出来您很喜欢带自动除霜功能的电冰箱。购买这款畅销产品只需要花费 3600 多元，放在家里至少能用十年。想一想，每年也才花费顶多 360 元，那么每一天您花费不到一元钱，就能享受这款产品给家里带来的便利，是不是很划算呢？"

价格抱怨的处理唯有"利益"二字。因此，在顾客没有充分认同产品能带给他利益之前，不要轻易地陷入讨价还价之中。销售人员若能活用以上这些技巧，就能对顾客提出的价格抱怨进行冷静、得体的应付，从而通往成交之门。

2. 与其他企业产品相比较

销售人员在向顾客推销产品或服务时，顾客常常会将其产品和其他企业的产品或服务进行比较，进而产生不同的抱怨。这种抱怨经常发生在销售人员给顾客介绍了本企业的产品或服务后，如果其他企业的销售人员给该顾客推销过类似产品，并且条件更好，那么当销售人员回访顾客的时候，顾客就会提出这种抱怨。面对这种抱怨，销售人员要对自己企业的产品充满信心，同时要对为顾客做的产品或服务的介绍中进一步完善，确保能符合顾客的需求。

【案例 6-10】

比价的顾客

顾客："对面那个店的产品与你们的样式几乎一模一样，但价格比你们低得多。"

销售人员："是的，您刚才提到的这种状况我了解，不过还是要感谢您对我们的善意提醒。其实产品除了外观的设计区别之外，最重要的还是要看产品的材料、做工是不是一流。现在有很多产品外观上的仿冒很严重，给顾客造成了很大的错觉。其实这些企业所用的材料和做工是完全不一样的，装在家里以后会发现在环保、可靠性上也不一样。而我们家产品做的是实实在在的品牌，在这方面是很有优势的。"

（二）促成时的顾客抱怨与处理技巧

销售人员在销售产品或服务时，顾客常常会对产品或服务购买的流程、包装、发货方式、售后等提出一些抱怨，如运费、质保等问题。这些抱怨基本上都是销售人员可以进行成交的信号。从顾客的利益角度来说，销售人员应该重视这些问题。在处理时，销售人员要向顾客保证提供合理的便利，在不违反公司制度的前提下，采取一些灵活的处理办法。

【案例 6-11】

再便宜点，我就买了

顾客：我比较喜欢你们的产品，也来了几次了，你再便宜点我就买了。

销售人员："是的，我知道你来我们店好几次了，其实我也真的很想做成您这笔生意，只是真的很抱歉，价格上我确实没法再给您优惠了，这一点还要请您多多包涵！其实您买东西最重要的还是看商品是不是自己想要的，如果东西便宜却不符合您的想法和要求，装在家里看着也不舒服，您说是吧？像这款产品不仅非常适合您的整体风格，而且质量又好，经久耐用，价格上也确实是我们能给到的最大的优惠了，还是非常合适的。来，您家的地址是……我帮您开个票。"

三、售后服务的抱怨与处理技巧

（一）付款后顾客抱怨与处理技巧

顾客在签单、付款后销售过程已基本完成，但顾客付款后还会出现犹豫和迟疑，仍可能以各种真真假假的抱怨来作为借口要求退款。在这个阶段，销售人员要充满信心，重申本企业产品或服务能解决的问题，与顾客保持紧密的沟通，以耐心的态度解决好顾客的抱怨。

【案例6-12】

顾客成交后不想买了

顾客："我当时没考虑清楚，现在不想买了。"

销售人员："对不起，我想可能是我们遗漏了一些细节的东西，请问您是否认为我没有解释清楚？"

顾客："不是的，是因为我们家现阶段经济比较紧张，等下个月再说吧！"

销售人员："这确实是个让人很头疼的问题，如果您口袋里有足够的钱的话，您是不必买理财产品的。现在，就是因为您口袋里没有足够的钱，所以才需要银行来为您分担一些责任与风险，更何况您现在也只是换个地方存个应急金而已，您说呢？"

顾客："我还是要再好好想想。"

销售人员："的确，这么重要的一件事情，确实需要慎重的考虑，不过银行有个很人性化的规定，就是这个理财产品还有10天的试用期，您可以先签收，如果10天内觉得不合适我们可以重新来作调整，您说好吗？"

（二）索赔时的顾客抱怨与处理技巧

理赔是售后服务的重点。如果理赔服务中处理不好顾客的抱怨，不仅会增加顾客的疑虑，造成负面口碑，而且会影响产品或服务销售，造成企业业务下滑。

在索赔服务过程中顾客往往会对索赔需要提供的材料与索赔的流程提出种种异议和抱怨，这个时候销售人员就必须拿出诚恳、自信的态度和专业知识来解决顾客的抱怨。

1. 提供的材料太多

提出此类抱怨是因为顾客对提供材料所需的渠道和流程不熟悉。此时销售人员应及时化解顾客担忧，告知顾客提供材料的渠道方法，或陪顾客一起办理。例如：

顾客："怎么理赔要交那么多材料？真麻烦！"

销售人员："您的心情我能理解，每位顾客都想尽快拿到赔偿款。我们公司要求您提供的这些材料，就是为了快速判别责任、迅速理赔。如果您还是不太清楚的话，我会帮您办理，您放心好了。"

2. 少赔或赔不到

顾客购买产品或服务后，若使用效果未达到预期，甚至给顾客的人身、财产安全带来了一定的损害，顾客则会要求企业进行赔偿。一般而言，顾客情绪往往会比较激动，若企业赔偿较少甚至拒绝赔偿则会让顾客情绪发生更大的转变。因此，销售人员应先处理好顾客的心情，让顾客平静下来，再与顾客进行解释。

【案例6-13】

索赔的顾客

顾客："你们公司太不讲信用了？"

销售人员："什么事让您这么生气呀，喝杯水，有什么事坐下来慢慢说。"

顾客："我这次看病住院花了12000元，怎么你们只给我理赔了5000元？"

销售人员："哦，是这样啊，我很理解您现在的心情，每个人都希望买了保险之后最好是有保险事故就能全部理赔，自己不用花钱，是吧？其实我也是这样想的。"

顾客："那为什么只赔了这么一点？"

销售人员："根据《保险法》的规定，住院医疗类的保险是只能补偿顾客的损失，而不能让顾客得到额外收益的。您看您有医保，这12000元中，有6000元由社会医保报销了，有5000元由我们公司给您报销了，所以您自付的部分并不是很多。"

顾客："哦，原来是这样。"

销售人员："是呀，不过现在看病花钱是很大的，我们公司有一款住院津贴保险，住院一天补贴顾客100元钱，与您买的住院医疗保险毫不冲突，也不用医疗费用发票，顾客可以作为未报销的医疗费补贴，我为您办一个吧。"

第四节　处理顾客抱怨的沟通技巧

抱怨处理有补偿、道歉、说明、说服等几种方式，都必须配合适当的态度、声音和措辞。首先要知道，让抱怨的顾客心服口服的关键，就在于措辞的技巧，一旦措辞运用不当反而会弄巧成拙，让顾客怒火中烧，原本能解决的事也变得不可解决了。下面介绍一些可以缓和顾客不满和怒气的措辞以及使用方法。

一、缓和顾客怒火的措辞

"对不起，不知道有没有给您造成困扰？"

"给您造成困扰了，真是对不起。"

"真的很对不起，能不能告诉我到底发生什么事了？"

"对不起，能不能具体地告诉我事情发生的经过？"

类似以上的说法，记得一定要使用"对不起"的措辞。

二、倾听顾客抱怨

不要在顾客表达不满时中途反驳或插嘴。附和顾客的话，边点头边说"是的""是这样啊"以示同意，听对方说话的时候，请尽量使用表示理解的话。

三、回应顾客的话

(一)完全了解的时候

"我了解了。"

"我完全清楚了。"

(二)不了解的时候

"对不起，您可不可以说得再详细一点？"

"对不起，刚才的同事没听清楚您的意思，可不可以请您再说一遍呢？"

(三)自己并非承办人的时候

"我不太了解您所说的东西，但是我会把事情的来龙去脉转告承办的人，您是××公司的××先生吧！如果可以的话，是否可以告诉我您的地址和电话，我是……"若是承办人在，而且你也了解顾客在说些什么的时候，你要告诉对方"现在让承办人来接手这件事"并立即交棒。负责代理并非自己分内事的时候，要先确认顾客的姓名、住址和电话号码，并报上自己所属的部门及姓名。

四、激怒顾客的时候

"对不起，是不是有什么令您生气的事？可不可以告诉我事情的始末？"

"惹您生气了，真是对不起。"

"我知道自己不小心引起您的不满，但我诚心诚意地想补偿您。"

五、无法取得顾客谅解的时候

"我了解您的意思，如果您允许的话，明天我将把这件事和公司的主管谈一谈，之后再回答您可以吗？"

"如果因为我的说法不好，而让您觉得不愉快的话，我诚心地向您道歉。"

六、当顾客说"叫你的主管出来"的时候

"这件事由我全权处理，承办人正是我。"

处理顾客的抱怨，基本上是由承办人员亲自来处理为原则，绝对不要把组织中最高层的主管牵涉进来，但是，如果对方坚持"叫主管出来"或是"叫能做主的人出来"时，

你就跟他说"那请您等一下"，然后立刻禀告比你资深的前辈或是公司的主管以决定相应对策。

七、当顾客说"你看要怎么办"的时候

"您所说的话我非常了解。发生这样的事我很抱歉，在我和主管谈过之后，我会再给您一个答案。"

因为产品不良、功能不全等而导致的问题，要和主管谈过以后再根据指示处理，但如果是自己权限内能决定的事，就要马上做决定。

八、选择积极的用词与方式

在保持一个积极的态度时，沟通用语也应当尽量选择体现正面意思的词。

比如，要感谢客户的等候，常用的说法是："很抱歉让您久等。"

"抱歉"和"久等"实际上在潜意识中强化了对方"久等"这个感觉。比较正面的表达可以是"非常感谢您的耐心等待"。

比如，你想给客户以信心，于是说："这并不比上次那个问题差。"

按照我们上面的思路，你应当换一种说法："这次比上次的情况好"，即使是客户这次真的有些麻烦，你也不必说"你的问题确实严重"，换一种说法会更好——"这种情况有点不同往常"。

九、善用"我"代替"您"

在下列的例子中尽量用"我"代替"您"，因为后者常会使人感到不被尊重。

（一）习惯用语：您的名字叫什么？

专业表达：请问，我可以知道您的名字吗？

（二）习惯用语：您必须……

专业表达：我们要为您那样做，这是我们分内的事。

（三）习惯用语：您错了，不是那样的！

专业表达：对不起我没说清楚，但我想它运转的方式有些不同。

十、其他情况

顾客："不能算便宜一点吗？好贵啊！"

服务员："真的很抱歉，这已经是减价后的价钱了。我只是一个店员，没有办法以自己的意见来决定价格，请您谅解。"

如果服务员没有调价的权利，应向顾客说明并表达歉意。如果有议价空间，服务

员可以根据自己的权限稍微减价来达成买卖。

【案例 6-14】

转换顾客抱怨的几种话术

情况一：

顾客："你的态度太差了吧！"

服务员："对不起，真的很抱歉，今后我一定改进。"或"真抱歉让您看到这样的服务，我诚心地向您道歉。"

情况二：

顾客："你弄错我要的东西了。"

服务员："对不起，我立刻替您更换。"

情况三：

顾客："不要把别人当作傻瓜。"

服务员："我绝对没有这样的意思。如果让您有这种感觉的话，我郑重向您道歉。"

情况四：

顾客："你说话能不能再客气一点？"

服务员："啊，冒犯您了，真是对不起。"

情况五：

顾客："你没有学过待人接物的礼节吗？"

服务员："对不起，以后我会注意的。"

情况六：

顾客："我等很久了，快一点好不好？"

服务员："对不起，因为现在客人很多，请您再等一下，我们会尽快处理。"

以上是转换顾客抱怨的几种话术，在顾客抱怨的场合中能好好利用上述的技巧，一定会发挥很大的作用。

第五节　不同类型顾客的抱怨处理

要想从顾客那里赚钱，必须了解他们的心理、打动他们的心。销售人员不仅要为自己考虑，更要为顾客考虑，必须懂得站在顾客的角度想问题，懂得体会顾客的心。

消费心理学研究表明：不同商品会对不同消费群体产生不同的心理刺激，从而导致不同的消费行为。根据性格、年龄、性别、职业、文化程度、社会环境等诸多方面的不同，可划分出众多不同的消费群体及其各不相同的消费心理特征。

销售工作需要因人而异，根据不同的销售对象采取不同的策略。在实际的销售过程中，销售人员只有迅速地判断出顾客属于何种类型，应该采取怎样的销售策略，才能有效激发顾客的购买欲望，达到"知己知彼、百战不殆"的效果。

在这里列举了一些具有代表性的顾客心理，浅谈不同性格顾客的心理分析与抱怨处理策略。

一、节约俭朴型顾客抱怨处理

节约俭朴型顾客对于高价位的产品不舍得购买，对产品的挑剔最多，有时对自己很满意的产品也是处处挑剔，会算计、会讨价还价，花钱很谨慎。

（一）心理分析

节约俭朴型顾客关注产品的价格，在为了降低产品价格而进行协商时，多半表明他又这方面的需求，只要价格合适他就购买。节俭、会算计并不说明他们舍不得花钱，对于购买商品，他们所持的态度是物有所值，他们花钱都是花在刀刃上。他们说"太贵了"，其实是追求物美价廉的一种心理，同时也想听听销售人员的解释，这时销售人员要做的就是要让他们相信你的产品的价值绝对符合这一价格，甚至已经是物超所值了，如果能够成功做到这一点，那就成交有望了。

（二）抱怨处理策略

顾客说"太贵了"，即提出价格异议时，销售人员不用紧张，也不要仅仅围绕着价格问题与顾客展开争论，而应该看到价格问题背后的积极面，尽可能地让顾客相信你的产品价格完全符合产品的真实价值，最终说服顾客实现成交。销售人员如能把价格隐含于价值之中，价格本身的因素就不会显得那么突出了。有一种叫"价格三明治"的方法，即先不急于报价，多宣传产品的价值，减轻顾客敏感度的报价方法。首先对产品进行包装，突出产品的优点，让顾客喜之爱之，价格再适当报高则不会引起顾客的质疑。在该方法中，第一层是产品给客户带来的价值，第二层是产品本身的价格，第三层是产品的后续价值。因此，销售人员要学会做价格分析，要告知顾客这个价格里面具体包括了什么价值，以使顾客把关注的焦点从价格问题转移到他们更感兴趣的产品价值身上。在具体的实施过程中，销售人员可以采取积极的询问、引导式的说明或者配合相应的产品演示等方法。

【案例 6-15】

价格太贵了

顾客："产品确实不错，可惜现在的价格太贵。"

销售人员："确实，我承认单看价格，您有这种感觉是很正常的。只是我们的价格之所以会稍微高一些是因为我们在质量上（设计、服务）上确实做得不错，也是比其他家有优势的。这样吧，现在过了促销期，这是我能给您的最低的价格了，不过我可以跟领导申请给您按照我们老客户的价格，我们的很多老客户都是在买我们家的产品××元以后才能享受这个价格，对您来说是非常划算了。来，您的地址是……"

节约俭朴型顾客并非舍不得花钱，只是希望钱花得值。因此，销售人员要向这类顾客说清楚差价是多少，试探出他们嫌贵到底贵了多少，以价差来衡量在服务与产品上的差异，解决差价的异议，让顾客感觉他花的钱是花在了刀刃上，以促进成交！

二、犹豫不决型顾客抱怨处理

有些顾客犹豫不决，总爱说"我再考虑考虑""我再问问别人""我再想一想"等，这是明显的难下决定型顾客。

（一）心理分析

犹豫不决型的顾客，通常有购买意向，但却总是不能下定决心购买产品。有些顾客即便已经决定购买产品了，还是不会迅速签单。他们时常会在一些细节问题上自己琢磨，从而延误签单的时间。

（二）抱怨处理策略

犹豫不决型顾客的心理类型主要分为以下四种类型，如表 6-2 所示。

表 6-2　犹豫不决型顾客的心理分析与销售策略

类型	心理描述	性格特征	区别对待
对自己的决定感到不安	怕自己考虑得不够周到或担心自己得到的信息不够充分，或想再听听更多人的意见，担心做的决定不好而遭到损失	这类人胆小怕事、顾虑重重、对人冷淡	找出他们对自己的决定感到不安的原因，才能提出解决的对策
由别人来决定比较不会遭到指责	害怕被指责，宁愿等待别人来做决定	这类顾客外表平和，比较容易接近，言谈举止迟钝、优柔寡断、不善于思考	销售人员首先要有自信，并把自信传达给对方，同时鼓励对方多思考问题，并尽可能使谈话围绕销售核心与重点，而不要设定太多、太复杂的问题。如果顾客身边有人，要谨慎地应对顾客身边的人，他们的意见往往决定了你是否能够签单

续表

类型	心理描述	性格特征	区别对待
考虑商量型	这类顾客在购物时考虑周到，观察细致，购买决策过程也较长	较敏感，缺乏购物主动性，对销售人员的介绍不感兴趣或不信任	对这类顾客，销售人员若想取得对方的完全信赖，就必须拿出证据，如关于公司及商品的新闻报道、名人代言的资料、以往顾客的购买反馈等。销售人员要有足够的耐心与顾客周旋，同时可提出一些优惠条件供顾客选择、考虑
反复斟酌型	性格内向，在购物决策时往往对是否购买某件商品举棋不定，即使决定购买，也会对商品的品种规格、式样花色、销售价格等反复比较，难以取舍	半信半疑，观察仔细，相信自己的观察，如遇挫折马上放弃购买，购买后还会疑心是否上当	跟这类顾客打交道的办法是增强他的信心。为顾客设想，让顾客知道销售人员是站在他这一边的，向他保证他采取的行动是对的

当顾客说"我再考虑考虑""我再想一想"等，销售人员可以对其进行引导，询问顾客相关问题，然后给顾客清晰的解答，进而完成签约。另外，在顾客犹豫不决的时刻，销售人员可以用最后时限，给顾客一点压力，让顾客因害怕失去机会而做出购买决定。销售人员可以告诉他"这个计划非常适合您，如果现在不做，将来肯定会后悔"等具有强烈暗示性的话，让他感受到危机感，迫使其快速下决心。例如：

顾客："我还是再考虑考虑吧。"

销售人员："您要再考虑考虑也行。不过您今天买是最划算的，今天是公司周年庆促销活动的最后一天，对所有购买的顾客都免费升级 VIP 会员，再次购物将享受折扣哦。"

当费尽口舌，什么方法都无效，眼看这笔交易要泡汤的时候，不妨试试这个方法。可以这样说："×先生，虽然我知道这样的业务对贵公司很重要，也许是我的能力太差，没办法说服您。不过在认输之前，我想请您指出我的错误，能否让我有个提高的机会？"以谦卑的口吻说出诚挚的话语，很容易满足对方的虚荣心，也许还能解除你们之间对抗的态度，他如果愿意"指点"你，在鼓励你的时候，说不定还有签约的机会。

三、贪小便宜型顾客抱怨处理

贪小便宜型顾客无论合作与否，总爱提出很多要求，希望销售人员能将产品便宜卖给他，他好像并不把产品质量放在心上，只要有便宜可占，他们的态度就会立即转变。

(一)心理分析

爱贪小便宜的顾客希望省钱，希望能得到一些优惠，希望能在原有的基础上再降低一点价格，如有赠品或免费使用的机会那更好。他们希望降低价格或者给予其适当的优惠时，经常这样暗示你：

"产品太贵了，一点儿都不划算……"

"别的公司好像要便宜些。"

"我看到××公司的宣传单上价格比你们的要便宜很多……"

"如果保费能够再低一些，或有打折什么的，或许我会考虑购买……"

(二)抱怨处理策略

面对这样的顾客，如果公司没有制订销售打折活动，销售人员可以直接告诉他，请他们理解。如果有其他的优惠方式，让他觉得同样有"便宜"可占，购买就不成问题。比如，销售人员要突出介绍产品的品质、档次。例如：

顾客："哇！你的剃须刀也太宰人了吧，要300元！有的剃须刀仅20元钱。"

销售人员："先生，请您看看这剃须刀的牌子，是荷兰PHILIP的、进口的，防水性能很好……"

当然，不要以为价格低了顾客就会买。大幅降价往往容易使顾客对产品产生怀疑，认为它是有缺陷的，或是滞销品。有些时候，产品的价格要稍微提高一些才能打开销路。

如果顾客没别的要求，只想争取优惠，销售人员可以主动提出从公司争取优惠条件，以满足顾客心理来达到成交的目的。例如：

销售人员："这样吧，张先生，我给我们老板打个电话，看他能不能给您优惠。"

给老板打电话："老板，有位顾客特别喜欢我们那辆车，我觉得这位顾客人很爽快，他希望我们给他送个保险。这事我做不了主，您看能不能通融通融。"

老板："好！那就这么办！"

四、虚荣型顾客抱怨处理

大多数人都不愿意承认自己虚荣，其实，人的虚荣心是与生俱来的，每个人都有虚荣心，只是表现强弱不同而已。

(一)心理分析

虚荣型的顾客一般自尊心很强，比较好面子、喜欢与别人攀比、喜欢购买名牌，渴求被赞美和表扬。虚荣在某种程度上表现为好攀比，如男性顾客较在意名誉、地位和金钱；女性顾客更在意容貌、衣着和身份。虚荣型的顾客也喜欢在别人面前炫耀自己见多识广，喜欢高谈阔论，不易接受他人的劝告。

（二）抱怨处理策略

在处理虚荣型顾客的抱怨时，要学会适时满足对方的虚荣心，多赞美顾客，营造出友好和谐、愉悦轻松的谈话氛围，让顾客对销售人员所做的解释产生兴趣，从而愿意和销售人员交谈下去。与这类顾客进行销售的要诀是，从顾客熟悉的事物中寻找话题，适当降低自己的姿态。最好是当一个"忠实的听众"，适时地表达出对顾客的认同、赞美，满足对方的虚荣心，这样一来，顾客也就更愿意接受销售人员的建议。

【案例 6-16】

美女试衣

一位身材高挑的女顾客进入一家服装店，她试了很多件衣服，但总是抱怨衣服不合适。看到这位顾客站在镜子前感叹衣服不合身，深谙销售之道的老板凭经验发现，很可能是她没有挺直身子。他走到这位女顾客的身边对她说："您的身材这么好，穿什么衣服都不会难看。来，再试试这件，也许更适合您。"一边说，一边递给顾客一条裙子。

听了老板这番话，该顾客换上裙子直起身来重新打量了一番试衣镜中的自己。她感觉自己挺立的身躯配上那条裙子真是漂亮极了。老板随之称赞道："真的是赏心悦目啊，我没想到您穿上这条裙子会这么漂亮。"女顾客看着镜子里窈窕的身段，脸上立刻露出灿烂的笑容。

人人都喜欢听别人赞美自己，如果赞美运用得合理，就算在顾客抱怨时，顾客也会很高兴接受。对于虚荣型顾客，则尤其喜爱听到对方的赞美，因而奉承这一招也就越有效。上述案例中的老板很聪明地把握了顾客喜欢被赞美的心理，于是投其所好，尽情赞美，满足其虚荣心；女顾客之前抱怨衣服不合身的问题也就淡化了，可见赞美在处理顾客抱怨时的效果非常明显。

当然，赞美也要适度，若是太多、太假，容易让顾客产生不真实感，使其对销售人员的人品产生怀疑，而将销售人员看作是刻意奉承、油嘴滑舌的人，从而会产生防范心理，致使双方的交流陷入僵局。因此，赞美要把握分寸，不能流于谄媚，也不要贬低自己，这样才能让顾客满心欢喜，从而达到销售的目的。

五、分析型顾客抱怨处理

分析型的顾客穿着普遍简单，比较传统、朴实。从外形上看，他们显得有些书生气，说话很少，但是很能切中要害。在日常工作中，他们就像技术专家一样，喜欢把一切工作用书面的形式表现出来，口头的承诺通常很少被他们采用。

（一）心理分析

这类顾客心思比较细腻，处事比较理智谨慎，但疑心也较重、比较挑剔，喜欢提问题。对于他们提出的问题，销售人员最好给予明确、认真的回答。对顾客来说，回答越详细越好。如果不能解答其问题，顾客会觉得你是不可信赖的。如果你试图避过一些问题，那么他们的疑惑将随之增大，合作成功的可能性也会随之减小。

（二）抱怨处理策略

分析型的顾客讲求事情的准确性，他们的分析能力和观察能力很强，注重细节，掌握一定的数据对他们来说很重要。购物时，喜欢货比三家，进行分析比较，但不喜欢攀比，产品质量以及服务水平的高低、商家的可信度以及价格是他们考虑最多的因素，他们思考的时间也长。因此，相应的决策时间和购买行为也会比较迟缓。在与之合作时，销售人员应尽可能多地提供一些准确的资料，不要太着急。销售人员越着急，顾客越是反感。

【案例 6-17】

小王的销售策略

小吴是一家保险公司的销售人员，准备去拜访一位私营企业的财务经理。最近公司的理财产品卖得很火爆，小吴准备推荐理财产品，与顾客见面后，小吴就直截了当地将理财产品的有利之处做了介绍，结果沟通了好几次，单子也没有签下来。尤其是当小吴说出很多顾客都买了这款产品时，该顾客也无动于衷，最后小吴终于败下阵来。不久后，另家公司的销售员小王通过同学的介绍，也认识了这位顾客，并在言谈中认定该顾客为分析型的顾客，于是在拜访前根据顾客的年龄、家庭情况和收入情况拟订了一份综合保险计划，包括理财、大病及养老。在与该顾客沟通时，小王把交谈的重点放在保存资产和预防疾病风险的讨论上，把计划的具体保障内容清楚地解释给该顾客。结果，不久后，该顾客就在小王这里购买了保险。

该顾客为何会在小王处投保？

小吴在销售的过程中，没有很好地分析顾客的类型，而是直接推销一款自认为很好的产品，而这恰恰就是分析型顾客最为反感的地方。小王则针对顾客的实际情况，较多地提供了一些顾客感兴趣的实际资料，销售过程中也没有显得太着急，这样顾客反而更容易接受。

分析型的顾客讲求事情的准确性，思考时间也较长，因此相应的决策时间和购买行为也会比较迟缓。在与之合作时，销售人员应尽可能多地提供一些准确的资料，不要太着急。

六、自命清高型顾客抱怨处理

自命清高型顾客都喜欢夸夸其谈，认为自己什么都懂，别人还没说出自己的观点，他就会打断人家说："我知道。"这种顾客一般都非常令人讨厌，但销售人员不能表露出自己的真实感受。对于销售人员而言，销售产品、促成成交才是最终目的。

（一）心理分析

自命清高型顾客比较满足、比较自信、比较冷傲，甚至有些自以为是、自命不凡、唯我独尊。这些顾客的症结所在是过于相信自己。

（二）抱怨处理策略

当这类顾客出现抱怨问题时，销售人员要尽量把话说清楚，绝对不要拐弯抹角，不要让顾客在正式签约时有机会找一些不是理由的理由来反悔。与这类顾客接触，要学会恭维和赞美，不能直接批评、挖苦，而是要跟他们讲清楚自己产品的优势和将来所能获得的收益。如果想打开这类顾客的心门，最好了解他们特别的喜好。清高的人必有特殊之处，要投其所好，不能阿谀奉承，但要真诚赞美。对这种顾客，在最后阶段，也可以向顾客讨教。销售人员可以说："先生，您能不能告诉我怎样才能够成交呢？我是不是还有一些地方做得不够好，您能不能给我一些指点？"

七、沉默型顾客抱怨处理

这类顾客老成稳重，不爱说话，对销售人员的宣传劝说之词虽然认真倾听，但反应冷淡，不轻易谈出自己的想法。一般来说，销售人员应该避免讲得太多，尽量使对方有讲话的机会和体验，要表现出诚实很稳重，特别注意讲话得态度、方式和表情，争取良好的第一印象。

（一）心理分析

沉默型的顾客往往表现得很消极、冷淡。这类型顾客不善言辞，任凭销售人员口若悬河，他们依然气定神闲、无动于衷，仿佛在很认真地听销售人员讲，但似乎又心有所想，不轻易把自己的真实想法告诉销售人员，时常令销售人员不知所措。但是，沉默不等于没有想法，这类顾客都很有心机，所以销售人员要察言观色，通过其表情、态度，摸清其内心的真实想法和心理动机。

（二）抱怨处理策略

对这类顾客，销售人员要主动说，不要冷场，可以提出一些简单的问题，刺激顾客的谈话欲；或找一些顾客关心、热心的话题或者是能让他产生共鸣的话题，找准时机打破僵局，让顾客找不出拒绝你的理由。当这类顾客有抱怨问题时，销售人员要尽量多问问题，找出抱怨背后真正的原因。同时，在处理顾客抱怨时，销售人员提供的信息要尽量全面，要有耐心，态度要诚恳、稳重，注意谈话时的态度、方式和表情。要给顾客留下良好的印象，同时要给顾客以足够的思考时间进行决策，这样销售事宜才有可能成功。

八、吹毛求疵型顾客抱怨处理

这类顾客事事追求完美，容不得一点瑕疵。如果顾客对产品看不上眼，他就不会喜欢甚至购买产品！顾客即使想买产品，也会找出一千种产品不好的地方。

（一）心理分析

这类型顾客片面地认为销售人员只会夸张地介绍产品的优点，并且尽可能地掩饰产品的缺点，担心上当受骗，喜欢鸡蛋里面挑骨头，常与销售人员争论。

（二）抱怨处理策略

在处理这类顾客的抱怨问题时，销售人员一定要注意满足对方争强好胜的心理，请其批评指教，让他发表自己的意见和看法。例如：

"张先生，您不愧为科长，您说得非常有道理，我都被您折服了（以这种言辞令对方感到骄傲）。张科长，您看看我们公司的实力，相信您也知道咱们公司具有的国资背景，市场份额行业第一，与您公司的地位非常地相称，以后咱们两家公司合作起来也算是门当户对……"

"王董，您真是高明，而且学识丰富，连这点您也有研究。关于产品品质的问题，您放心，公司早已有相关部门作深入的研究，才研发出这一系列与众不同的产品，来满足像您这一类成功人士的需求……"

虽然这类顾客不轻易相信销售人员，但一般会十分信任权威或知名学者的言论。所以销售人员最好多方引用具有权威的证明，千万不可指责对方，而应先表示你对其言辞的敬佩之意，然后改变话题，进行其他方面合乎逻辑的交谈即可。

九、反应冷淡型顾客抱怨处理

这种顾客出言谨慎，一问三不知，反应冷漠，外表严肃。销售人员除了介绍商品之外，还应以亲切、诚恳的态度与其交流，想办法拉拢感情，了解其工作、家庭、子女以及拉拉家常了解客户的真正需要。

（一）心理分析

这类顾客反应冷淡，不轻易说出自己的想法，令人难以揣测。

（二）抱怨处理策略

处理这类顾客抱怨时，销售人员要表现出诚实和稳重，特别注意谈话的态度、方式和表情，争取给对方良好的第一印象。同时，作为销售人员应避免讲得太多，尽量使对方有讲话的机会和体验的时间，着重以逻辑启导的方式劝说这类顾客，详细说明产品的使用价值和利益所在，加强他们的购买欲望，加强他们的购买信心。

【案例 6-18】

反应冷淡型顾客的抱怨处理

业务经理小李刚进公司时，主要通过直接开拓法积累顾客。有一天，他经过一家外观非常气派的糕饼店。小李一看此店的外观，内心便有了可能会遇到挫折的心理准备。当小李走进店内时，店主正忙于糕点的包装。店主除了偶尔翻白眼瞄一下四周外，看也不看小李一眼。不久，一位好像老板娘的人走了出来，小李立刻向她打招呼，但她也只是冷漠地看了小李一下，便低头默默地做她的工作。小李在该店内足足站了 20 分钟，仍无法与他们进行任何交谈，不得已只好放弃销售的念头。

10 天后，小李再度访问该店时，店主似乎完全忘了上回访问的事。这次小李改变了策略，先请正在做糕饼的店主包装好 10 块糕点。小李付了钱后，拿出两块糕饼当场食用，同时开始了销售活动。

"老板！您的糕点很爽口，真好吃，是您亲手做的吗？是用铁锅烤的吧？用的是砂糖吧？"

听了小李这些话，店主便开始说："不错！你怎么会知道呢？这种饼好吃与否完全在于它的馅料，我们店不使用劣质的糖做馅。你一定吃得出饼的外皮也很好吧！这都是我亲自烤的，不像别家店用机器烤的，那样会使糕点淡而无味。我认为做生意不完全是为了赚钱，如果为了赚钱用料不足，不但会因顾客的批评而无颜面，更对不起自己的良心。啊！我想起来了，你上次来过，你是做什么的呢？"

"我是做销售的，特别喜欢精致、美味的西式点心，我今天来是想买些饼，送给我的一位顾客，因为他也很喜欢吃您的饼。"

"你真是有心人，为顾客考虑得真周到。你是做什么销售的，看看有没有适合我们的？"

在该案例中，小李最开始遇到店主时，本想开门见山，与其交流自己公司的业务，鉴于店主未曾与其展开交流，很明显是反应冷淡型顾客，因此，他放弃了进一步沟通的尝试。在第二次进店时，小李以顾客的身份购买了该店的糕点，现场品尝夸赞了店主的手艺，与店主产生了共同的沟通话题，刺激了店主的谈话欲望。小李随后以购买糕点赠送顾客为目的，让店主感受到小李是有心人，进一步引起了店主的好感。在该案例中，小李并未运用施压、紧逼迫问等销售方法，而是小心谨慎，用诚恳、真心的态度缩短了与店主沟通的距离，为进一步成交奠定了基础。

十、情感冲动型顾客抱怨处理

这类顾客天性激动，易受外界怂恿与刺激，很快就能做决定。销售人员可以大力强调产品的特色与实惠，促其快速决定。当顾客不想购买时，须应付得体，以免影响其他的顾客。

（一）心理分析

情感冲动型的顾客对事物的变化反应敏感，习惯于感情用事，情绪表现不够稳定，容易偏激，稍受外界刺激便为所欲为，对后果考虑不足，对自己的原有主张和承诺，都可能因一时冲动而推翻，即使在临近成交时，也可能突然变卦。

（二）抱怨处理策略

当此类顾客处现抱怨时，销售人员应当提供有力的说服证据，强调给对方带来的利益与方便，不断敦促对方尽快做出购买决定。例如，在某商店里，一对外商夫妇对一只标价8万元的翡翠戒指很感兴趣，只是在价格方面稍感偏贵。销售人员见此情景，做了些介绍后说："某国总统夫人也曾对它爱不释手，只因价钱太贵，没买。"这对夫妇听了此言，欣然买下。

顾客的购买动机不尽相同：有讲究"实惠"的，有追求"奇特"的，还有出于"炫耀""斗富"的。显然，在销售员的刺激下，这对夫妇以此表明自己比总统夫人更阔气。

【复习思考题】

1. 如何处理顾客的异议？
2. 如何与顾客建立同理心？同理心与同情心的区别是什么？
3. 现场抱怨、电话抱怨、信函抱怨、留言抱怨各自的特点是什么？
4. 常见的错误道歉方式有哪些？
5. 当顾客说："你把资料留下，我研究一下再决定"，销售人员应如何应对？
6. 如何运用"价格三明治"法化解顾客对价格的异议？
7. 如果遇到冲动型顾客，应如何处理这类顾客的抱怨？

【综合案例分析】

售楼小姐如何处理顾客异议

（看房当天）

李先生（以下简称：李）：你的房子不够好。

置业顾问王小姐（以下简称：王）请问我的房子哪里不好，希望您告诉我一下，没准我能帮到您。

　　李：离上海市区太远，我们上班不方便。

　　王：如果我是您，我也会觉得我们的房子确实离市区太远。同时我发现您真有眼光，一看就知道这儿远。我向您报告一下，您有没有发现，如果开车，到徐家汇只要20分钟，到人民广场只要30分钟，11号线在世博会就开通了，您还觉得远吗？

　　李：你的房子外观没有万科漂亮。

　　王：如果我是您，我也认为我们的房子没有万科漂亮，同时我发现您是一个很细心的人，这一点太棒了．然而如果我们的外观和万科一样漂亮，是不是我们的价格也要像万科一样漂亮呢？

　　李：你的房子靠近马路，太吵，我不喜欢。

　　王：是的，如果我是您，我也不喜欢靠马路的房子。我发现这个社会上，有很多男人很忙，但不关心生活和家庭，我发现您很关注你家庭的生活，但是您有没有发现，我们这个社区很大，老人和小孩是没有车的，连走出去都很困难，您希不希望老人和小孩一出门就能上巴士呢？

（过了几天，电话）

　　王：李先生，202那套房子已经卖掉了。不过看您那么有诚意，我们又帮您找了一套，要贵8万块，已经被三家人看重了。

　　李：你能不能帮我留一下？

　　王：好的，但是我们这边销售人员很多，如果给您留不住，您不要怪我哦。

（后来某一天）

　　李：这个房子没靠马路，我不喜欢。

　　王：李先生，如果前几天给您说了靠马路的好，现在如果说不靠马路好，相信您也不认同，我就喜欢您这样的人，有什么就说什么，很直率。然而这套房子后面，靠近一个小花园，您看到了吗？

　　李：看到了，怎么了？

　　王：那请问李先生，您的老人和小孩是在家里的时间多呢，还是出门多呢？

　　李：当然是在家里多了。

　　王：那你希不希望您的老人和小孩有个嬉戏的地方啊？

　　李：希望。

　　王：这就是这间房子为什么贵8万块的原因。我们老板都让我们先把中间的房子摁住，不卖出去，一般客户我们都不敢给他说这个。

　　李先生还有别的异议吗？如果没有别的异议，我们把合同签一下好吗？

　　李：我还没有考虑清楚。

　　王：李先生，您还有什么问题没有考虑清楚？能不能给我说一下，说不定我能帮到你。

李：现在已经五点半了，要不这样，我们先回去考虑一下，明天再来好不好。

王：李先生，没有关系，我们早就通知财务，已经等了您半个小时了，再等一会也没有关系。

李：我还要比较一下。

王：李先生，您想比较比较，我非常赞同，说明您做事情是个很仔细的人，我们知道，比较比较对你们客户来讲比较有好处，而且我们发现，买房子由于成本太高，一失足成千古恨，今天你不拿这个房子，这个房子可能就不是你的了。

李先生，如果您还没考虑好，我们再去看看样板房好不好，其实已经看了第四遍了。

李：我还是想再考虑考虑

王：李先生，您想比较比较是很正常的，我们知道，其实人比较东西的越比较越花的，关键是一比较机会就没有了，这样吧，如果您还没考虑好，我们再去售楼处坐一会儿，那边有手机和座机都有，你愿意给谁打电话商量都行。

（过了十分钟）

王：李先生，请问您有没有考虑好？

李：我还是没有考虑好。

王：好的，没问题，如果您还没有考虑好，我们再去毛坯房看一看好不好。

（到了晚上七点）

王：李先生，差不多了吧。

李：不好意思，我没有带够足够的钱。

王：李先生啊，今天我们就不玩这一套了好不好，我不相信您出来旅游，连一张银行卡都不带，哪怕今天先刷 3 000 元或 4 000 元，先刷一下，然后明天再来付首付好了。

分析：

1. 置业顾问王小姐针对李先生的购买异议，主要采取了何种异议处理方法？

2. 李先生是什么类型的顾客？

3. 处理顾客异议应从哪些方面展开？

第七章　顾客抱怨的实施管理

【关键术语】

企业文化　顾客导向组织结构　顾问式服务　顾客抱怨管理体系　顾客抱怨闭环管理　顾客抱怨预防　抱怨管理改进

【学习目标】

◆ 理解开展顾客抱怨管理应做的基础工作
◆ 理解构建顾客抱怨管理体系的作用
◆ 掌握构建顾客抱怨管理体系的构成要素
◆ 熟悉顾客抱怨的预防管理工作内容
◆ 熟悉顾客抱怨管理的改进工作内容

【能力目标】

◆ 能够区分不同企业文化形态在处理顾客抱怨时的影响
◆ 能够辨别顾客抱怨管理体系
◆ 能够梳理出顾客抱怨管理的组织体系的具体流程
◆ 能够运用顾客抱怨的预防管理的具体举措
◆ 能够从抱怨中发现不足并进行抱怨持续改进

【开篇案例】

洗衣店找到了解决方案

某干洗店收到了十位客人关于两天前取走衣物的顾客抱怨。这十位顾客都投诉穿上新干洗的衣服的皮肤感到刺痛。干洗店的经理和员工检查了过去两天使用过的干洗方法，检查结果是一位新员工将干洗用的化学溶液配错了。

经理问员工："我们应该怎么办?"员工纷纷发表看法，有的表示："我们应该给每一位顾客打电话告诉他们真相"，有的不同意且认为"不需要告诉他们"。最后经理说："我们首先要改变化学溶液，以保证其他的衣物不会再使用配错的溶液；然后，给所有在过去两天在我店干洗过衣物的顾客打电话为此道歉，告知对方我们将免费再为他们清洗一次衣物，并赠予另外一次免费干洗。我们要承认错误，告诉他们我们已经改正了错误，而且以后不会再犯同样的错。"

为有效处理本次顾客抱怨，洗衣店采取了以下措施：

(1)发现是化学溶液出了问题，在继续使用之前迅速改变溶液比例。

(2)电话联络那些受到影响的顾客。

(3)口头道歉、承认错误，并与顾客联系他们方便的时间，迅速登门取回衣物免费重新干洗。

(4)登门取衣物时，再表歉意，并提供下次干洗衣物的优惠卡。

第一节　顾客抱怨管理的基础工作

顾客抱怨管理是企业实施"以顾客满意为中心"这一新型战略的重要环节，也是一项创新性的管理工作。企业开展该项工作应具备一些基础条件，最为重要的有以下三个方面：

一、建立新的企业文化

企业文化是组织成员共同享有的一系列规范和价值观。可以说，文化是一种整体概念。由于大家是同一组织的成员，所以就可以解释他们为什么会做相同的事，用同样的方式思考，追求类似的目标，遵守同一条规则。

企业文化可以定义为：企业内部共同的价值观和规范的集合，它赋予组织成员一种信念，向他们提供组织的行为准则。所以，在企业内部所形成的强有力的文化可以使人们以适当的态度待人接物，以合理的方式对各种行为做出反应。

如今，国内多数企业在如何对待顾客的观点上存有两种错误的态度：一种是受长期的计划经济体制的影响，始终是以一种傲慢的态度对待顾客，居高临下，漠视顾客的需求；另一种是满足于企业的现有成就，过分自信以至于同样未能真正认识顾客满意对企业的重要性。而对待顾客的正确观点应该是追求"顾客完全满意"，树立"顾客至上""顾客永远是正确的"观念，踏踏实实地去了解顾客需求，改进企业的工作，为顾客提供使其满意的产品和服务。这三种截然不同的企业文化意识，如表 7-1 所示。

表 7-1　三种不同的企业文化形态

文化心态	对待顾客的态度	对企业的影响
傲慢型	• 认为企业是"上帝的宠儿" • 认为企业总是对的，漠视顾客的意见 • 以怀疑的眼光看待顾客 • 顾客在被证明无辜之前永远是错的 • 顾客投诉是给企业找麻烦	• 顾客投诉不断增加或越来越少 • 更多的顾客不再购买企业的商品 • 企业缺乏改革进，停滞不前，导致市场缩小

文化心态	对待顾客的态度	对企业的影响
自满型	• 认为企业足以立足市场，轻视顾客需求 • 不重视顾客服务问题 • 依靠外部市场调查专家与顾客沟通，而忽略企业自身调查与沟通的重要性 • "顾客至上"只是口号，实际上却远离顾客需求	• 顾客意见多、投诉多 • 老顾客逐渐离去，新顾客越来越少 • 企业失去市场竞争力
追求顾客完全满意型	• 视顾客为上帝，对顾客高度负责 • "以顾客为中心"作为成功的关键因素 • 消除顾客报怨、增强顾客满意与及时的改进是取得良好经济效益的必要条件 • 主动关心、了解和理解顾客，乐于倾听来自顾客的声音（包括批评和抱怨）	• 顾客满意度提高 • 忠诚的顾客越来越多 • 顾客群不断巩固、扩大 • 竞争力因企业诚信而得到维持和不断提升

通过上表的比较可以看出，一旦"让顾客完全满意"成为企业的一种文化，将会给企业带来巨大的益处，而傲慢与自满都会对企业的长期发展带来威胁。

转变企业现有的文化并非易事。众所周知，改变人的已有观念和意识是非常不容易的。尤其是当企业形势很好时，潜在问题看起来还很遥远，或者组织中的大多数成员都无视这种潜在危机的存在，对现有企业文化的变革就难以开始。因此，培育企业文化需要进行细致地策划，同时要有恒心、有计划地进行。首先，企业高层管理人员必须对发展企业文化重视、支持和积极参与。领导人员的以身作则会起到表率作用，这样也就容易引起员工的重视和响应；其次，选择有利时机发起创建新文化的活动。这种时机可以来自于环境的压力，例如：行业竞争加剧，企业的生存和发展受到威胁；顾客需求和期望有变化；国家政策、法规变化；组织结构的重大调整，如管理层的重大变动。

就建立"顾客满意"的文化而言，当前企业主要存在以下两种状况。

（1）"顾客满意"的理念只是从上向下指示式的"要求"而已，尚未扎根于全体员工的价值观中，这就使员工在面对顾客时，便不能设身处地为顾客着想，也不会随机应变，以及想办法留住顾客。

（2）企业上下虽然都有"顾客满意"的理念，但是决策层却未进行系统的流程改进工作，或没有赋予一线员工以足够的权力。基于此，面对顾客的困难，企业员工缺少途径或没有权力来帮助解决；而且容易使员工滋长推卸责任，以及掩饰或开脱各种投诉的恶习。

因此，必须把建立"追求顾客完全满意"的企业文化作为一项长期的系统工程来对待，不仅要从上至下，使全体员工树立"让顾客满意"的理念，还要建立顾客导向的组织机构与工作流程，并为员工提供必要的资源和技能培训，从而避免诸如"顾客至上""顾客永远是正确的"这样的理念流于形式，仅仅成为一种口号。当然提倡一种新的文化最需要的是坚持不懈地进行，而且变革一般不能太激进，而是要根据企业内外部环境的变化逐步推进，尤其是要获得员工的理解和认可。只有这样，以顾客满意为中心的企业文化才可以真正确立，并长期保持下去，产生良好的效果。

二、建立新的企业组织结构

（一）创建顾客导向组织结构的途径

金字塔组织结构，即在组织规模已定的情况下，通过比较狭窄的管理幅度和较多的管理层次设计而使得职能严格划分、层极严格确定的组织结构形态，是一种传统的组织结构设计。传统的组织结构如"直线制""职能制"等都是典型的"金字塔"结构，具有结构严谨、等级森严、分工明确，全面实施层级管理，上级不得越级指挥，下属不得越级报告等特点。这样虽然便于监控，带给了企业一定的秩序，保证了企业的正常运营，但其弊端已日益显露，例如：一是由于管理层次多必然要导致机构臃肿、人员膨胀；二是人员膨胀必然要造成管理成本上升；三是带来扯皮现象增多和管理效率低下；四是管理层次多，势必造成信息传递不畅，甚至会出现信息在传递过程中失真等。

为了达到以市场为导向，以顾客为中心进行迅速而有效的动作，企业可以考虑从以下两个方面对传统的金字塔组织结构进行改进。

1. 金字塔扁平化

减少管理的等级层次，使每个管理人员管理更多的员工。这意味着管理者的作用必须从把工作具体设计为零散的简单任务转入到设计一个基础结构上来，这个基础结构使授权的员工能够从事高质量的复杂工作，并使他们不断地学习如何工作。同时这也意味着员工被赋予了更多的权力。员工们必须清楚了解他们在做什么，顾客想得到什么，如何做才能使顾客感到满意，怎样才能获得更高的质量和效益。

2. 建立翻转的金字塔

在企业中，直接与顾客联系的员工在"一线"，为顾客创造能感知的价值。企业中的其他人员，如后勤部门、中高层管理者和内部工作员工，对一线员工的工作要提供支持。所以管理者应该变以往不了解一线情况却武断地做出决定、制定政策的状况，不再直接干涉日常经营操作决策，而是要依据一线员工反馈的真实的市场信息制定战略，提供有效的资源支持。在这样一种转变了的战略思想指导下，就应在企业内部建立翻转的金字塔形组织结构(见图7-1)。

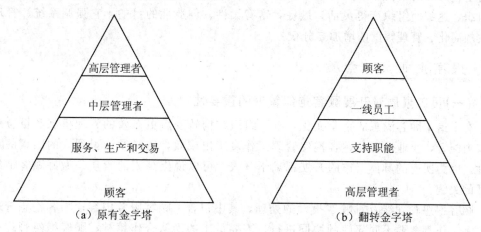

图7-1　不同的金字塔形组织结构

(二)顾客导向组织结构的核心

上述企业组织结构核心的一个关键性的问题是:权力居于何处?当今世界变化迅速,企业要想在一个高速发展的动态环境中生存,管理者必须给予员工创造的自由。这是使企业变得敏捷和对市场做出灵活反应的不可或缺的一条途径。翻转的金字塔组织结构实现了以下转变。

1. 优先权已经改变,管理者不再是金字塔的顶尖

与顾客和市场直接接触的一线员工成为组织等级层次的顶层。一线员工因其对顾客需求的清晰了解,知道如何做最能符合顾客的需求。所以"管理工作"就要部分地从经理层转移到实际生产的层次,这样每个员工都成为其工作岗位上的管理者。出现问题时,员工有权分析情况,决定适当的解决措施,并独立或在同事的帮助下实施。这不但将有助于企业中一般问题的迅速解决,而且解决方案会更贴近实际、更有效。

2. 管理者转变为真正的领导者

部分管理工作中的决策职能分散到一线员工,这并不意味着管理人员不再那么重要。相反,管理者将起更为重要的领导作用。管理者负责授权给员工,组建恰当的工作组,并以恰当的方式对员工进行引导、激励和绩效评定。管理者可以帮助员工获取正确的信息并保证消除获得成功的障碍。同时由于员工进行自我管理,管理者可以照看更多的人。

3. 组织结构的层次可以变少

由于职责和权力由管理部门向一线员工转移,中间层次就可以相应减少,这样企业可以很容易地实现组织结构扁平化的目标。组织扁平化,就是通过破除公司自上而下的垂直高耸的结构，减少管理层次，增加管理幅度，裁减冗员来建立一种紧凑的横向组织，达到使组织变得灵活，敏捷，富有柔性、创造性的目的。它强调系统、管理层次的简化、管理幅度的增加与分权。

三、提高企业员工素质

（一）员工素质对开展顾客抱怨管理的重要性

有了追求顾客满意的企业文化，有了组织结构转变后更有效的管理机制和更合理的权力配置，企业要想使顾客抱怨管理工作真正出成效，还必须认识到人的因素的重要性。因为所有的具体工作的开展都离不开人，可以说提高人的素质是做好顾客抱怨管理的关键。

顾客抱怨管理涉及对顾客投诉的处理，其中包含：顾客服务内容；顾客抱怨管理的许多工作都需要不同部门的协同进行，需要员工的团队合作精神；顾客抱怨管理需要经常进行市场调查、顾客访谈等信息搜集工作，需要员工具备耐心、细致的态度和敏锐的洞察力；顾客抱怨管理经常会揭示企业各部门工作的缺陷并监督其工作的改进状况，这就需要所有的员工具有诚实、正直、负责的处事原则。

进行顾客抱怨管理的目的是提高顾客的满意度，这需要员工保持一贯的工作热情和对顾客真挚的关怀。由此可以看出，进行顾客抱怨管理的每一项工作是员工的主观能动性和员工的综合素质对工作的成效影响巨大，企业必须重视员工培训，充分调动员工积极性，从而确保顾客抱怨管理目标的实现。

（二）培养员工优良的综合素质

1. 树立追求顾客完全满意的观念、清楚认识企业职能

如前所述，企业文化是员工共有的价值观，建设"以追求顾客完全满意为中心"的企业文化对顾客抱怨管理乃至对企业实施新战略都很重要。因此，首先要对员工进行培训，使企业的所有成员消除"非顾客至上"的价值观，从而使新的企业文化获得员工的认同，树立起追求顾客完全满意的新观念。

企业中任何一个人都应该像知道自己部门和职能目标以及个人目标一样，对企业的业务使命、战略和整体目标知道得一清二楚。否则，让员工们真正理解他们所从事的工作是如何重要，是不切实际的。同直接与顾客打交道的员工相比，这对那些在企业内部做支持工作的员工显得尤其重要。

2. 掌握工作的技能和沟通技能

熟练的技术技能是使工作得到高质量完成的前提，这意味着职员知道如何在第一时间正确地工作。如果员工缺乏过硬的技能，工作过程产出的技术质量就会受到破坏，而且技术生疏以及采取弥补措施和重复劳动将进一步降低生产率。如果那些直接与顾

客接触的"一线员工"工作的技术技能不过硬，顾客会感到那些职员缺乏技能，举止笨拙，而且顾客为了获得可接受的技术质量不得不等待更长的时间，并做更多的自我服务。这将影响顾客所感知到的产品和服务质量，降低顾客的满意度。因此，根据顾客抱怨管理工作的需要，提高员工的技术技能是非常重要的，这不但可以提高工作质量和工作效率，同时也是影响着顾客的满意度。

顾客抱怨管理工作经常需要与顾客直接打交道或是直接为其提供一定的服务，同时在企业内业内部也需要不同部门的人员协同工作，所以掌握如何与人进行沟通的技巧对员工而言也是非常重要的。掌握出色的沟通技巧需要进行多方面的培训，常见内容有：有效的表达能力；有效的聆听技能；有效的电话应对技能；有效接待访客的技能。

3. 牢固树立"内部顾客"的观念

传统上，顾客被视为企业外部的个人或组织，这是顾客的传统定位。当然，为这类外部顾客服务必须满足他们需求，并使他们对企业所提供的产品和服务感到满意。但是，在企业内部也存在着使用者和服务提供者的关系。如果企业的"一线员工"想要为最终的外部顾客提供优良的服务，他们就必须得到企业其他人员和部门的支持。例如：顾客抱怨的处理，在顾客服务部受理后许多相应的处理和解决措施都离不开其他部门的密切配合，如果缺乏相关部门的有效支持，可以说顾客的抱怨根本无法得到有效的处理。

内部服务如此重要，但通常情况下，很难使参与支持其他职能的内部服务部门中的员工认识到他们的业绩对最终服务质量的重要性。他们不接触外部顾客，这使他们很容易认为他们所服务的对象只不过是同事而已，他们所进行的工作对外部业绩的影响不大。针对这种情况，引入"内部顾客"的概念是非常有益的。内部顾客的概念为组织内部开展工作提供了一种全新的视角："只有当顾客满意时——考虑的仅仅是满意，而不论顾客是外部的还是内部的——工作才能被顺利地完成。"

以上三方面基础工作，一是建立新的企业文化，使员工形成重视顾客需求，以顾客满意为目标的价值取向；二是建立新的企业组织结构，赋予员工更多的权限和提供更多的工作支持；三是提高企业员工的素质，即根据顾客抱怨管理工作的需要提高员工的综合素质。事实上，实现这三个方面的转变也是企业实施"以顾客满意为中心"战略的必然要求。

第二节　顾客抱怨管理体系的内涵与作用

任何一个顾客抱怨都不会孤立存在，都可能与企业的结构、流程、人员、研发、销售和服务有关。顾客抱怨也将伴随着企业的经营行为长期存在，成功处置一起抱怨比较容易，但要成功处置每一起抱怨却非常困难，需要有效的管理制度来保证。在这种情况下，企业需要系统地分析影响顾客不满意的各种因素，制定并实施有针对性的措施以预防顾客抱怨处置失败。

因此，组织应该通过构建有效的顾客抱怨管理体系来预防和消除这些消极的结果，并维护和巩固与抱怨顾客的关系。

一、顾客抱怨管理体系的内涵

顾客抱怨及升级投诉的原因往往并不是顾客抱怨处理的部门或人员工作不努力，而是因为企业没有建立起有效的顾客抱怨管理体系，从而使产品和服务质量或者投诉结果不能令顾客满意。因此，除了要加强和提高顾客抱怨处理人员的自身素质外，更需要从观念上、制度上、流程上来加强对投诉的系统管理，形成顾客抱怨管理的有效体系。

(一)顾客抱怨管理体系定义

所谓体系，泛指一定范围内或同类的事物按照一定的秩序和内部联系组合而成的整体。因此，顾客抱怨管理体系，即指企业或组织为解决顾客抱怨而建立的方针和目标以及为实现这些方针和目标而使一组要素相互联系、相互作用所形成的有机统一体。

(二)顾客抱怨管理体系构成

顾客抱怨管理体系由以下四个子系统组成。

1. 管理系统

管理系统是负责组织投诉处理原则、方针、目标的确定，资源的调配及决策的子系统，由最高管理者、管理者代表投诉处理机构组成。

2. 处理系统

处理系统是具体负责投诉处理，实现组织的原则和目标的子系统，由投诉处理机构、投诉处理人员、相关人员组成。

3. 反馈系统

反馈系统是负责对投诉处理过程中的信息进行处理，为投诉处理提供依据的子系统。具体包括信息收集、信息处理、信息反馈等工作。

4. 评审系统

评审系统是负责对投诉处理活动及效果与预期目标的符合程度进行评估的子系统。以上四个子系统既各自独立又相互联系，构成一个完整的体系。

二、构建顾客抱怨管理体系的作用

在当今激烈竞争的市场环境下，如何确保以一种准确、有效的方式使顾客反馈的信息及时得到响应，并采取相应的行动纠正或预防问题的再次发生，这对所有企业都具有非常重要的意义。

对于很多未建立抱怨管理体系的企业来说，出现顾客抱怨时，他们通常认为抱怨处理的目的主要是消除顾客的不满意，其着眼点并不在于抱怨的管理，这就势必造成对抱怨管理的随意性和无计划性，如抱怨受理和处理人员救火式的表面处理，问题的重复出现等。

其实，企业在顾客满意管理活动中更应关注管理的整体效应，建立并规范处理顾客抱怨的制度体系和服务流程，提升抱怨管理的整体业绩，同时培育顾客的忠诚度，进一步促进产品和服务的创新，真正使顾客满意。因此，建立和实施抱怨管理体系的作用主要有以下四点。

（一）提高服务顾客意识，改善产品和服务质量

抱怨管理是企业质量管理的一个重要组成部分。企业在提供产品和服务的过程中，很重要的一点是要在企业内使全体员工树立起"让顾客满意"的意识。抱怨管理是与顾客需求和期望直接相关的管理活动，是企业质量管理真实的实践活动。通过建立企业的抱怨管理体系，规范内部的抱怨管理行为，有利于在企业内形成全员关注顾客、满足顾客要求和期望的意识，从而提高企业的质量管理水平，对企业产品和服务质量的改善有着明显的促进作用。

（二）提高企业的声誉，培育顾客的忠诚度

在建立和实施抱怨管理体系的过程中，最基本的要求是消除顾客的不满意，这在很大程度上取决于企业在顾客的抱怨和抱怨出现以后快速的反应能力和适当的处置方法。如果不能及时、恰当地处理好顾客的抱怨，企业的信誉就会受损，顾客的忠诚度就会下降。建立和实施抱怨管理体系，对抱怨管理人员和高层管理人员的职责和权限进行规定和明确，同时设置关注顾客的抱怨管理及其相关的一系列管理流程，这对有效处理顾客抱怨、保持和恢复企业的声誉、提高顾客的忠诚度具有十分重要的作用。

（三）把握改进机会，提高管理水平

在实施抱怨管理的过程中，企业通过对顾客抱怨和对顾客反馈的信息进行统计分析，可以找到产品和服务的瑕疵，可以检讨产品生产过程和服务提供过程中的失误，还可以寻找到新的商机。因此，企业实施抱怨管理体系可以发现问题、分析原因、吸取教训、举一反三，提高管理水平。如果不能从顾客抱怨中挖掘出价值，将顾客抱怨信息资源变为管理资源，这实际上是一种资源的浪费。

（四）降低成本，提高企业效益

抱怨对于顾客和企业双方来说都是有成本的。对于顾客本身来讲，除了造成经济

损失以外，花费的时间和精力也是顾客成本的投入；对于企业而言，企业不仅要负担由抱怨引起的损失赔偿，还要投入大量的人力物力与顾客沟通协调。因此，减少和防止抱怨的发生本身就能降低企业成本。

与此同时，在抱怨的管理过程中，还可能出现生产过剩、服务在运作过程中的浪费现象。所以，只有建立顾客抱怨管理体系，改善顾客服务管理机构，建立顺畅的抱怨管理渠道(如反馈信息卡、抱怨电话电子邮件、顾客回访等)以及规范处理流程，使记录受理、分析处理、反馈等环节都做到系统化、流程化，及时总结出现的问题，不断改进完善管理体系，才能使企业真正提高顾客的满意度，降低成本，实现效益最大化。

第三节　顾客抱怨管理体系的构成要素

"凡事预则立，不预则废"。建立一个成功的顾客抱怨管理体系是一个系统工程，由多项要素有机构成。有效的顾客抱怨管理体系由组织体系、管理机制、专业队伍、抱怨处理部门、跟踪管理等要素构成。

一、建立顾客抱怨管理的组织体系

抱怨管理组织体系主要涉及相关部门在受理抱怨、分析抱怨、处理抱怨和反馈抱怨工作中的职能明确和职责定位。

(一)受理抱怨

抱怨处理环节可以划分为以下阶段：抱怨的受理与传递——分析抱怨——处理抱怨——反馈抱怨。其中一个重要的环节即要确立受理部门和人员。顾客抱怨是顾客需求没有得到满足的内心表达，对企业而言是一种积极的行为。因此，企业应鼓励不满意的顾客积极向企业表达。为了保证顾客的抱怨在传入企业时有规范的界面和路径，同时也为了方便顾客，并能进行合适的处理，企业必须确立专门的部门和专职人员受理顾客抱怨。

如果能正确处理顾客的抱怨，就可以为一个企业的发展提供契机。相反，如果对顾客的抱怨处理不当，它也可能使一个企业陷入困境。因此，抱怨处理的受理人不但要掌握有关产品的知识和使用方法，还必须对产品或服务特点及有关品质方面的问题有很深的了解，最好还能够非常熟悉企业的各相关部门。

同时，抱怨处理的受理人还必须能与顾客进行很好的交流。对顾客做不必要的谄媚或只坚持企业的利益等极端的做法都是不可取的。受理抱怨应注意以下几点。

(1)在电话铃响 3 声以前就要接电话。

(2)声音要清楚洪亮,具有亲切感;

(3)清楚地报上自己企业的名称;

(4)在"电话记录"上记下要点(见表7-2);

(5)消除对方的怒气;

(6)把自己当作负责人谦虚地询问对方相关的问题;

(7)不要打断对方说话;

(8)谈完之后要重复一遍以便确认。

表 7-2　顾客抱怨的电话受理记录(示例)

时间	××年×月×日　11:05	地点	顾客家中
对象	王先生	联系方式	略
物品	××牌洗衣机噪声	品名	MB70-V1010H 7 kg
类型	□交易　□估价　□订货受理　■抱怨　□其他		
内容	洗衣机工作时噪声特别大,且机身外表发烫,希望尽快上门解决处理		
处理	负责人李三,拜访顾客并制定应急对策,调查原因		
受理人	张平	负责人	李三

(二)分析抱怨

顾客抱怨分析过程可分解为三个基本活动:即抱怨分类、重要度评定和原因分析。

1. 抱怨分类

抱怨按内容一般可以分为两大类:有关产品品质和非产品品质。通常,属于非品质类的问题较容易解决。例如:物品数量不足、送货期限延迟、单价不同、物品编号和颜色不符合等。对这些情况主要是由顾客服务部门进行处理,并通知企业内部的相关责任部门。同时,通过统计结果每月上报一次,其主要目的是发现管理上的漏洞,完善企业管理体制,进而减少顾客抱怨的数量。

产品品质是企业参与市场竞争的基础。因此,企业在追求产品"零缺陷"的过程中,根据顾客反馈的需求和意见进行改进,这样针对产品改进的针对性就更强,效果也会更好。因此,在处理有关产品品质的顾客抱怨时应特别予以重视,对顾客抱怨记录后必须通过相应的表格记录整个分析、调查、制定对策和反馈过程。

2. 重要度评定

不同的抱怨内容有不同的紧急程度和重要程度之分。首先必须明确评价抱怨重要程度的标准(见表7-3)。

表 7-3　抱怨重要程度的评价标准

重要程度级别	与产品品质有关的抱怨	与产品品质无关的抱怨
A　重大抱怨	1. 与产品的性能有关，出现大的故障或造成重大经济损失； 2. 出现影响人身安全的情况； 3. 存在发生大量故障的隐患	1. 与法律、法规相抵触； 2. 造成重大经济损失
B　一般抱怨	出现小故障或造成了一定的经济损失	给顾客造成了不变，或引起了一定的经济损失
C　其他抱怨	产品本身无品质问题，属于顾客的期望或不满	不属于企业的承诺范围之内，是顾客期望企业提供的服务

3. 原因分析

对于 A 类抱怨，需要立即与相关部门联系，同时还应该向高层管理人员报告，并召集有关人员召开抱怨处理的紧急会议。由于问题重大，所以一定要派人前往现场调查实际情况，采取相应的应急处理措施。同时，在调查的基础上，在企业内部成立由抱怨受理部门和相关技术部门、管理部门组成的工作小组，以仔细分析原因并最终确立有效的解决方案。

对于 B 类和 C 类的抱怨，情况简单，分析也较为容易。总之，原因分析是处理好抱怨的关键，只有找到正确的原因才能制定正确的对策。

一般而言，可以从以下几个方面寻找原因。

(1)现场调查。与过去类似的顾客抱怨进行比较，也可参考其他企业的案例。

(2)内部调查。例如，调查产品生产过程中的人、原材料、机械、作业方法等。

(3)产品试验。例如，进行产品试验和实验分析，寻找设计上的缺陷。

(4)预估原因。列举产品故障可能发生的原因，推测合理的故障发生过程。

(5)顾客交流。与顾客进行交流，了解顾客的使用方法和个人意见。

(三)处理抱怨

顾客抱怨处理是一项集心理学、法律知识、社会文化知识、公关技巧于一体的工作。要求客服人员具有一定的道德修养、业务水平、工作能力等综合素养，对抱怨者所提的问题给予妥善的解决或圆满的解答。顾客抱怨处理，往往涉及多个部门，最好由客户服务部首问负责，做好相关问题的处理和顾客安抚工作，并由产品服务部门和专业技术部门设立专岗人员协同参与完成。此外，顾客抱怨处理应根据顾客抱怨的不同类别和重要程度的高低来采取不同的策略。

对于 A 类抱怨，首先要进行应急处理。如发生重大产品故障时，需派遣相关人员到现场，进行紧急维修或故障品的调换，这就要求要有完善的补给零件的供给体制。在了解故障原因后就应制定相应的对策。一般而言，对策制定之后要经历试验、小范围实施到最后标准化的一个较漫长过程。同时，还要在此基础上重新确立保证体制，以达到完全消除隐患的目的。

对于 B 类抱怨，通常可以由受理人员根据自身的权限来进行处理。和品质有关的抱怨，可以选择派遣维修人员前往修理，或告知顾客故障排除的方法；与品质无关的抱怨，可以通知相关部门、相关的销售网点或售后服务部门进行纠正。对于给顾客造成的经济损失，在确认合理后应向顾客及时赔付。如果能够在此基础上更进一步，如邮寄致歉信，或在补救措施实施之后打电话询问情况等，这些细节都可能使顾客对企业的印象得到进一步的补救，也能够使企业的服务有别于竞争者。这些就需要受理人员具备良好的综合素质和为顾客服务的诚挚态度。

对于 C 类抱怨，虽然一般情况下并不存在产品品质问题，也并没有企业未履行的承诺和职责，但这类抱怨反映了顾客的不满、期望和企业服务中的疏漏，也即体现了顾客未满足的需求，这些信息对于企业进行不断改进，以向实现顾客完全满意的方向迈进是非常重要的。因此，受理人员应重视这类信息，做好收集和整理工作，以便向管理部门汇报。

【资料拓展 7-1】

某企业处理顾客抱怨的黄金步骤

1. 发挥同理心，仔细聆听抱怨内容

用关怀的眼神看着顾客，不但专心聆听，并且发挥同理心，把对方的谈话做个整理："您的意思是因为……而觉得很不满是吗？"

2. 表示感谢，并解释为何感激顾客的抱怨

顾客愿意花时间精力来抱怨，让企业有改进的机会，当然应该感谢他。更重要的是，先说声谢谢，会让对峙的敌意骤降："谢谢您特别花费宝贵的时间来告诉我们这个问题，让我们能有立刻改进（补救）的机会。"

3. 诚心诚意道歉

万一有错，赶快为事情致歉："很抱歉，我（们）做错了……"即使错不在己，仍应为顾客的心情损失致歉："很抱歉让您这么不高兴……"

4. 承诺将立即处理，积极弥补

企业应先表达积极处理的诚意："我很乐意尽快帮您处理这个状况……"如需要询问细节及其他相关信息，一定要先说："为了能尽快为您服务，要跟您请教一些数据……"

若企业直接咄咄逼人地问道："你是跟谁说的？哪一天说的？你确定他是这么回答的？"顾客会误认为企业在怀疑他并推卸责任，从而会更加恼羞成怒。

5. 提出解决方法及时间表

切忌擅自做决定："就这么办……"，而是要将决定权交给顾客："您是否同意我们这样做……"。通过这样的表述，使决策权掌握在顾客手中，让顾客感觉受到尊重而怒气不再；随后，企业应快速处理错误，并列出解决问题的时间安排，尽可能弥补顾客损失，以挽救顾客心情。

6. 处理后确认满意度

处理过后再与顾客联系，确认对方是否满意此次服务。一方面，企业可了解自己的补救措施是否有效；另一方面，企业也能加深顾客受尊重的感觉。

7. 检讨作业流程，避免重蹈覆辙

最后，当然应该学到改进的方法，以防患于未然。顾客的抱怨不是给企业造成麻烦，而是为企业创造产品或服务改进的机会，企业应借助处理顾客抱怨的时机，适时进行产品或服务改进。

(四)反馈抱怨

反馈抱怨主要包括抱怨处理过程的阶段反馈，处理完毕后的即时反馈及事后的回访。通常企业的抱怨反馈也多由客户服务部门来负责，以形成抱怨处理的闭环机制。如果由产品部门或专业技术部门的专岗人员来反馈，需要重点关注培养他们的抱怨处理技巧。

为了能迅速、完善地实施抱怨处理，可采用抱怨调查报告书来进行处理。一方面，企业应在进行应急处理后将故障情况反馈给制造、设计者，再通过变更设计、防止失误、自动化、改善设备及改善管理体制来进行恒久处理；另一方面，企业应在怨言出现之前就对顾客满意程度进行定期的调查，同时应对潜在怨言进行调查，以便消除可能出现的怨言。表 7-4 和表 7-5 分别是顾客对商品的满意程度调查和对销售人员接待的满意程度调查示例。

表 7-4　××商品顾客满意度调查表

评价项目	评价维度		
1. 购入价格	□便宜	□一般	□高
2. 使用成本	□便宜	□一般	□高
3. 形状、尺寸	□不适合	□一般	□适合
4. 重量	□轻	□一般	□重
5. 材料、质地	□差	□一般	□好

续表

评价项目	评价维度		
6. 性能	□差	□一般	□好
7. 耐久性	□差	□一般	□好
8. 保全性	□差	□一般	□好
9. 操作性	□差	□一般	□好
10. 安全性	□差	□一般	□好
11. 噪声、震动	□差	□一般	□好
12. 设计（形状、颜色）	□差	□一般	□好
13. 其他意见			

表 7-5　××商品销售人员接待满意度调查表

评价项目	评价维度		
1. 礼仪	□没有礼貌	□一般	□彬彬有礼
2. 应答	□不和蔼	□一般	□亲切
3. 表情	□没有生气	□生气勃勃	□感到温暖
4. 对话	□差	□一般	□好
5. 语句使用	□差	□正确	□好
6. 承诺遵守	□拖延	□一般	□迅速
7. 商品知识	□不足	□普通	□精通
8. 一般知识	□不足	□普通	□精通
9. 整体评价	□差	□一般	□好
10. 其他意见			

　　事实上，反馈不仅是在企业有了处理对策之后，而且在处理过程中也同样重要，尤其是对重大抱怨而言。由于这类抱怨的处理都会有一个处理持续期，往往需要经历一段较长的时间，因此要注意在处理过程中与顾客的沟通。对于顾客而言，如果在抱怨发生之后，企业不仅能表示歉意，采取迅速的弥补措施，还能从根本上制定解决方案，就能充分反映出企业的良好素质，帮助企业赢得顾客的信任和忠诚。

二、建立顾客抱怨闭环的管理机制

　　顾客抱怨闭环管理需要建立起抱怨的事前预防、事中控制、事后改善的"三位一体"长效运营机制。

(一)顾客抱怨的事前预防

顾客抱怨事前预防即根据不同抱怨问题产生的原因,有针对性地分别建立起相应的预防措施,及时识别和发现引起顾客抱怨的潜在因素,以采取迅速有效的预防及应急措施,防止或减少新的抱怨发生。例如,建立新产品在正式商用前的测评机制,即在推出新产品之前,由顾客服务部门进行把关,通过对以往类似产品引起抱怨情况的分析,提出需要改进完善的地方,交相关部门进行补充和完善,并明确在顾客针对新产品提出抱怨问题时的抱怨处理流程和预案,以有效地减少顾客抱怨并在顾客抱怨时能够快速有效地应对。

(二)顾客抱怨的事中控制

顾客抱怨事中控制是企业能否处理好抱怨问题提高顾客满意度的关键。为有效地做好顾客抱怨事中控制,企业可以重点考虑建立以下机制。

1. 授权机制

抱怨处理的授权就是明确顾客服务部门各层级抱怨处理人员所享有的权限。适度的授权能够更好地快速响应顾客需求,提高抱怨现场解决率,提升顾客满意度。常见的授权内容包括退费、退货、赔偿、赠送、问题解决、书面道歉等。当然,授权的程度取决于企业对外服务承诺的水平,同时也要考虑因授权引起的管理成本,所以需要权衡授权的程度大小。

2. 联动机制

抱怨处理需要顾客服务部门与各专业部门之间建立起高效的联动机制,可以考虑通过绩效驱动的压力传递,将各项抱怨管理指标合理分解到相关部门。如对于顾客服务部门,可以直接将顾客满意度作为其考核的主要指标;而对于设计、开发、实施等部门,可将顾客服务部门的评价(如相关部门对问题回复的及时率、问题回复满意度等)和顾客满意度同时作为其主要参考指标,以使顾客服务部门能够得到高效的支撑,确保抱怨问题得到及时处理和回复。

3. 升级机制

抱怨处理的升级机制主要是根据顾客抱怨性质及抱怨情况的不同,分别建立起紧急升级流程,以确保重大抱怨、一般抱怨、其他抱怨等问题得到快速响应。比如,针对 VIP 顾客抱怨,可考虑建立企业内部的预警通报机制;针对难以定位问题的抱怨,可考虑建立跨部门的联合会诊机制。

(三)顾客抱怨的事后改善

顾客抱怨事后改善是推动抱怨问题得到最终解决并做好抱怨事前预防的重要环节,其中做好严谨的事后分析是前提,建立完善的问责机制是关键,做好顾客的后续回访是根本。

1. 分析机制

面临市场环境、顾客需求和企业自身产品的不断变化，企业需要建立起抱怨管理的事后分析体系，可采取全面关注和专题分析相结合的方式，寻找顾客抱怨的热点疑难问题，挖掘抱怨管理和抱怨处理的薄弱环节，并进行重点有针对性的改善。可定期召开企业最高层及各部门领导参加的抱怨处理联席会议，分析抱怨问题产生的深层原因，将抱怨难点立为攻关项目，提高企业的快速反应和持续改善能力。

2. 问责机制

抱怨的事后问责机制主要是在相关部门因工作过错或疏忽造成顾客大批量抱怨或升级抱怨，或者出现顾客抱怨问题后处理不当造成问题的扩大，从而给企业形象带来重大负面影响。经过查证清楚原因后，对于相关部门直接负责人和主管领导给予过问或追究相应的责任，以提升企业各相关部门对顾客抱怨问题的重视。

3. 回访机制

抱怨的事后回访关怀可通过认真分析有抱怨历史的顾客特征，按照不同的抱怨类型、不同顾客分类、抱怨时间，采用信函、电话、短信、上门、邮件等不同的方式进行，以收集有价值的顾客信息，更真实地了解顾客的需求和建议，从而不断提升服务水平。例如，可通过定期开展抱怨顾客的满意度调查，了解企业在抱怨渠道的方便程度、处理人员服务态度和能力、抱怨处理时间、抱怨处理效果等各个环节存在的问题，以做好重点持续改善。

三、培养顾客抱怨处理的专业队伍

抱怨服务管理工作需要培养一批处理抱怨的专业人员队伍，在培养专业人员队伍时应重点做好对抱怨处理人员的专业服务意识、专业业务能力、专业处理技巧三个方面能力的培养。

(一)强化专业服务意识

服务意识应扎根于企业每位成员心中，尤其对于企业各层级领导，服务意识更是不可或缺。上下级之间首先需要形成顾客制式的行为模式，后台专业部门抱怨处理人员应树立对前端客服人员进行专业支撑的服务意识，这样作为顾客服务窗口专家的抱怨处理人员才能在面对顾客时展现出更加专业的服务意识。在抱怨处理人员的素质能力中，专业服务意识最为重要，如果一个抱怨处理人员没有设身处地为顾客排忧解难的意愿，很难想象抱怨处理的结果能够让顾客满意。

(二)提升专业业务能力

抱怨处理人员需要向顾客展示更加专业的形象，因此必须具备比普通顾客服务人员更加专业的业务能力。作为后台专业部门的抱怨处理人员，更应具备扎实的业务能力，这样才能有效地解决顾客的问题。抱怨处理人员还应及时总结各类抱怨问题的解决方案，适时对前端顾客服务人员和自身进行专业培训，不断提升前端顾客服务人员及自身的一站式解决问题的能力。

（三）灵活运用专业处理技巧

灵活运用抱怨处理技巧需要具备多方面的综合知识和能力，如沟通能力、语言的技巧、快速把握顾客的心理；需要一定的情绪管理能力，避免情绪失控；需要具备一定的法律法规知识，来保护企业和消费者的利益。以上各种能力都需要对抱怨处理人员进行针对性培养。

四、建立抱怨处理部门

一个抱怨处理部门应该由两个并列的部门组成：运作部门（在每天的基础上对抱怨作出回应）和支持部门（帮助确定和消除问题出现的症结，确保顾客知道到哪里去抱怨，怎么抱怨，了解抱怨是否按照已有的程序处理）。

（一）运作部门

1. 运作部门：输入

（1）筛选。对抱怨进行分类，交由适当的部门处理。

（2）记录。对每份抱怨进行信息记录。

（3）分类。根据事先选好的类别，对抱怨进行编码，从而确定问题的范围。

2. 运作部门：答复

（1）调查。检查内部记录，电话调查，书面信件，专业调查。

（2）明确的答复（抱怨处理中最重要的一步）。根据法律责任、抱怨人的期望妥协折中市场效应、公正的观念和必要的第三方仲裁，作出明确的答复。

（3）作出回复。准备好最终回复内容并传达出去，包括决定和原因。如果做出的回复与顾客的期望不符，写清申述程序。如果回复是口头的，谈话内容应该有所记录。

3. 运作部门：输出

（1）分配。立即马上把最终的答复送到抱怨人那里。

（2）存储和挽救。把抱怨整理在案。

（二）支持部门

1. 支持部门：支配

（1）内部的后继工作。设立和监督答复时间和质量标准；纠正标准背离。

（2）参考的后继工作。把时间、质量标准运用到其他部门、领域和其他企业或代理的答复上；要求最终回复的复印件；请求所有的回复或样本。

2. 支持部门：管理

(1)统计。在政策分析中使用统计学，对抱怨处理办公室的表现进行评估。

(2)政策分析。通过对数据的解释来发现抱怨人的问题、关键事宜和趋势的根本原因所在。问题没有解决所带来的开销可以量化，提出解决方案。

(3)评估。检查给抱怨处理办公室制定的表现目标是否完成，确定需要予以关注的表现方面的问题，处理这些问题。是否需要外面的企业来进行评估。如果不妥，就让其他部门来进行内部评估。

(4)计划。让顾客抱怨办公室享有优先权。计划应当包括抱怨满意的目标设定，确保能够确定新的问题，和整个系统相结合。实现目标的工具可以包括员工培训、消费者教育等。

(5)责任义务。把抱怨处理和预防抱怨的责任落实到具体的个人和办公室。

(6)建立奖励惩罚体系来鼓励正确的抱怨处理，避免以后其他问题的出现。奖励可以是经济的，也可以是非经济的(奖状、称赞)。

(7)挑选、授权和培训员工。挑选会运用人际关系技巧的人员，给他们权利作出及时处理问题的决定，对他们进行胜任工作所需的技术技能培训。

五、顾客抱怨管理的跟踪管理

作为一次成功的顾客抱怨处理活动，在顾客抱怨处理结束之后一定要重视跟踪和管理工作，顾客会觉得自己受到很高的礼遇。同样，把每一次处理顾客抱怨的流程记录备案，以便下次解决类似问题有据可查，有证可依。在这里我们强调的顾客处理系统是终端解决系统，并由企业客服中心管理，以便进行规范化的管理操作。

对于顾客抱怨后期的跟踪管理，包括以下步骤：

(一)记录顾客反馈信息

在完成一次顾客抱怨处理后，不论成功与否，一定要记录顾客的基本信息和联系方式，以便以后的跟进反馈和分析市场的相关数据，但在留存顾客档案的时候一定要注意，首先必须要征得顾客的同意，顾客填写信息后，客服人员一定要告诉顾客，所有信息均为企业留存，用于企业客服中心人员联系顾客，绝对不会泄漏出去。并建议顾客服务中心人员先用短信与顾客沟通，再打电话，以免对顾客造成打扰。终端客服人员要定期将异议顾客记录表上传到企业的客服中心，以便客服中心与顾客做进一步地了解与沟通。同时，客服中心的反馈沟通要保证持续性，终端要按时提交异议顾客的信息，客服中心也要按时与这些顾客取得联系。

(二)获得顾客最终反馈

客服中心要在得到终端提供的信息后一段时间内与异议顾客取得沟通，获得顾客的最终反馈，一方面是确保顾客异议的解决，完善顾客抱怨处理本身的系统；另一方面也是对终端客服的制约和监督。客服中心要在获得顾客反馈后与终端提供的顾客抱怨处理记录对比，确定顾客抱怨记录真实有效，并将顾客的最终反馈录入顾客抱怨记录。

(三)顾客抱怨处理备案

客服中心获得顾客最终反馈后，本次顾客抱怨处理流程基本就结束了，这个时候要把完整的顾客抱怨记录备案，并分类整理，以便以后查询。关于分类，不同的企业可以采用不同的归档方式，这里以零售行业为例，可以将顾客异议分为针对产品的、针对销售人员的。细分针对产品的可以分为针对产品质量的，针对产品功能的等；细分针对销售人员的，可以分为对销售人员的专业性不满和对销售人员的服务态度不满等。再设定一个周期，一般建议为一个月，对整理的档案进行统计，便于培训部门开展有针对性的培训。

(四)找出问题责任人

备案之后，客服中心需要根据现有的相关制度找出客服的主要责任人，并与相关部门进行沟通(如物流企业被抱怨的原因经常是包装破坏或者运输时间过长，根据具体情况向负责检查包装或运输的部门反馈)在这里强调传递信息一定要反映真实情况，并合理客观，不要将个人的理解和感情因素掺杂进去。

(五)定期开展培训

客服中心要与培训部门保持畅通的沟通渠道，定期将记录反馈给培训部门，培训部门根据反馈材料的情况发现营销体系存在的问题，做出合理评估，并有针对性地展开培训。

(六)定期完善顾客抱怨制度

想做好顾客抱怨处理的工作我们必须明白，顾客抱怨处理的相关制度是一个动态制度，需要适时地改进和完善，这就需要客服中心对顾客抱怨的集中点和处理不成功的案例有一个系统性的归纳，从中找出需要完善的点，与相关部门沟通后，完善现有的制度。

第四节　顾客抱怨的预防管理

俗话说："预防重于治疗。"疾病往往是由于个人的不重视、不预防而导致的。同理，顾客的抱怨也是由于销售人员及企业的不重视、不关心而引发的，如何预防顾客抱怨的发生，从源头上减少抱怨，将通过以下几个方面来介绍。

一、提高产品质量

任何企业，如不追求质量、注重信誉，要想在竞争激烈的市场中立足，几乎是不可能的。"千里之堤，溃于蚁穴"，企业忽视产品或服务质量，将不合格的产品或低劣的服务投放到市场中，必然会损害消费者的利益，严重时会危及消费者生命。因此，企业要发展，就必须抓住"质量第一"这根弦。

（一）努力提高产品或服务质量

产品或服务是企业的生存之本，是企业与消费者、经销商、供应商、政府监管部门甚至竞争对手等相关利益主体之间联系的桥梁和纽带。因此，产品或服务的质量是企业的生命线，无论哪个环节出现了问题，都将是企业危机的直接导火索。

1. 提升产品质量的途径

（1）全员树立"质量第一、用户第一"意识。开展质量宣传教育是质量管理的重要基础工作。通过质量宣传教育不断将产品质量意识融入企业核心文化中，牢固树立"产品质量即企业生命、即员工利益"的意识，明确提高质量在企业生存和发展中的重要作用，使员工认识到自己的责任，自觉地提高管理和技术水平，不断提高自身的工作质量，从而达到全员参与质量提高，全面重视品质管理的目的。

（2）制定规范详细的操作流程。严格把控产品制作的各个工序，特别是对关键件、重要件或具有加工难度零件的工序要精益求精，对员工进行工序专业技能培训，对合格者颁发操作许可证，实行持证上岗，确保每位技术工人或服务人员不折不扣地执行每一道工序标准，实现操作过程无任何偏差，生产全过程进入有序的良性循环。

（3）加强产品检验工作力度与频次。严格按照企业规定的标准和客户的要求对产品的各项性能指标进行检验，确保不漏检、不移交不良品、不接受不合格品，对于生产过程中出现的不合格产品按照程序规定实施标志、记录、隔离评估，按评估结论对不合格产品进行处置，并且不转序、不入库，确保出厂合格率达到100％。

（4）构建质量安全的外部责任监管体系。政府要按照《产品质量法》《食品安全法》《消费者权益保护法》《国务院关于加强食品等产品安全监督管理的特别规定》的要求，对各地区的产品质量安全负起总责。监管部门要严格监管，热情服务，切实履行对产品质量的监管责任。特别是要完善市场准入制度，加强对各类企业生产过程落实质量安全责任的监管，加大产品质量监督抽查的广度和力度，建立产品质量安全风险监控体系，加强进出口产品检验检疫和监督管理。社会各界要树立"质量兴衰，匹夫有责"的观念，强化"质量关系人人，人人关心质量"的意识，自觉维护质量安全，坚决抵制质量违法行为。

2. 提高服务质量的途径

服务质量是顾客对服务过程的一种感知，是顾客的"事前期待"和"实际评价"的相对关系。

(1)售前服务。在进行售前导购或提供服务时，服务人员应实事求是地向顾客介绍商品或服务的内容，并提出中肯的购买或消费建议。只有买到了所需的商品或享受到期待的服务，顾客才会建立起对该商品、该企业的好感，从而有助于企业树立起良好的社会形象。例如，某些仪器生产企业为了推销各种仪器，免费培训操作员，同时进行现场表演。这种售前服务使顾客对这些仪器有了进一步的了解，进而产生了购买欲望。

(2)售中服务。在顾客决定购买商品或享受服务时，服务人员要将商品的用法、保养知识或服务的内容等详细告知顾客，以避免顾客因常识错误使商品受损而无法得到企业的赔偿。对一些操作较复杂的商品，企业应该配赠有关使用、保养知识的录像带、光盘或说明书等，虽然这样会增加成本，但能避免退货。

(3)售后服务。这是服务创新的重头戏。目前，许多企业已开始注重售后服务，如规定质量保修期，设立服务电话热线，实现预约上门服务、维修等，这都会增加顾客对该产品的忠诚度。

(二)坚决打击假冒伪劣产品

多年来，假冒伪劣等质量违法行为扰乱了经济秩序，影响了国家形象，损害了用户的利益，伤及了正当企业和名牌产品，造成了生命财产的损失，已经成为社会一大公害。提升产品质量，必须与打击假冒伪劣等质量违法行为同步进行。

1. 坚决打击

对于质量违法犯罪这种伤天害理、祸国殃民的行为，态度要坚决，立场要坚定，手段要强硬。对那些故意违法、造成严重后果的，对那些屡教不改、屡查屡犯的，要重拳出击，严惩不贷。涉嫌犯罪的，要坚决、及时移送司法机关，追究刑事责任，决不姑息，决不手软，真正体现打击力度、震慑力。

2. 真诚帮扶

要伸出两只手，一手打击质量违法行为以治标，一手扶持正当企业以治本。对那些偶发性的一般质量问题，不能一罚了之，而要进行警戒和帮扶，监督和引导企业规范生产，自觉纠正违法违规行为，寓监管于服务之中。对那些管理不严、产品质量不稳定的企业要坚持"打扶结合"，在"打"的过程中帮助企业查找原因，分析利害，寻找对策，研究解决问题，增强质量责任意识、诚信意识，提高企业质量管理水平，真正做到"查处一起案件，教育一个企业；扶持一个企业，规范一个行业"。

3. 持续改进

要使企业始终保持稳定而优异的产品质量，必须克服各种外部因素的干扰，以"我"为主，从自身找问题，坚决贯彻以顾客为中心，实施先进的技术管理手段，建立科学的质量管理目标体系，采用各种具有可实施性的评价方法，不断地寻求自我改进，完善企业质量体系，努力提高质量管理水平。

改进是永无止境的，企业的质量管理体系也是一个与时俱进的过程，只有通过不断地完善和改进，才能推动企业业务运作的规范化，从而提升企业整体质量管理平台，更好地拓展业务，提升核心竞争力。只有保证企业实施质量管理体系的有效性，企业的质量管理工作才能走上良性循环的轨道。

二、建立信任，兑现承诺

（一）信任

相互信任是关系营销的最高境界。顾客关系的最初建立和继续发展的意愿，都有赖于相互信任的程度，否则顾客关系就建立不起来，或者即便建立起来也会很快终止。

要做到相互信任，销售人员首先要做到对顾客的关注，要让顾客确认销售人员不仅关注业务和利益，而且关心顾客及顾客的家人，让顾客感受到他们可以把自身利益托付给销售人员。与顾客建立密切关系是巩固提高顾客信任的重要途径。关心顾客利益、倾听顾客意见、珍惜顾客的时间等都是营造和睦关系的细节和方法。

除了关注顾客之外，销售人员还需要充满诚意。这样才能让顾客感受到销售人员是坦率的、真诚的，销售人员如实地对顾客说明所销售产品或服务的优点与不足，不仅能在顾客心中获得坦率的良好印象，而且还能够提高销售人员的销售信誉，从而获得顾客的信任并乐于接受销售人员。

【案例 7-1】

小张购买电脑的遭遇

小张想换台电脑，看了一家电脑公司的宣传资料，觉得不错，就将电脑买回来了。电脑搬到家后，他开机检查电脑配置，发现其中一项跟广告彩页上的介绍不符合。

他返回去问经销商，经销商说："电脑是整机运来的，机箱贴着封条，我们没动过。如果有疑问，可以拨打免费咨询电话询问服务商。"小张只好打电话询问，服务商告诉他："产品以实物为准，广告印刷可能有误。请注意广告下方的提示语。"小张翻出那张广告，他看到下面有这样几句话："××电脑公司将全力检查印刷中的错误，但对于可能出现的疏漏，××电脑公司概不负责。所有产品图片、规格及价格仅供参考，如有变更，恕不另行通知，请以实物、装箱单和最新价格为准。"字体非常小，不仔细看很容易被忽略。

这已经很让小张生气了，又听说同事买了同品牌同型号的电脑，竟然比他的便宜，他更生气了。小张质问经销商，经销商先是说："促销活动结束了，赠品送完了，商品已恢复到了原价。"可事实上，该经销商并没有促销活动。被揭穿后，经销商不得已才对他说出了实情："你那位同事当时买电脑找的是我们经理，关系不同，自然价格优惠不一样。"一样的客户，两样的待遇，他很不服气，决定以后再也不买这家公司的产品。

广告跟实际产品不相符，顾客上了一次当，就不会再来了，更不会推荐给别人，而且只会告诫别人不要买这家公司的产品。如果企业不能让顾客信任，顾客怎么会信任企业呢？企业作出承诺，却不履行，这是在透支顾客对企业的信任，很快就会被顾客遗弃。

（二）承诺

诚实守信是销售从业人员必备的品质，也就是我们常说的做人成功、做销售就会成功。顾客最担心的事情之一就是销售人员言而无信，说得到但却做不到。因此，不要随意给顾客承诺，一旦答应顾客的事情，务必一一实现。否则，只要有一次做得不好或在没做到，以前所做的一切都会前功尽弃，顾客就会对销售人员产生看法，对行业产生抱怨。

以保险行业为例，承诺主要是书面承诺和口头承诺。书面承诺主要体现在及时履行合同规定的责任，如保险金给付、生存金给付和医疗费补偿的责任；口头承诺就是执行服务承诺，就是销售人员的售后服务。顾客因为相信能获得预期利益才会购买产品，也期望能买得安心、买得放心。要让顾客放心，就需要兑现承诺。

销售人员必须通过自身行为证明自己是值得信赖的。可以信赖意味着销售人员必须在顾客心目中树立务实的形象，绝不轻易承诺无法兑现的事情。销售人员的行为必须与其承诺保持一致，随着承诺的兑现，顾客对销售人员的信赖程度会不断地提高。

【案例 7-2】

银行客户经理的承诺

张大爷今年63岁，靠领退休金过日子。有一笔5万元人民币的存款本月到期，客户经理告知张大爷银行利率低，国内股市价位太高，银行新推出了某只基金产品，不仅风险比股市低，而且报酬率是银行定期存款的好几倍。张大爷对投资基金产品是外行，当时听了客户经理的建议，便将这笔定期存款全部买了该只基金产品。

半年后，张大爷的儿子准备结婚，张大爷记起在银行还有笔钱可以帮助儿子筹办婚礼，想要提取时才发觉这笔钱的价值只有人民币2万元左右了。张大爷非常生气，找到该银行分理处的主管理论。

该案例中，银行客户经理忽视了基金产品风险的存在，无视顾客个体情况，一味推销产品，未在售前阶段清晰表明投资基金产品的风险，给顾客轻易承诺实为不妥。

银行的主管可向张大爷主动道歉，帮助顾客分析原因，由于亏损较大，可向顾客解释只能做一份长期投资。同时，银行主管可提出解决方案，如果结婚急需用钱，可动用张大爷其他短期存款来解决。

三、提升顾客满意度

（一）期望值与满意度的关系

顾客期望值是指顾客对购买产品及服务的心理预期，即顾客心目中的服务应达到和可达到的水平。顾客满意度是指顾客通过对一种产品或服务而形成的愉悦或失望的感觉。如果感觉低于期望，顾客就会感到不满意；如果感觉与期望相同，顾客就会满意；如果感觉超过期望，顾客就会感到高度满意和欣喜。

（二）顾客期望值的分类

由于种种主观和客观因素的存在，不同顾客或者相同顾客在不同情况下对于企业提供服务的期望值是不同的。按照期望水平的高低划分，顾客的服务期望可以分为理想服务、优质服务和合格服务三大类。理想服务是顾客心目中向往和渴望追求的较高水平的服务；优质服务是指顾客心中正常的、使人放心的服务；合格服务是指顾客能够接受的但是要求较一般甚至较低水平的服务。其中，理想服务的期望值较高，优质服务的期望值次之，而合格服务的期望值最低（见图 7-2）。

图 7-2　服务期望值示例图

当一位顾客来到顾客服务中心时，前台服务员殷勤地说："先生，请问办理什么业务？"顾客说："办理交费业务。"于是前台服务员将顾客领到交费柜台。这种服务可称作合格服务。

如果服务员为避免人多，顾客需等待时间太长而影响情绪，请顾客坐到大堂沙发上等候，并为顾客送上一杯水，送上一份最新的报纸，这就是优质服务。

除以上服务工作外，又安排公司服务人员帮助顾客完成交费业务，将交费发票递到顾客手中，顺便核对顾客信息以保障信息的正确性，让顾客花最少的时间完成最多的办理业务，这就是理想服务了。

(三)达到顾客的期望值

真实、客观、全面地收集顾客的反馈，如顾客抱怨、表扬、满意度调查等，并进行整理和归类，根据自身的客观实际，将顾客的反馈转换为期望值。例如，通过简化工作流程，达到顾客寻求方便的期望；通过改善服务品质来满足顾客被关注的期望。

四、提供优质服务

优质服务就是基础服务加超值服务。基础服务仅实现了销售人员应该做的服务工作，超值服务是提供让顾客满意的服务。

(一)预先体验企业服务

(1)给自己企业的客服部打电话，看得到答案的难易程度如何。如果回答得简单清晰，销售人员就可以让顾客放心拨打；如果晦涩难懂，销售人员就亲自告诉顾客答案，并及时向企业反映，提出改进建议。

(2)给竞争对手的顾客联系部门打电话，比较服务水平的不同。顾客的抱怨中常常会将销售人员的服务与其他企业或者其他行业作比较，因此，"知己知彼、百战不殆"同样适用于服务的竞争，做"井底之蛙"只会让销售人员停滞不前。

(3)亲自体验一下企业的服务，检验一下企业的服务流程是否方便、顺畅。统计一次服务所需要的时间，记录下哪些服务项目花费的时间较长，哪些较短。对于服务时间较长的项目，想一想通过怎样的方法可以提高办事效率。

(4)测试顾客服务中心的自动语音系统的质量。销售人员可在给顾客推荐企业顾客服务电话时，可以自己预先测试一下，了解拨打的流程和业务咨询的种类，同时检验一下客服人员的专业知识和态度，做到心中有数，然后将拨打的流程、方法及注意的事项写成服务指南，并打印给顾客，这样不仅节省了我们回复顾客问题的时间，也让顾客感受到了我们的用心服务。

(二)提供附加值服务

随着商品经济的发展，顾客可以在许多企业购买到类似的产品，因此顾客所关心的除了产品之外，还包括可以获得何种附加价值。附加值服务是属于购买商品后享受的额外利益，是一种衍生服务，也是21世纪金融服务的常用手段。例如，银行的金卡顾客，可享受指定商家消费优惠活动、异地租车免2小时租车费用、坐飞机享受VIP贵宾级待遇等附加服务。提供附加值的最终目的是培养忠诚顾客。

【案例 7-3】

"海底捞"的附加值服务

在过去几年里，"海底捞"是餐饮界异军突起的一匹"黑马"，以服务立业的"海底捞"吸引了众多媒体的关注。为什么"海底捞"能够成为中国餐饮业的新生力量？答案即："服务无处不在。"

从停车场开始，客人就进入了"海底捞"的服务领域：佩戴规范的保安敬礼致意，态度细心地为客人停车。走出大厦迎接客人的服务员小姐，带着纯朴而热情的笑容，将客人送往电梯。

等位不要紧，在等待区，热心的服务人员早就为客人送上了西瓜、橙子、苹果、花生、炸虾片等各式小吃，还有豆浆、柠檬水、薄荷水等饮料（都是无限量免费提供），周围在排队的人们，有的在享受棋牌，有的"上网冲浪"，还有的享受店家提供的免费擦鞋服务，等待区还专门为女士提供了修甲服务——也是免费的。

点菜时，服务员是热情得不得了。除了详细介绍特色菜，还主动提醒客人，各式食材都可以点半份，这样菜色会比较丰富。如果菜点多了，服务员会温柔地提醒客人："菜量已经够了，再多会浪费"。

吃饭的过程中，贴心的服务员会主动为客人换热毛巾。此外，还帮客人把手机装到小塑料袋以防进水，为长头发的朋友提供了橡皮筋和小发夹，还为戴眼镜的朋友送来了擦镜布；在洗手间，有两名服务员"伺候"客人洗手，这边为你递上热毛巾，那边护手霜已经为你准备好；最让人舒服的是，不必大呼小叫地喊服务员，因为他们就在不远处观察着你的用餐情况，随时根据你的需求补充餐巾纸、茶水等，真是惬意的很……

"海底捞"虽然是一家火锅店，它的核心业务却不是餐饮，而是服务。如今，"海底捞"每年 3 亿元的营业额似乎印证了优质服务的内在驱动力，正是因为无处不在的服务，"海底捞"的分店大部分时间都保持了每晚高达 3～5 桌的翻台率，堪称餐饮界的奇迹。

(三)提供个性化的服务

21 世纪是信息膨胀的时代，尤其是互联网的发展，给大家足不出户看遍世界的机会。随着社会的进步，顾客的消费越来越理性，需求越来越多元化。仅仅提供传统的、单一的产品很难真正投其所好，满足顾客的需求。因此，除了提供适合顾客需求的产品和服务外，提供个性化服务成为吸引顾客的重要手段。

1. 电子商务服务

在电子商务兴起后，通过电话、电视、网络购买产品不是什么难事。事实上，创新不仅体现在产品本身上，渠道和服务也开始被赋予了更多个性化的味道。

以保险产品网上投保为例，在外企工作的秦女士因为频繁出差，已经习惯了在网上投保意外险。"主要看中它方便和快速，只要动一下鼠标就可以了。"事实上，电销、网销模式与传统的代理人模式，分别适合不同的人群，消费者收入水平、教育水平的提高以及产品的不断创新为多样化投保渠道的发展提供了更多的想象空间。

2. 顾问式服务

顾问式服务形象地说，就是要帮顾客挑出一件"适合他（她）身材的衣服"。顾问式服务是帮助顾客实施"全程无忧服务"，其核心是摒弃传统的以商品推介为中心的"说服式"销售，在服务的过程中，全面实施以顾客为中心的"顾问式"全新服务模式，以最大限度地满足顾客消费的理性需求和个性需求。与传统服务模式相比，"顾问式服务"以解决问题和满足顾客的消费需求为前提，针对顾客不同需求提供个性化和人性化的解决方案，是当今最先进的营销服务模式之一。

顾问式服务首先是了解和发掘顾客的需求，其次是帮助顾客寻找适合的产品，最后是以专业化服务随时解答顾客关于产品的疑惑，保持与顾客的联系。

【案例 7-4】

三个水果摊

一位老太太每天去菜市场买菜、买水果。一天早晨，她提着篮子，来到菜市场。一个卖水果的小贩问："你要不要买一些水果？"老太太说："你有什么水果？"小贩说："我这里有李子、桃子、苹果、香蕉，您要买哪种呢？"老太太说："我正要买李子。"小贩赶忙介绍："我这个李子，又红又甜又大，特好吃。"老太太仔细一看，果然如此。但老太太却摇摇头，没有买，走了。

老太太继续在菜市场转，遇到第二个小贩。这个小贩也像第一个一样，问老太太买什么水果？老太太说买李子。小贩接着问："我这里有很多李子，有大的，有小的，有酸的，有甜的，你要什么样的呢？"老太太说要买酸李子。小贩说："我这堆李子特别酸，你尝尝？"老太太一咬，果然很酸，满口的酸水。老太太受不了了，但越酸越高兴，马上买了一斤李子。但老太太没有回家，继续在市场转。

遇到第三个小贩，同样问老太太买什么。老太太说买李子。小贩接着问买什么李子，老太太说要买酸李子。小贩很好奇，又接着问："别人都买又甜又大的李子，你为什么要买酸李子？"老太太说："我儿媳妇怀孕了，想吃酸的。"小贩马上说："老太太，你对儿媳妇真好！儿媳妇想吃酸的，就说明她想给你生个孙子，所以你要天天给她买酸李子吃，说不定真给你生个大胖小子！"老太太听了很高兴。小贩又问："那你知道不知道这个孕妇最需要什么样的营养？"老太太不懂科学，说不知道。小贩说，其实孕妇最需要的是维生素，因为她需要供给这个胎儿维生素。所以光吃酸的还不够，还要多补充维生素。他接着问："那你知不知道什么水果含维生素最丰富？"老太太还是不知道。小贩说："水果之中，猕猴桃含维生素最丰富，所以你要经常给儿媳妇买猕猴桃才行！这样的话，能确保你儿媳妇生出一个漂亮健康的宝宝。"老太太一听很高兴啊，马上买了一斤猕猴桃。当老太太要离开的时候，小贩说："我天天在这里摆摊，每天进的水果都是最新鲜的，下次到我这里来买，还能给你优惠。"从此以后，这个老太太每天在他这里买水果。

在以上案例中，第一个小贩是为自己卖，急于推销自己的产品，根本没有探寻客户的需求，自认为自己的产品多而全，结果什么也没有卖出去；第二个小贩是在推销。他探寻出客户的基本需求后，并没有马上推荐商品，而是进一步纵深挖掘客户需求，当明确了客户的需求后，他推荐了对口的商品，很自然地取得了成功。而第三个商贩是在帮助顾客购买！他首先获得了顾客的信息，分析出顾客深层次需求，激发顾客解决需求的欲望，然后与顾客建立了关系，把握了商机，最后成功挖掘到了顾客。第三个小贩采用的就是顾问式的销售服务。顾问式服务以解决问题和满足顾客的消费需求为前提，针对顾客的不同需求提供个性化和人性化的解决办案。

五、前瞻性客服培训

顾客抱怨处理之所以难做，很大一部分原因是因为顾客抱怨处理是即时性的工作，需要客服人员有很强的临场反应能力，而大多数人在处理突发问题的时候都不能按正常水平发挥。据调查，人在心情平和的时候，反应能力和判断能力远高于突发情况时的能力，因此，有效地预防和更好地处理顾客抱怨问题，提前预估问题，并为客服人员做好预估培训就显得十分重要。前瞻性培训内容包括以下几点：

（一）产品、服务存在可能被抱怨的点的分析

针对第一点，要求相应的培训部门对新品或服务有一个专业系统的了解，并及时从一线取得反馈，在专业支援下探讨出解决方案。

【案例 7-5】

某女鞋产品的顾客抱怨点培训流程

明年的春款鞋即将上市，培训部门几乎忙得看不到人影。首先要从开发部门拿来新品的简介，并根据简介自我发现可能成为客户抱怨的问题。其次，将分析结果给零售团队，经过零售团队资深销售人员的补充和汇总，整理出可能出现的客户抱怨点，将这些客户抱怨点反馈给开发部门和生产厂家，取得相关技术支持。最后，在新品知识培训结束后，针对这些问题给员工一个标准答案。经过一段时间的销售，反馈是否

可行。如不可行，再做调整。

例如，一款金属贴膜的高跟鞋，培训部门先分析顾客会针对金属贴膜脱落抱怨，便反馈给生产厂家，厂家给到的反馈是要求顾客选用适当的保养方式：禁止曝晒，沾水即擦。

培训部门通过整理，在课程上跟员工讲到：这款鞋可能会出现贴膜脱落的现象，一定要告诉顾客，不要摆在暖气旁边或阳光底下晒，平时沾到水要马上擦干！

销售人员在销售过程中，根据这一特点在顾客购买前就向顾客说明，由顾客自己判断能不能接受，于是减少了大部分相关问题的抱怨。

（二）目前经常被抱怨，却无法及时做出调整的问题

很多问题是一直存在的，但是目前还无法解决，因此培训部门可以在每次培训时候强调这些问题，引起一线员工的重视，达到减少抱怨的目的。大多数服装品牌换季会打折，于是经常遇到顾客因按原价买了衣不久后又控诉打折。换季打折取决于行业性质，并不可能因为企业或个人的意见而改变。

因此培训部门可以告诉员工，在处理这类抱怨时可以跟顾客说：

"您好，这件衣服您买的时候是当季流行，现在打折是因为换季。这件衣服您已经在最流行的时候享受了流行带来的附加价值，而现在买的顾客则不能，因此现在会有折扣，相信您也一定认可。时尚的形象给您带来的收益应该远远大于这点钱，您说对吗？"

（三）目前在处理顾客抱怨中经常犯而尚未改善的问题

这类问题是指虽然多次指出需要改正，但是一线人员仍难免会犯的错误。如很多卖场型零售模式中的紧跟服务，销售人员只是单方面的想促成销售，急功近利的心态反而招致了顾客反感。

【案例 7-6】

好心反而招人烦

某化妆品超市中经常发生顾客正在选购，热心的销售人员走上前去希望能够促成销售，招致顾客的驱赶甚至责骂，最后顾客离去的问题。但鉴于超市营销模式以及大部分顾客对化妆品并不十分了解，需要销售人员的指导帮助的现状，这个问题并不能彻底解决。针对这一点，培训部门要求员工在遇到这类情况的时候，首先要礼貌道歉，并表示自己只是热心想帮忙，如果顾客需要，可以在需要的时候呼唤她，自己愿意随时为顾客服务。

通过这样的培训，能够在一定意义上为顾客抱怨的发生做好准备，使得胸有成竹

的一线人员不必面对突发状况，但并不能完全保证顾客抱怨点的不发生，因此还是需要企业提升顾客抱怨处理人员的素质，用平常状态面对突发状况。

第五节　顾客抱怨的改进管理

随着研究的深入和经济的发展，学术界和企业界已经意识到顾客抱怨并不是完全的坏事。任何企业在经营过程中都不可避免地会面临顾客抱怨，关键是如何充分利用抱怨的信息为企业发展所用，从抱怨中发现企业的不足并从抱怨中持续改进。许多研究已经表明，如果企业能够良好地处理顾客抱怨，还能将这些抱怨顾客转化为忠诚顾客。

一、构建顾客满意度体系

顾客的抱怨行为反映了顾客的不满意，企业应该重视对其处理，以消除顾客不满和了解顾客真正的需求。但顾客抱怨管理仅限于此是远远不够的，因为许多不满意的顾客不一定会采取抱怨行为。不满意的顾客虽然没有抱怨行为，但不满意依然存在，采取的态度就是下次不再购买这个品牌的产品，而购买竞争对手的产品，有的还会将个人不满意的经历告诉其他消费者，使企业的形象受到很大的损害。

因此，企业有必要对未采取抱怨的行为顾客进行调查，通过顾客的满意度分析来全面认识顾客的不满和需求，从而使企业的改进更有效。进行调查所需的主要手段有以下两个。

(一)确立调查方法

调查方法主要包括两种：一是利用顾客满意度调查方法，该方法强调顾客满意是衡量质量的最终标准；二是辅助调查方法，企业不可能每天进行顾客的满意度调查，一般采取定期的方式对所服务的顾客群进行相应的问卷、样本总体、抽样方法调查，或聘请调查公司进行。

(二)设计调查方案

一般性的调查分成五部分进行：一是确定调查的性质；二是抽样方案设计；三是调查问卷设计；四是制订数据处理计划，进行经费预算和进度安排；五是撰写调查方案设计报告。

顾客满意度调查已成为许多企业采用的一种较正规的调查方法，具体进行时可以选择请专门的市场调查公司来组织和实施，也可以由企业自己安排进行。前者较为专业，具有丰富的调查经验，但费用较高；后者熟悉自己的产品、服务和顾客，但一般都欠缺经验，所以适合进行小规模的调查。

二、构建信息管理支持体系

顾客抱怨管理的目的不仅局限于对不满顾客的劝慰和安抚，更重要的是从顾客抱怨中挖掘出有价值的信息，识别出企业服务系统中存在的问题，持续改进服务生产和提供系统，构建企业持久的竞争优势。

（一）信息收集

1. 监督顾客自发性抱怨

检查顾客自发性抱怨是识别服务缺陷，收集顾客抱怨信息的基本方法，免费热线电话、意见卡、建议箱、顾客抱怨登记表等都是发现问题的重要来源。

2. 鼓励顾客提出抱怨

不满意的顾客中直接向企业提出抱怨的只占少数，多数顾客会选择沉默。因此，企业不能仅仅依赖顾客主动的抱怨，而应鼓励顾客提出抱怨。

3. 顾客调查

顾客满意度调查是近年来引起多方关注并且其理论也日臻完善的一种方法。美国Mar-riott饭店每天要访谈 350 位顾客，每年要对 6000 名顾客进行问卷调查。由于顾客满意度调查通常一年只进行 2～4 次，所以企业平时也应注意有关未投诉顾客信息的收集。

（二）信息的汇总和分析

在相当多的企业中，有关顾客抱怨的信息散布在不同的部门，没有被很好利用。要从这些零散的信息中挖掘出有价值的信息，用于企业决策，就必须对从各个途径获得的信息分类汇总并加以分析。对于大型企业来说，建立专门的顾客抱怨信息体系也是必要的。

三、建立授权式抱怨管理制度

一线员工在顾客抱怨处理过程中发挥着重要作用。在抱怨处理过程中，企业可赋予员工一定权限，这有助于快速解决问题，提高顾客满意度，同时也有利于发挥员工的积极性和创造性。

（一）传统抱怨管理和授权式抱怨管理的区别

授权是指与一线员工共享信息、回报、知识和权力的管理实践。授权式抱怨管理较传统的抱怨管理更积极、更主动，往往也更有效，两者的主要区别如表 7-6 所示。

表 7-6　传统抱怨管理和授权式抱怨管理的区别

项目 \ 类型	传统抱怨管理	授权式抱怨管理
战略	1. 抱怨处理人员在企业地位低下，权力有限； 2. 严守企业政策； 3. 对抱怨持抵御态度，顾客无法与有关人员接触	1. 抱怨处理人员在企业具有重要影响，享有独立决策的权利； 2. 顾客满意最为重要； 3. 态度积极。如有必要，顾客可以直接和最高管理层联系
过程	1. 解决问题耗时长； 2. 对顾客抱怨采取书面回复； 3. 烦琐的处理程序和系统，一线员工无获取信息的便捷通路	1. 迅速回复和及时解决； 2. 用电话来加速进程，实现人际接触； 3. 计算机化的系统和简便的程序
分析	对抱怨的分析有限，有限的顾客反馈，仅把数据作为顾客满意的指标	抱怨趋于现场解决。根据顾客和一线员工两方面的反馈来识别顾客满意，并找出需改进的领域

（二）授权式抱怨管理的优势

授权式抱怨管理可为企业带来以下三项重大收益。

1. 快速响应顾客需求

得到授权的员工，在帮助顾客时不需过多的请示。基于对顾客需求的识别，员工可迅速采取行动，为顾客提供最好的服务。即使出现服务失败，被授权的员工也能迅速地采取补救措施，去缓解顾客的焦虑与愤怒，快速地对不满顾客作出反应，而不是令顾客去长时间地等待问题的圆满解决。

2. 提高员工工作满意度

企业允许员工对他们的工作拥有更大的自主权，不仅可提高员工的工作满意度，而且可增强员工的自信心。通过授权，可扩大员工的工作范围，使他们愈发感觉自身对组织良好运转的重要性。得到授权的员工，会有意地在整体服务表现中扮演重要的角色，并会更热情、友善地对待顾客，表示其对顾客的关心。进一步讲，因为员工心情很好，故员工对顾客的态度也会有所提高和改善，并且能独立解决那些曾经很可怕但又无法回避的问题。

3. 企业创新思想的源泉

成功的企业不仅会授权员工处理顾客抱怨，还会鼓励他们利用收集到的信息去提出改进意见。被授权的员工，经常会及时地提出一些新思想和新建议，因为他们具备一种强烈的主人翁意识。另外，由于被授权员工经常出现在一线岗位，故他们是企业创新思想的重要来源，借助这些新思想可改善顾客接待和提高服务提供的效率与效果。

四、建立完备的业务流程

顾客抱怨在各个行业中都存在，是一个无法完全避免的问题。产品(服务)本身的瑕疵、服务态度承诺未兑现、响应速度、工作效率等诸多因素都可能导致抱怨产生。面对顾客的抱怨，真正的服务管理者应该抱着很"欣喜"或"好奇"的态度。因为有顾客抱怨，就说明产品或服务还需要完善。这也是顾客抱怨的价值所在——促进和推动产品和服务的提升、改善。

作为一个功能完善、结构合理的企业或服务部门来说，顾客抱怨管理需要专门部门和专人负责，需要建立完备的顾客抱怨处理业务流程。具体来讲，建立完备的业务流程需要遵循以下原则。

(一)专人负责

部分抱怨是在普通的服务过程中产生的，例如用户咨询以后因对服务人员的反应、态度等不满导致的抱怨。面对顾客抱怨，企业需要有较高素质、较强问题处理能力的专门人员来处理，这是保证优质、高效处理顾客抱怨的根本。

(二)状态跟踪机制

当企业遇到抱怨或者是抱怨升级时常会发现，表面上看，每个处理抱怨的人都做了合理的事情，但是抱怨还是产生和升级了。这是由于没有事件跟踪的流程导致的，多部门配合的时候更容易出现这样的情况。因此，建立事件状态跟踪机制是必需的，因为事情的处理都是闭环的，有头有尾的。

(三)抱怨处理升级机制

有了状态跟踪机制并不能保证事情能得到及时处理，还需要另外一个机制来控制，即抱怨处理升级机制。如果一种抱怨在相应规定时间内没有解决，相关的管理者会逐级得到信息——该抱怨未能及时处理完成以及当前的状态。这样相关管理人员就会逐渐参与到抱怨的处理当中，加快事件的处理。而对于一般的抱怨，专门负责处理抱怨的人员可以处理时，管理者只需要按时得到每周的报告就可以了。

五、塑造让顾客满意的企业文化

要想使客户满意，首先要使员工满意。要使员工满意，塑造良好的企业文化是形成企业凝聚力和向心力的最有效方法。企业文化是企业在长期经营过程中逐步形成的群体意识，它包括共同的价值观、企业精神、企业经营理念、企业形象等，其中共同的价值观是核心。如果企业塑造了以服务或是让用户满意为核心的企业文化，那么，真诚地为用户服务就成为一种价值观和集体意识，就能预防顾客投诉的发生。

塑造让顾客满意的企业文化，具体有以下举措。

（一）尊重员工，提升员工满意度

"顾客"是企业的外部顾客，"员工"是企业的内部顾客，只有内外兼顾，不顾此失彼，企业才能获得最终的成功。员工是企业利润的创造者，如果员工对企业满意度高，他们就会努力工作，为企业创造更多的价值。如果员工对企业不满意，要么离职，要么继续留在企业但是已经失去了积极工作的意愿，这两种结果都是企业所不愿看到的。所以，一个追求成功的企业应该塑造良好的企业文化，应提高员工的满意度，提升员工工作的积极性，从而建立良好的企业和顾客的关系，以减少顾客投诉。

企业提高员工满意度可以从以下三方面入手。

1. 创造公平竞争的企业环境

公平可以使员工脚踏实地工作，使员工感到被尊重，能够全身心地投入到工作中去。公平体现在企业管理的各个方面，如绩效考核时的公平晋升机会和辞退时的公平等。

2. 创造追求进步的企业氛围

社会发展速度越来越快，工作中所需的技能和知识更新速度加快，因此培训已成为企业提高员工工作效率、增强竞争力的必要手段。从员工的角度看，自身的发展进步已成为他们衡量自己工作生活质量的一个重要指标。一个企业发展的机会多，培训的机会多，就意味着晋升的机会多。所以，培训也是员工选择企业的一个优先指标。

3. 创造自由开放的企业氛围

员工普遍希望企业是一个自由开放的系统，能给予员工足够的支持和信任，给予员工丰富的工作生活内容，员工能在企业里自由平等地沟通。在自由开放的企业氛围里，企业领导充当的角色应该是教练的角色。教练的工作不仅仅是训练，还有辅导、参谋、揭露矛盾等。教练工作要求企业领导具备倾听的能力以及表达真实的赞赏、感谢的能力。自由开放的企业应当拥有一个开放的沟通系统，以促进员工之间的沟通，增强员工的参与意识，促进上下级之间的意见交流，促进工作信息更有效地传达。

（二）培养欢迎顾客抱怨的文化

很多企业并没有养成或维持"欢迎抱怨"的文化。企业往往没有清楚地定义出处理抱怨的原则，有的企业制度经常阻碍抱怨的处理。企业应将"欢迎抱怨"的哲学深植于每个角落。

企业应当将最高指导原则告知所有员工。很多时候，顾客会听到第一线员工说"很抱歉，这种情况我不知道该如何处理"，或者"抱歉，我帮不上忙"。可见，许多员工不知道该如何做或怕犯错误，服务意识不够，服务顾客的主观能动性不足。员工必须清楚企业的相关规定，并了解企业的企业文化，运用相关的规定及过往的经历来应对顾客抱怨，及时有效地解决顾客的抱怨。

(三)培养员工参与危机管理的企业文化

在危机处理过程中，很多企业的管理层几乎把所有的注意力集中到外部公众，尤其是媒体，而忽略内部员工。其实在危机处理中，让员工由媒体得知本企业的危机及处理现状，是一个很大的疏忽。

当企业发生危机时，最先产生恐慌心理的除了企业负责人以外，就是企业的内部员工。也许决策层从事件处理的轻重缓急上认为外部公众应优先于内部公众，故在信息传递的对称性上，更多地致力于对外沟通，而忽视了内部安抚，导致企业内部并非每一个人都对危机的真相、危机处理措施等问题非常了解，甚至因此对企业、自身前途的发展感觉茫然。企业遭遇危机时，内部各种职能部门、各工作环节必须密切合作，全体成员必须高度重视并互相关心和合作，做好内部沟通。

企业应尽快将所有的信息和进展情况及时、准确地通报给员工，让员工掌握真相；树立"危机处理是全体员工的事情"的思想，让员工成为危机处理的参与者，而不是旁观者。随时听取和收集员工反映的情况和建议，通过普通员工的渠道，达到比决策层更全面、更广泛地接触和影响顾客、供应商或其他利益相关者的目的。

【复习思考题】

1."追求顾客完全满意"的企业文化对待顾客的态度是什么？

2.企业将员工视为"内部顾客"的可行性如何？此举给员工在处理顾客抱怨时产生哪些影响？

3.如何理解顾客抱怨管理体系内涵及作用？该体系具体由哪些要素构成？

4.顾客抱怨闭环管理的思路是什么？

5.企业抱怨处理部门的具体构成有哪些？

6.企业开展顾客抱怨管理的跟踪管理流程是什么？

7.企业开展顾客抱怨的预防管理的必要性是什么？

8.授权式抱怨管理的优势有哪些？

【综合案例分析】

麦德龙提供顾客满意度的策略

德国麦德龙集团在全球零售业排名第二、欧洲第二，在全世界21个地区拥有2000多家现购自运配销制(C&C)商场、大型百货商场、超大型超市和折扣连锁店、专卖店的零售企业集团。

作为一家著名的零售企业集团，麦德龙以低价吸引顾客，同时配合以会员制、现购自运配销制、供应链管理、一定的本土化、创造积极的社会形象、建立强大的销售网点等手段，以此来提高顾客满意度，赢得顾客忠诚，最终成为零售巨头中的翘楚。下面介绍麦德龙提高顾客满意度的一些策略。

1. 顾客限定

麦德龙更愿意服务集团采购的顾客群，因为批发式经营的操作成本较低。操作成本的减少就意味着人员成本的减少，因此麦德龙的商店不需要太多的人，这样可以提高店铺面积利用率。如果麦德龙不限定顾客，让所有人都来，那么运营成本就要增加，管理难度也会加大。同时，限定顾客可以更容易地分析顾客的特定需求，增加顾客喜欢的商品，移去他们不需要的商品。这样的理念让麦德龙在使顾客感到同样满意，甚至更满意的前提下，所需要商品的品种数目只需其他商场的一半。麦德龙只关注目标顾客，知道他们需要什么，就可以控制品种数目，从而提高顾客满意度。如果服务所有人，就需要更多的投入、更多的供应商、更多的洽谈，同时也会造成更多的不满意，这就是成本。从技术的角度讲，限制顾客范围可以提高经营效率，提高顾客满意度。

2. 主动接近顾客

麦德龙认为无论做什么，都不要忘了供应链的另一端是顾客，这是最重要的。有时，人们一味追求标准化，而忽略了顾客，忽略了提高他们的满意度。麦德龙一贯坚持主动接近顾客的做法，因为整个供应链的运作都是由顾客的需求拉动的，更确切地说是由顾客满意拉动的。因而，麦德龙能站在顾客的角度去思考，提供更加完善的商品和服务。

3. 为顾客提供良好的购物环境

良好的购物环境包括"一站购足"的专业顾客的超级仓库、新鲜的保证、完善的售后服务、专业的大型手推车、直接邮报、内容详尽的发票、严格的商品质量控制、足够的免费停车位、长时间营业等。

4. 为经营人员提供详尽的顾客信息

麦德龙的物流信息不但能详尽反映销售情况、提供销售数量和品种信息，而且还记录各类顾客的采购频率和购物结构，准确反映顾客的需求动态和发展趋势。这使营业人员能及时调整商品结构和经营策略，对顾客需求变化迅速做出反应，从而最大限度地满足顾客需求，提高顾客满意度。

5. 为顾客提供贴身服务

麦德龙采取会员制，对其顾客（特别是中小型零售商）提供贴身服务，如咨询服务、定期发送资料、组织顾客顾问组、对顾客购物结构进行分析、同主要顾客进行讨论，以及帮助顾客做好生意。

6. 设立专门的顾客咨询员

在中国的麦德龙零售商店，每店至少有 15 个顾客咨询员，他们每天都跑出去拜访顾客，了解顾客需求与满意度，然后按照顾客离商店的路程远近、满意程度的高低，将顾客进行分类，对他们进行重点分析和研究。

分析：

1. 麦德龙为提高顾客满意采取了顾客限定策略，谈谈你对这种策略的认识，并说明使用这种策略应注意哪些问题。

2. 麦德龙为提高顾客满意度，做了哪些方面的改进？

3. 提高顾客满意度应从哪些方面展开？

附录　顾客抱怨处理话术集锦

本部分仅以保险行业为例，选取了一些常见的顾客抱怨问题处理作为话术。俗话说"以不变应万变""万变不离其宗"，学习保险行业的顾客抱怨处理话术，也有助于其他服务行业顾客抱怨处理的借鉴使用。

附录 A　售前顾客抱怨处理话术

一、我对保险没有兴趣

1. 对保险没兴趣我很理解，那您对什么有兴趣呢，对赚钱有兴趣吗？保险就是让您更好地赚钱，让您无忧无虑地赚钱，让您辛苦赚来的钱保值并增值，让您体现您的人生价值……

2. 是啊，以前我对保险也没有很大的兴趣，但进入了保险公司后，我才感觉到保险对我们每个人来说都是相当重要的。我给您举个例子吧，空气和水弥漫在我们的周围，我们不会去重视它，对它也没有太大的兴趣，但是有一天，我们因一些状况被围困在山洞里，我们缺少空气难以呼吸，缺少水难以维持生命，这个时候我们一定会感觉到水和空气对我们的重要性，我们一定会对它特别感兴趣，保险也是如此，我相信您吉人天相，一定会一辈子平平安安的，但是我给您一句话：保险，宁可终身不用，不可一时不备！您说呢？

3. ×先生，也许您对寿险没有兴趣，但是我确信，您一定希望能给予孩子良好的教育、亲情的关怀，同时在您退休之后仍有收入，这些就是我们希望与您讨论的。当然让一个人去做自己不感兴趣的事是很痛苦的，但是比如吃饭、睡觉，不是兴趣不兴趣的问题，而是需要不需要的问题，保险也是一样的。在今天这样的社会，您去问问身边的人，谁还没有保险！保险已经跟您每天的食物一样，成为了您必不可少的生活伴侣。

4. 没兴趣！太好了，假如您对保险充满兴趣的话，不但是保险公司，连我都会害怕，因为一个人如果说对保险有兴趣，往往有问题存在。我的一个朋友，说要给她爸爸买保险，经了解发现她爸爸已经生病卧床不起了，当然不能保了。这种事情我们见多了，身体好的时候，不想买、不肯买，一有事想买保险公司不让买。所以不是随便什么人都能买得到保险。您现在可以买、允许买，所以请您给我 5 分钟，您了解一下保险，我相信您的选择是明智的。

5. 我很理解您的想法，但是我觉得应该这样看这个问题，从我们专业理财的角度来讲，保险在一个家庭的资产配置中是非常重要的。您看足球吗？全场的守门员守着自家门，其他队员才能放心往前冲，而保险的作用正如同守门员一样，有了保障，有了无风险的资产配置，您才可以放心地拿其他资金去做高回报的投资，您说对吧？只需要您闲置资金的 20％做保险配置就可以了。

二、保险是骗人的

1. 保险是一种工具，就像汽车一样，如果开车的人遵守交通法规，汽车是我们提高生活品质的很好的工具，如果开车的人不遵守交通法规导致交通事故，那汽车就是肇事的工具了。同理，骗人的是极少部分的代理人，不是保险本身，保险本身是一种很好的工具。

2. ×先生（×小姐），不知道是什么原因让您感觉是骗人的。如果说保险是骗人的，国家怎么会出政策来扶持这个行业呢？如果说保险是骗人的，在全国"两会"上怎么会提出用商业保险来补充社会保险呢？您说对吧？

3. 保险是不会骗人的，我给您看我的顾客的理赔记录，只要在保险责任范围内，没有一件是不能理赔的。问题的关键是您有没有找到一个认真负责的保险营销员，对您的权利、义务做详尽并正确的解释！当然，因为保险的品种很多，有时候因为没有买对产品也会造成一些误会。曾经有一位顾客买了一份终身寿险，有一次他的手臂不小心被啤酒瓶砸伤了，花了一些医疗费用，之后他去保险公司理赔，但因为他没有买意外伤害保险，所以不能报销意外医疗费用。像这样的案例我们遇到过很多，如果业务员不及时说明白，顾客一定会认为买了保险没得到赔偿是受骗了。这就是顾客说保险是骗人的最根本原因。所以，我为顾客设计保险计划都是比较全面的保障计划，我们一起来看一看吧！

4. 保险不是骗人的。你看买车的人都会买一样东西——车险，对吧？为什么呢？就因为开车的人都知道，路上磕磕碰碰的事情经常发生，都是意外，那买了车险，可以把这种风险转嫁到保险公司，多好，每年几千元买了放心和省心。所以保险本身是好的，不是骗人的。社会上会有这样的说法是因为有部分保险销售人员不够诚实。所以您只要了解清楚自己购买的保险是什么内容，就不会这样说了。

5. 保险要是骗人的，国家肯定叫保险公司关门了。您再看看现在国家政策，这两年国家政策是大力支持发展保险业，保险的投资渠道越来越多，经营的业务越来越广。要是骗人的话，保险公司就不会越做越大、越做越强了，是吧？

6. 您真会开玩笑，我们公司是大型国企，国家不会开一家公司出来骗人吧？也许您是听了别人的误传。我今天是代表公司和您签保险合同，合同上面都会写得很清楚，如果您发现和我说的有不一样的地方，在 10 天内您可直接撤销，公司会把所有的保费一分不少地退还给您。

7. 我以前常听人们说这个事，现在好像不多了。说句实话，就算您可以容忍保险来骗您，国家也不会答应的。国家的法律法规早就想到了这一点，白纸黑字写着呢，放心吧。

8. 对于不正当方式的同业，我有责任举报，请您告诉我骗您的那位业务员的姓名和电话是多少？他是怎么骗您的？为什么您会有被骗的感觉？如果是您对保险在理解上有误区，那么请听我给您解释。

三、我不需要保险

1. 我非常了解您的心情，×先生。其实您想一下如果我今天给您推荐一部婴儿车您可能会说孩子长大了，不需要了。但是，这个保障就是要在我们不需要的时候预备一份安心，如果说真的等到需要了，您花钱投保，保险公司也不会给您保了，您说对吧。我相信您家里肯定有防盗门，那您肯定也是在您安居乐业的时候装上的，不是因为知道明天有小偷才去装防盗门吧。其实风险也好、盗窃也好，都是我们很难避免和不可预知的。但是这些措施却是我们为最大限度地保护自己和家人而设的，对吧？

2. 您不需要保险，那您需要保障吗？就好比您的车需要有备胎，平时用不到，可是一旦在高速公路上发生故障，轮胎损毁，那备胎的作用就如沙漠中的甘露。同样，保险在我们平时生活中的功能的确不会显现，但是，在我们人身安全发生风险的时候，它的作用就是巨大的。

3. 您需不需要保险这是您自己最后的决定，但是我想跟您说的是，所谓保险保的就是未知风险。如果说菩萨告诉您能活到100岁的话，那您确实不需要保险，我想问您知道吗？如果您不知道的话，那您就需要为自己将来未知的风险做一些规划。

4. 人生有三大风险：意外、健康、养老。风险面前人人平等，而转移风险的最好方式就是保险，保险是人类经济生命的延伸。因此，保险是每个人所必须拥有的危难时刻的保障，就好像泰坦尼克号船的救生艇和救生衣、汽车上的备用轮胎、墙角边的灭火器。在平常看不出它的作用，可是一旦有了需要，它会雪中送炭，帮助我们共渡难关。因此，保险是人人都需要的。

5. 其实不管您有没有买保险，您都已经投保了。不同的是，是您自己向您腰包投保，还是向保险公司投保？如果您向自己腰包投保，您自己将拿出10万元、100万元，甚至1000万元的钱出来；如果向保险公司投保，这些钱将由保险公司来支付。

6. 那您需要朋友吗？保险就是这么一位朋友，当您生病时给您送医疗金，当您需要养老时给您送养老金的朋友，您需要吗？

7. 现在这个社会上人人都需要保险，人人都有保险，社保不就是最大的保险吗？您有吧，我们的产品就是在社保的基础上为顾客提供更好的保障。

8. 实话告诉您，以前我对人寿保险也没感觉，您知道吗？保险在许多情况下都是与人的生、老、病、死、残相关的，人们和天斗和地斗的结果都希望能避免风险，都期望平平安安，其实我们人有两条命，一是自然命，二是经济命，因为这两条命的背后都存在风险，所以如果我们平时花点小钱给保险公司，当风险来临时，保险公司就可以用这两条命的余力保护家人的日后生活，这就是人人都要有保险的道理。

9. 是不是真的立刻需要保险我不敢说，但在您的办公室或家里，总有一些东西不常用却不得不准，墙角的灭火器，或许过了使用年限都没派上用场。不一定会停电，但手电筒一直放在抽屉里；小偷不一定会光顾，但您能放心不锁门吗？谁都不喜欢保险，但在必要时却是谁也不能拒绝，反倒欢迎都来不及，人吃五谷杂粮总有生、老、病、死，以后面对这一切的不只是自己，而是整个家庭。

10. 我想有两种情况是不需要保险的，一辈子不生病、一辈子不会老，可是没有人能够做到，如果有这么一天的话，国家再也不用为社会保障操心了。

11. 我很理解您的想法，其实人人都是需要保险的，只是需要什么样的保险而已。"天有不测风云、人有旦夕祸福"，危险无处不在，防范风险也是没个人都需要的。您所说的不需要倒使我糊涂了，谁都不喜欢保险，必要时，却谁也不能缺少。

12. 太好了，恭喜您不需要保险，因为需要保险的人现在已经买不到保险了，比如说年老的人，那些疾病在床的病人。

13. 我也不需要保险，但是我还是买了保险，因为当我真的需要保险的时候再买已经来不及了。

四、我很健康，我不需要保险

1. 我现在很健康，我也不需要保险，但是我还是买了健康保险，因为我知道人一生中患重疾病的几率有72%，当我需要保险的时候再买已经来不及了，所以我现在为自己投保了重大疾病保险。所以请您一定要看一下我为您设计的这份计划。

2. 首先，恭喜您有一个健康的身体。其实，保险就是给身体健康的享受的。试想那些躺在病床上的病人，有哪家公司会为他承保，对吧！

3. 每个人都希望自己拥有一个健康的体魄，如果您（每个人）能保证自己这一生都健康无病，那么医院可以关门了，医生可以下岗了，甚至连药房都可以不用卖药了。今天，我确信您是一个健康者，但我们都不知道明天会不会有事发生？没有人能保证在您的人生中，一辈子都是无病无灾、后顾无忧。如果拥有保险，当发生意外风险时，我们有意外险；当发生大病时，我们有重疾险；当年老时，需要老年生活过得更安逸、舒心，我们有养老险，这些都是"对症下药"的。所以当您今天很健康时，您一定需要投保。

4. 您说得好，您目前的确很健康。但是再好的算命先生，也看不清人生健康的风险，如果能算到几岁死亡，买保险是最不划算的，就是因为人的健康寿命算不到，因为健康、疾病是人无法控制的，医生可以帮助患者恢复健康，但是保险公司却可以帮助患者解决恢复健康的费用问题。

5. 恭喜您有一个健康的身体，可是我们同时也知道"天有不测风云"，有准备总比没有准备好。况且，我们的健康保险是有病防病，无病还本的。存了钱，现在有了保障，将来又可以拿还本的钱游览世界各地的山山水水，一举两得，何乐而不为？

6. 恭喜您拥有一个健康的身体。如今，健康这个话题已受到越来越多的人关注，可是我认为越是健康就越要买保险，为什么呢？因为身体是革命的本钱，现在您用自己的身体在赚钱，如果哪一天累了、垮了，把自己积蓄了半辈子的钱都花上了，多不划算呀。我建议您现在只需每个月拿出工资的 10％存在我们保险公司，它不但会延续您的健康，而且还可以给您养老金呢。如果真的等您身体出现了问题再找保险公司，我们也爱莫能助了，所以，趁现在什么都好的情况下，为自己身体的"不贬值"而作准备吧。

7. 恭喜您拥有了健康的身体，这正好符合我们承保的条件。我想冒昧地问您一个问题：您能保证您 10 年、20 年一直健健康康不生病吗？许多人都是发生了问题之后才想到保险，但是保险公司却拒保了，因为只有在身体健康的时候才能保，同时年纪越轻保费还越便宜。

8. 健康的身体是每个人都希望拥有的，但是谁也不敢保证经过岁月的流逝健康不会受影响，毕竟很多事情的发生并不会都在我们的预料之中，就如您所说您平常会很小心，但是意外的发生，往往不以人的意志为转移，您认为呢？现在我们很健康，很小心，所以您认为不需要，但是医院的急诊室每天都有那么多人排长队，相信在他还没进医院之前想法也跟您一样。如果这个时候我们去问他现在买保险好不好，99％的人一定说好！问题是，他们想投保，我们也无法帮助他们了，疾病意外是在人一生中难免会发生的，问题是没有人知道什么时候会发生。

五、朋友、同事们都劝我不要买保险

1. 他们为什么劝您不要买保险呢？据我这些年的调查发现一个怪现象，很多劝其他人不要买保险的人其实自己都已经买足了保险。当下没有买保险的人可以说是极少了，保险跟我们的生活息息相关，不管人身险、财产险、车险……都渗入到我们的日常生活中了。所以他们不了解您，只有您才最知道自己需要什么样的保险。

2. 三年前您买房时，身边的人是否劝您不要买，说房价太高，没必要？人都希望别人和自己一样的，看到周围的人比自己强都会感觉不平衡。您通过努力从老公房换成了公寓房，但身边的人还在老地方，他们都只能羡慕。会理财的人今后的生活就会不一样，有的人越来越富，有的人越来越穷，原因就是不会理财。

3. 您是否购买保险是您自己的事情，利益也是您自己享受的，与任何人没有关系。

其实，您看当今的社会都是非常以自我为中心的。我想问您一个问题，如果您有风险需要 30 万元救急，您的朋友或者是同事能不能给您拿出这么多呢？他们不能！但是保险公司可以做到。

4. 首先，我自己认为朋友是一生中最重要的财富之一，我也相信您的朋友和同事主观上都是为您好，但往往主观的好意未必能带来客观的美好，您可以像我一样掐指数一下，如果我遇到了什么太麻烦能够挺身而出尽其所有来搭救我的真心朋友有几个？如果有，那他们真的有能力救我吗？如果真的能教我，我是否忍心看着朋友未来救我而一贫如洗？反之，如果这几个问题有任何一个不确定或者否定的答案，那么请您为了您的朋友考虑也一定要来参加保险相信您也是一个有知识、有文化和有主见的人，您的朋友劝您不要买保险也许是因为他们还不够了解保险，或者说对保险可能有点误解。而且，我们银行的保险产品跟市面上其他的保险产品不同，您也只能在银行购买到这类保险，它是一种针对储户和理财人士的保险，兼具"理财"和"保障"的功能，没有任何风险存在。如果您相信我们银行、相信××保险公司的品牌，在听过我的解释和介绍以后相信您肯定会消除对保险的疑虑。

5. 他们的出发点是好的，但日子还是要您自己过的。当您遇到困难时候，朋友、同事会大把大把地解囊相助吗？实际上，你我都知道：求人不如求己。与其到时看人脸色不如现在就合理安排。自己关心自己总是不会错的。

六、我有朋友在平安保险公司，要买的话我找他就行啦

1. 您和您的朋友有着共同的生活圈子，所以我想您把自己的资产状况和个人情况告诉他，这样不太方便吧。我是一名在××保险公司的专业寿险顾问。在公司实力上，它是目前国内最大的保险公司，同时我相信您一定希望选择一个专业寿险顾问来为您服务。

2. 嗯，我告诉您，其实身边有做保险的朋友是一件很幸运的事，因为您可以随时去咨询一些专业的保险问题。但是您知道"友谊"的敌人是什么吗？那就是"利益"。您在他那里做保险固然好，但必然会牵涉利益问题，您想想，您和我谈利益容易还是和您的朋友谈利益容易？

3. 好啊！这确实是一个不错的选择。但是有一个小小的问题，您是不是愿意把您的所有的隐私或者秘密与您的朋友一起分享呢？特别是您的财务状况。也许您不介意在朋友有困难的时候经济上支持他一下，但是就目前的社会风气来看，您不说出去也不失为一种选择，不是吗？

4. ×先生，我想您买东西时主要看商品的质量、服务的好坏，并不一定非得买朋友的东西。如果您顾及朋友的面子买了商品，而他不能提供给您专业的服务，最终受损失的是您本人。尤其保险是一种长期契约，是复杂的商品，更重要的是选择具备专

业经验的人员为您服务，我给您提供服务的同时，我们也可以交朋友嘛。

5. 您有朋友在保险公司，为什么到今天还没找他买保险呢？是他没有找您，还是您不愿找他呢？或者是他认为您是他的朋友，所以他在等您开口向他买保险，以免欠您一个人情债？如果是这种情况，那您这位朋友实在太对不起您了。他既然在保险公司服务，应该深知保险的重要性，尤其您是他的好友，他应该义无反顾优先为您处理保险事宜才对，可到今天还没有动静。老实说，万一您在还没买保险前有了什么状况，这损失完全必须由您本人承担。

6. 真感谢您把这个机会留给我们，虽然您有朋友在保险公司上班，这并不重要，重要的是您买了保险没有。我相信您一定有很多朋友在卖房子、卖车子，卖衣服，但是我相信，您所有东西并不全都是跟您的朋友们购买的，您一定会选择适合自己居住的房子、性能好的车子，穿自己喜欢的衣服，是吗？买保险也是同样的道理，因为我们都是经过公司考试合格的寿险顾问，而且我们帮顾客规划的保险，也都是按照顾客的需要设计的，所以您放心，更何况您的朋友如果真的为了您好，应该早就要您的保险才对，现在既然还没要您购买，您就马上让我来给您服务吧。

7. 您有朋友在保险公司是好事，但是保险是个很特殊的行业，它不像医院，找熟人就好。我给您举个例子。您要搬家，您说是找熟人还是搬家公司？万一搬运中磕了，搬家公司照赔，您的朋友就未必能这样。所以，有时陌生人未必就不好。如果我服务得不好，您可以投诉，对吧？您可以在我这先少买一点，试试看，我相信我的服务能打动您的。

七、我现在的钱下一代人都用不完，所以不用买保险

1. 您知道吗？您留给后辈越多财产，就越需购买更多的保险，因为保险是您买给自己和下一代的，而遗产税是交给税务局的。请问，您愿意将钱送给谁！

2. 也许保险您不需要，但我向您提供，一个资产保全的良策，我想您一定不会拒绝，因为我知道这也是造就今天的您的方法，不是吗？

3. 我想说有钱的华人中，李嘉诚应该是最有钱的吧，他曾说过他最大的财富就是给自己和家人买了充足的人寿保险。现在有钱不等于将来有钱，谁敢保证自己20年后还像现在一样有钱呢，对吧？其实正因为您有钱，才更要考虑好财产规划问题，合法避税，把自己的财产完整地交给子孙。

4. 股神巴菲特的投资理念就是：第一条，尽量避免风险，保住本金；第二条，尽量避免风险，保住本金；第三条，参照第一条和第二条。富人不能保证一直富有，但保险就是有效避免风险的最佳方式，不仅不让财富损失，而且还将风险转变成价值呢！

八、我不是本地人，工作一两年就要回老家的

1. 您要是准备回老家，就更应该买我公司的产品了，我们公司是全国最大的寿险公司，在每个县级市都有我们公司的营业厅，连西藏都有分公司，您要打算回家，就先到银行来说一声，到时候帮您办保单转移，您回家也可以取钱了。

2. ×先生（×小姐），您真的非常有能力，有魄力。您赚的每一分钱都是要珍惜的。您在这儿还要工作一两年，钱放在卡里活期利息是很低的，转账回家还要手续费，如果存定期您到老家也不能取。此外，您如果回家过节带大笔现金也不安全。但是如果您买保险就不一样了，不但可以给出门在外的您一份保障，而且还可以让您轻松理财，不仅钱安全了，而且还可以享受分红，让它增值。不管您是在哪里投保的，到期后您可以拿着保单到任何分公司办理到期退保手续。您在这儿打工的这些日子，希望我和您成为好朋友，时常保持联络，等您要回老家的时候告诉我一声，回家之前协助您一起把保单手续办了，这样，您就不会有后顾之忧了！

3. 是的，许多新上海人都有这样的顾虑，同时，您看现在许多人到上海来打工，我相信他们之前肯定也买过保险。我公司最大优点就是跟银行一样，网点遍布全国，一旦您要回老家，手续很简单，只要把您的保险转到您当地的××保险公司就可以了。

九、我宁可把钱存到银行

1. 存钱是件好事。如果您不用照顾家里人，只是自己一个人过好就可以的话，您退休之后说不定就可以靠存在银行里面的钱来过好日子了？

2. 不过您想想看，有几个人可以保持这种定期存一定数量的钞票的意志力直到退休？再说，能不能存足够的钞票到银行里去，这也是一个很大的问题。如果在存足一家人生活保障所需要的钱之前，您有什么万一的话，您的家里人怎么办？×先生，这种客观存在的风险您了解吗？我向您推荐的家庭财务和保障规划不就是解决这些问题的吗！只要签好保单，就算您发生什么万一，您的家里人就可以领到一笔保障金。您是希望让谁来做您的受益人呢？

3. ×先生，把钱放在保险公司和放在银行两者还有个差别。投保寿险，第一次交费后，马上就可以有一笔财富，然后慢慢再付费，这是先享受后付费；而银行储蓄正相反，我们先设定一个目标，慢慢地储蓄，希望有朝一日能有一笔财富，这是先付费后享受。有人说银行是在晴天借你雨伞，下雨天赶紧收回，而保险则是晴天不借伞，下雨天有拿伞的地方。

4. 一个人现在去银行，要求银行马上在他的户头内存 1 万元，以后再由他每年偿还 200 元——如果他还活着的话。假如他在这 20 年内死了，银行得给他家里 1 万元；假如他在这 20 年内变成永久残疾，那么以后就不需要再还钱了；除此之外，假如他 20

年以后还活着，银行得把这1万元还给他。银行会同意这么做吗？当然不能。但保险公司愿意提供这样的服务。

5. 很多人都宁可把钱存在银行也不肯买保险，因为放在银行的钱随时可以用，自己能够掌握，而保险就无法如此顺心取用了。但以功能而论，同样的钱放在银行只有储蓄的好处，而放在保险公司，除了具有储蓄功能外，尚有生命保障、不能工作时的年金给付、医疗支出、全家安全及疾病的支付等功能。

十、我知道保险很重要，但是我觉得现在还年轻，再说刚毕业也没什么钱，等过两年再投保好了

1. ×先生，我有很多年轻顾客刚开始都有您这种想法，其中有个顾客40岁了都还这样认为呢。×先生，其实正因为您年轻，我就更加要鼓励您尽早开始您的财务管理计划。第一，因为您年纪轻，您所交的保费较低，如果再考虑几年的话，保费就会贵些；第二，如果您年纪大了，

2. 身体状况又不是太好的话，保险公司未必会接受您投保。所以，投保是越年轻越好。

3. 有一个比喻，年轻时交保费像口袋里装弹球，有感觉但不重；中年时交保费像口袋里装棒球，有负担但还可以忍受；老年时交保费像随时背个铅球，既沉重又不自在。当您年纪大一点，想保的时候保险公司不一定会接受。人的年纪一大，身体状况总是要差一点，而且毛病比较多，保险公司当然不能用以前身体健康时的标准来承保。所以请您注意，当您想保险的时候，很可能就是保险公司不想保您的时候。

4. 我也是刚毕业，同样我也知道很多和我们一样刚毕业的年轻人，大家都没有什么积蓄却想要储蓄。因为我们都是对人生有思考的人，所以，不管我们有没有钱，我觉得都应该在储蓄、医疗上有所准备。我们现在的年轻人有很大的工作压力，处于亚健康状态，我们有责任为自己的健康打算，因为我们关系着家人；在储蓄上，我们年轻人将来有很多事情要做，这个必要性是不言而喻的，所以，我们更要强迫自己去储蓄，从一点一滴做起，而这两样事情都可以通过保险来加以规划。我可以给您介绍，您考虑一下。

5. ×先生，保险越早买保费越便宜这点您知道吧！我曾经有个顾客，他是主动找我买保险的，当时的情况跟您一样。年轻，刚毕业。他找到第一份工作拿到第一份工资就买了保险。他说：这是一份责任、是对家人的责任。当时我很意外他能有这样的想法，很成熟、很有责任心。他说，现在都是独生子女，父母含辛茹苦地培养他到大学毕业，现在是他该回报的时候了。他说，创业成功需要时间，也许3年、5年，也许10年、8年，但是在这段时间里会发生什么样的事，他不能确定。对父母的责任和爱，迫使他必须学会规避风险、转嫁风险。万一他发生意外，至少不要只留给父母回忆，

因为他们还要继续生活。他相信保险公司会为他承担起这份责任，将他对父母的爱延续下去。

6. 现在年轻人多是"月光族"，保险不仅是一份责任的体现，更是一种很好的强制性存款的方式。今天也许我们的资金无法承担过多的保费，但是合理的分配还是很值得考虑的。您看每个月给自己存多少合适呢？

7. ×先生，保险是一份责任，结婚后我们对妻子、子女负有责任，没有结婚时，我们对父母与兄弟负有责任，何况越年轻保费越便宜，而将来您一定要结婚的。在日本女孩子结婚的条件之一就是看未婚夫是否购买了保险，因为买了保险表示有健康的身体、有相当的经济能力、有责任感。

8. 其实作为我们年轻人来讲，及早做好规划，为我们今后做好铺垫是很重要的。虽然刚毕业赚的钱不是很多，但是每月拿出一小部分作为强制储蓄并不困难，不然这笔钱也会不知不觉地花掉成为月光族的。现在做好准备，将来用到钱的时候更多，您说对吗？

9. 看一下费率您就知道了，越是年轻回报越高，保障也越高。将来买当然也可以，但是那时虽然您的收入高了，但保险费也交得多了，两边一抵，还不如早交早得保障！

十一、保险这个东西太复杂，条款那么多，太烦了

1. 我相信您一定有购物的体验，我们去商场买皮鞋，一般都只是看款式和穿着是不是舒适，很少有人去关心它是怎么生产出来的，而销售人员都会很详细地将它的特点、什么皮质、工艺如何等讲给我们。保险也是如此，正因为它是特殊商品，对从业人员的要求也相对比较高，所以我们派出的都是经过公司培训的专业人士，他们会根据您的具体情况作相应的险种介绍。因此关于那些繁缛的条款就让专家来为您解释，您就放心吧。

2. 对的，保险是比较复杂、条款又多，所以才需要有我们这样专业的销售人员为你们讲解。

3. 保险条款太复杂，所以您应该由我们专业人士为您设计量身定做的计划，并为您提供专业的服务。

4. 您说得对，确实它的专业术语较多。我可以教您一个窍门，任何保险，你只需看它的保险责任条款即可，其他的都是公共条款。

5. 现在办理这款业务很方便，您今天就可以拿到保险单，和存款流程是一样的。

十二、钱都在股票里套牢了，现在没钱买保险

1. 没事，没事。股票终有解套的时候。不然，您还把钱放在里面干嘛？话说回来，保费肯定只占您所有资金的一小部分，它不会太大影响您的总体收益的。股票我们可

以等，但有些事情却不可以等，特别是健康，我们等不起。保险是资产配置的守门员，有了保险做家庭财务的坚实后盾，投资股票才不会担心啊，而且买保险的费用不会占用您太多资金量，每年投一点就可以了，不会有太大压力的。

2. 是吗？您真是一位能干的人。要知道，在我的顾客中炒股的人也非常多，而且和您一样，经济实力是很雄厚的。不知道您想过没有，当您退休后，您还会像现在一样花钱很自由、很宽松吗？既然您正在股海里拼搏，您更应该知道什么是风险。据我所知，大部分炒股者都是赔多赚少，如果您买了分红保险，您不但可以享有最低保证的投资回报，还有身故金和满期金的保障，这是一个增值免税的好事，您不想尝试一下吗？再说了，我没有让您将所有的钱都投在保险上，只是建议您将一部分资金作一下保险支出，我想不会影响您的正常生活，也比较符合国际通行的个人投资法则——三分法，即一份不动产、一份股票、一份保险。

3. 平衡理财是每个家庭都要考虑的事情。一份保险交费不多，不影响家庭的正常生活，但能带来长期稳定的收益。分红保险保本、保值、保赚，是家庭平衡理财的最佳投资产品。股票我要买，但是并不是说把所打的资金都放进去，我们是希望您合理配置您的资产，不要将鸡蛋放到一个篮子里面，要分散投资。

4. 看来您比较喜欢投资，深谙一句话——您不理财，财不理您啊！真的很好，但是如果您不把所有的鸡蛋都放在一个篮子里将更好地充实您家的金库。股票不错，以前我也是这样，后来我把三分之一的钱买股票了，还有一些拿来打新股以代替存银行，还有一些为家人购买了充足的保险，这样即使我出什么事情，也能让家人以后的生活很滋润。以下就是我的保险计划，请看……我们可以在此基础上再做一点修改。

5. 投资股票的风险太大了，您拿出一点点的钱投入保险，对您而言并不成问题，还可以避免在高风险期您往股票里再放过多的资金。

6. 正因为您以前没买保险，所以股票套牢了连补仓的机会都没有。保险还有贷款功能，资金二次使用，在股票低位时买进。再说，风险、大病等在股票套牢时同样也要发生，中国人讲的祸不单行，屋漏偏逢连夜雨，如果买了保险就照样有钱应对风险，不需要股票割肉了。

十三、寿险行业现在比较混乱，新闻里总讲业务员挪用保费或者保险公司不赔的事，保险公司我还是不相信

1. 现在都是通过银行账户划账，别人不可能拿到您账户里的钱，所以这种情况已经不存在了，您提到的只是个别的以前的现象，现在已经很规范了，而且所有在条款范围内的事故保险公司肯定会赔，在理赔时一定要先搞清楚自己买的是什么险种。

2. 天天新闻里讲保险的事情，那不也正好说明买保险的人多，社会关注也多嘛。现在人真的需要保险，您担心的这些事情，在银行从来没遇到过的，您的钱交给银行，

而到期保险金也可到银行来领取，不用把钱给我们个人，有什么事情向银行也可以咨询，难道不成银行还会砸自己的招牌？这样资金的安全有了保险，而您的人生也多了保障，不是皆大欢喜吗？

十四、保险公司太烦了，三天两头电话骚扰，销售人员素质不高，公司的管理也不规范

×先生（×小姐）：您的顾虑真的很现实，现在某些保险公司确实比较混乱。但是您看我本人和我们公司，我本人大学本科毕业，从毕业以来一直从事这份工作，非常热爱它，我们公司也是在三地上市的中央企业，您可以完全放心，在我们公司和在我的手里投保，您可以放一百个心。以下是我给您推荐的计划，请看……

十五、买保险不吉利，我怕不买没事，一买就有事

1. 业务员："×小姐，您是个聪明人，我想一定可以想通这个道理。×小姐，我想请问您，如果保户投保后出事情，保险公司是不是必须赔钱？"

顾客："是啊！"

业务员："如果像您说的只要投保就会出事情，那保险公司是不是赔不完，老早就关门大吉了？×小姐您有没有想过，如果没投保而出了事情该怎么办呢？"

2. 呵呵，×先生，其实我也知道保险涉及的话题总是那么的敏感。您那么排斥这个话题，说明您很担心这样的事情万一发生了该怎么办。由此可见您是一个非常有爱心的人，我们都很担心自己或家人发生那个万分之一的意外，意外什么时候发生，这点我们真的是无法预料。不买保险不代表不会生病、不会摔跤、不会身故吧！现实就是那么的残酷！反而是买了保险，作好万全的准备，这样才会避免我们在触霉头的时候没有后顾之忧！

3. 不吉利的不是买保险，而是发生事情的时候一点保障措施都没有。

4. ×先生，我想问您一个问题，是先有医院，而后才有疾病吗？如果是这样的话，干脆把医院拆了，医生全部改行，我们就不会再生病了（开玩笑式地说明）。其实，人会不会生病和有没有保险没有关系，但是有保险的人生活较安心、有靠山，没保险的人没有安全感，差别仅此而已。

5. 我从事保险工作已经两年了，我每天访问 5 个顾客，和每个顾客谈 10 次，一天就是 50 次，一年是 18250 次，两年是 36500 次。你知道有多少人死了吗？一个也没有！根据我的经验，越谈死的人越死不了，不谈的却很难说，所以，我们还是继续吧（以玩笑口气相对）。

6. 您是在说笑话吧，如果您是说真的，我告诉您，保险就是保平安的，是转嫁个人风险的好方法。如果按照您的逻辑，保险公司岂不是负债累累，早就关门大吉了。

在一些发达国家，都是100％参加保险，岂不是很难有人健在，不是全出事了吗？而事实相反，100％投保的发达国家，不仅人丁兴旺而且国富民强，人们的生活质量也很高。所以说您的顾虑大可不必，作为朋友，我觉得我有义务和责任以专业技能为您提供最优质的服务，让您一生无忧。

7. 您真会说笑话！请反过来想想，真的有了事，没有买保险才是真的不吉利哦！

8. 我们这款理财产品是储蓄为主，意外保障是赠送的。您要是说不买没有事情，一买就要出事情那我今天还不敢让您买了，因为您要是怎么了，我们还要赔3倍的钱给您，所以您就安心地把钱存在这里吧，好产品不是天天有的，不要错过机会。

9. 按您的说法，如果保险公司关门的话，是不是世界上人人都平安了呢？其实保险已深入我们生活的方方面面，比如，家里的燃气、家电等都有保险，而我们的社保也是保险，好像还没有人认为一交社保就会有事，而不要社保，您说是吧？

10. 其实买保险就好像请了一张护身符。买的人一般不出事，不买的人出事的可能倒更大。买保险的人更有责任感，而且保险是我为人人、人人为我，是一种善举，也是善行的最高境界。我有很多顾客买医疗和意外保险。当他们享受到保险利益的时候，他们真的会从心底说买保险实在是太好了。

十六、除了保险，谈什么都可以

1. 好的，那您觉得，您现在最想解决的人生中的大事是什么？

2. 那我们就谈理财，我们银行推的产品主要是理财为主，顺便有一份意外保障保险，这本来就不要您掏钱，到期您把东西带齐，到银行来就可以了。

3. 哈哈！×先生，"保险"两个字是没有什么可多谈的，但是生活当中到处都又体现着"保险"两个字含义的东西。比如说，您请我坐的椅子是四条腿而不是三条腿，因为四条腿牢靠、安稳，也即坐上去"保险"，不会摔跤。又如，我很感谢您刚才为我倒了4杯干净的水，您不可能给您的朋友倒一杯不干净的水，因为喝了干净的水"保险"，不会生病。同样的道理，我们家庭经济，我们应负的责任用什么来作保障呢？这就需要"保险"二字。其实，"保险"并不可怕，它只不过是"一人为万人、万人为一人"，它是使我们及家人无论遇到何种意外事故都能正常生活下去的保护伞。

十七、物价上涨，钱会贬值，不要买保险

1. ×先生(×小姐)，您的想法我可以理解，但是您想一下，我们这个计划从第一年开始就有收益和保障，交费一直到最后一年都不会增加您一分钱，又不是一下子交的。您一直都交这么点，现在觉得对您生活没太大的影响，那将来更不用担心了，对吧？至于物价上涨。钱会贬值，这个是国家控制的，放到哪里、投资什么都一样，您说对吗？

2. 物价上涨，保险公司无法控制，但分红保险中的分红功能可抵御通货膨胀，如 2008 年通货膨胀率是 4%，本公司分红 5.9%，有效抵御通货膨胀。分红保险上不封顶、下有保底、保值增值、复利滚存，是优于银行储蓄的理财方式，特别适用于中长期投资者。

3. 您这话太对了，现在物价涨得不得了，西红柿以前一元买一斤，现在一元能买一个，钱越来越不值钱了。所以越是这样，越要做点准备，投资一点抵御通货膨胀还无风险的理财产品是最合适的。分红险最大的好处就是有效抵御利率通货膨胀，由专家理财，您可以放心。

4. 货币一旦贬值，不论是存在银行或是随身带同样都会受到影响，何况保费不是投保时一次交清的，今天所交的保费，是保障今天保险币值，明天的保费，是保障明天保险的币值，绝不会因为货币贬值而使您吃亏的。

5. 如果有一种保险是专门防止钱贬值的，您有兴趣吗？

6. 您说得太对了，生活现状就是物价飞速上涨，金钱的购买能力大大下降了；可是我们是不是因为这样就不存钱呢？我想您肯定不会，这样肯定越要多存钱，因为未来需要更多的钱来维持生活嘛，是不是？不过我相信以您对经济市场的敏锐，您也知道对于普通老百姓来说，存钱只是使更多的钱陷入贬值的境地，而稳定的投资渠道是多么难找。一些稳定的高回报的投资，普通百姓无法染指，而股市房产等更像投机，总是让人心里七上八下不踏实。现在中国市场分红险保费占寿险保费比例高达 80%，说明随着分红险的成熟，越来越多的人选择分红险抵御通货膨胀，使自己的资产保值增值。这些年来，事实也证明，分红险确实是一个保障自己资金安全的绝佳方案。您在这方面也颇有研究相信也会认同我的观点吧？

7. 物价上涨钱会贬值，但我们不可能现在就把钱全花完，因为人生存在意外、健康、养老三大风险，我们只有在拥有保险保障的前提前下享受生活，才能后顾无忧。保险公司有专门的理财专家，帮我们打理财产、保值增值，所以买保险就是两全其美之事。

十八、我光棍一个，保什么险

1. 业务员："如果您结婚了是不是就会考虑买保险呢？"

顾客："是啊。"

业务员："为什么结婚了就会买保险呢？"

顾客："因为结婚了就有责任感啊！"

业务员："看来您内心还是很有责任感的，将来嫁给您的女孩一定很幸福。我想问您从小到大是谁给您买衣服，谁送您去学校读书，谁为您操心一切的呢？"

顾客："是父母啊！"（启发需求）

2. 光棍一个？您说笑了。现在有一种说法就是：只要世上有您牵挂的人，您就有责任，就不能算光棍。买点保险不为自己也为他们啊！况且您年老之后也得为自己打算啊！

3. 保险是让您的财产保值增值，和您是不是单身没关系。只要是有理财意愿的人都可以考虑相应的保险计划。

4. 就因为您单身才比其他人更需要保险。您现在是身强力壮很能赚钱，但是到老了是什么情况就不知道了。我们的保险可以帮助您用钱防身，保证到老都有可观的可支配财富使用。人家都说买保险是出于爱家人的考虑，其实，最关键的一点是爱自己啊，您看您今天准备给未来的自己建立 5 万元还是 10 万元的爱心基金呢？人都会老、会病，到那时候，保险就是您的孩子。

5. 您真幽默，人生是赤条条来赤条条去没错，但是人生过程中我们绝不会是孤家寡人一个。从我们出生到长大成人，父母无私奉献，为我们付出了很多，而我们又回报了什么呢？有时候我看到一些报道，说父母省吃俭用把孩子培养成人，眼看大学毕业，可以松一口气了，结果孩子生了重病，使得父母不仅不能得到回报，还要继续打拼给孩子赚救命钱。更惨的是白发人送黑发人，老人老无所养，晚景凄凉……一看到这些我就想我能为我的父母做点什么？万一我生病了，我治病的钱是要我父母继续帮我还是找其他的机构来转移经济上的压力？万一我走了，我是不是可以找个机构给我父母一笔钱，让他们安享晚年呢？

6. 您现在单身一人，您就更应该为自己做一份合理的资金规划，进行中长期的投资，让自己的现有资金能够得到优良的保值增值。也许在不久的将来，您遇到了生命中的另外一半，您现在的投资，到时候就刚好能派上用场。关键的时候，您有一个稳定的资金收益作为坚强后盾，提高了自身的身价，增加胜算的筹码。

十九、我先生已经买了保险，所以我不需要

1. 您先生买好了，那您更应该给自己买一份。他有事业，给家里挣钱，是家里的顶梁柱，可您也很重要，里里外外的一切不都是您操持的吗，您要是真的累倒了，那家里岂不也乱了。两个人都有份保险，做起事情才能更安心。

2. 您先生买了保险，说明是他对家庭献上的一份爱心和责任心，祝福您找到了一位既有爱心又有责任心的丈夫。但风险对每个人来说都是无处不在的，您老公的风险转嫁给了保险公司，如果万一您有什么不测，老公的保险保障是不能为您遮风挡雨的，只有您自己亲自拥有保险保障，才会将家庭的风险降到最低点。

3. 开个玩笑：如果把保险比做衣服的话，事实上他的就是他的，您的就是您的。不可替代的，替代的衣服不合身，替代的保险是不合体的。

4. 您先生已经买好了保险，说明你们家庭对保险还是认可的，作为您的话，就更

加需要了，如果您先生买的保险是以您作为保险人的话那您可以购买一份保险，被保险人是您先生，让您对先生的爱也得到很好的证明。

5. 恭喜您的先生购买了人寿保险，可您为什么不需要呢？现在，风险无处不在，它不会因为您没买保险，就从您的身边绕过去，您说是吗？而且，不管穷人、富人，风险要来时算也算不出、躲又躲不过。您和您先生都是家里的顶梁柱，缺一不可，我也知道您是一位有责任心的人，所以，您是一定需要保险的，对吗？

二十、我要移民，买了保险有用吗

1. 当然有用的！保险是财务规划和您住在哪里是没有必然的关系。我们这里就有不少像您这样的顾客存在的。

2. 肯定有用！如果您买的是养老险和分红险，移民并不妨碍您的领取，如果买的是健康险，您在国内就诊同样可以得到理赔。

3. 现在的保费还在交费期，若要退掉，顶多拿回五成左右，不太划算的！而且您尚未确定什么时候移民，更何况移民与保险并不相互抵触，您到国外去，照样需要保险，像美国那种高医疗费用的国家，如不赶快买个医疗险，万一发生意外，医疗费用将昂贵到您无法忍受的地步。所以您非但不能放弃旧有的保险，更应该衡量一下现在的状况加保，若是您移民出去，保费可以寄回来交啊，完全不会影响到保障的效力，这也可以当做您在国外购买保险前的缓冲。

4. 业务员："×太太，如果您移民5年后再回国探亲，那您会不会担心放在银行的存折领不出来呢？"

顾客："不会啊。"

业务员："×太太，您凭什么相信银行会给付这笔钱呢？"

顾客："我有存折啊！"

业务员："是啊，×太太，您想保险公司是凭什么付钱给他的保户的？"

附录 B　售中顾客抱怨处理话术

一、业务员跳槽了怎么办

1. 恩恩，×先生（×太太）如果我不做了，那我就没有收入了，我会比您更难过！如果大多数的人都像您一样看得起我，都向我买保险，我就不会不做保险了。×先生（×太太），您决定要让我服务了吗？

2. ×先生，我很理解您的想法，我想问下您今天把钱存入银行，明天要领时您会不会坚持向原来帮您经办存款的小姐领款？应该不会是吧，保险和银行一样，它只认您的保单，只要是有效的都会有人为您服务。×先生这个保单您放心，我一定会服务好的，您看是不是请您在这里签个名字？

3. 考虑的这个问题是有的。但是您放心，既然您选择的是我们这样的大公司，就是信任我们公司、支持我们公司，您的保险合同是跟我们公司直接签订，就算业务员跳槽也无任何影响，而我们为了回报您的支持，也会让更专业的业务员为您服务，一定会让您满意的。

4. 如果您去买电脑，您会十分在意业务员的变动吗？所以说买保险是和保险公司签约，业务员是重要的但绝不是主要的，保险公司才是您先要考虑的要素。

5. 对的，您说得很对，这个行业人员变动相对其他行业来说确实稍微频繁一点，而这正是这个行业的魅力，它在不断淘汰不适合的人，通过自然选择，使得为顾客服务的人最终都是专业的人才。比如说我，就是在这样的机制下留存下来的优秀人才，由我来为您服务，您还有什么不放心呢？另外您是和公司签的合同，我是代表公司来和您签约，所以最终有什么事您都可以找公司来承担相应的利益责任。

6. 我们知道，没有一个人能为您服务 100 年的，您所签约的公司是您需要特别关注的。认人不如认公司更加让您放心。

7. ×先生，谁也不能保证自己在一家公司工作一辈子。您最关心的其实是业务员辞职后，能不能得到同样的优质的服务。××保险公司在这方面已订立了一套周全的售后服务系统。当公司业务员离职后，会马上将他的业务移交给另一位同样优秀的业务员，然后，公司会将后续业务员的联络电话以书面形式通知您。为顾客提供优质服务是我们公司的经营宗旨。

8. 没错，我在做保险之前也有同样的忧虑，万一业务员跳槽了怎么办。××保险公司会有专门的售后人员帮您服务。就好比现在天气热了买空调一样，万一以后空调坏了，您不需要找当初卖给你空调的销售人员，公司肯定会派其他售后人员来服务的。

9. 您现在是与公司签订合约而不是与某个业务员签订合约，就像去银行 3 号窗存钱，将来在 4 号窗也能拿出来一个道理。而且我们公司有完善的售后服务体系，关于售后服务问题请您一定放心。

二、保险公司倒闭怎么办

1.《保险法》第八十九条规定："经营人寿保险业务的保险公司，除分立、合并或依法撤销外，不得解散。"

2. 您讲得很有道理，现在的许多单位经营不好是会关门，然而保险公司和一般的公司是有本质区别的。在任何一个国家，保险、银行、股市是三大经济支柱，国家统一监管，是不会轻易解散的！我们国家的人寿保险公司，是受《保险法》保护的，《保险法》第九十二条规定：经营人寿保险业务的保险公司，被依法撤销或者被依法宣告破产的，其持有的人寿保险合同及责任准备金，必须转让给其他有经营保险业务的保险公司，不能同其他保险公司达成转让协议，由国务院保险监督管理机构指定有经营人寿保险公司业务的保险公司接受转让……规定人寿保险合同及准备金应该维护保险人和受益人的权益。

3. 业务员："×先生，在考虑公司倒闭了怎么办的同时，您是不是也考虑一下万一您的身体倒了下来，您的家人怎么办？"

顾客："……"

业务员："×先生，公司倒了会有财政部出面协调保险公司解决财务问题，如果您倒了，您想有谁会协助您的家人解决他们面对的财务问题呢。"

三、我已经 **40** 岁了，买保险不划算

1. 我很理解您的想法，其实保险不存在哪个年龄买是划算的，而是这款保险是否适合您的这个年龄段。如果您这辈子都是平平安安那就不用买保险了，但是我们谁也不敢保证对吧？年龄随着时间的推移在递增，而身体健康状况则是随着时间在下降，难道您愿意因为是否划算不划算的原因就放弃自己的未来吗？

2. ×先生，买保险看的不是划算不划算，买保险买的是一份保障，它保障的是您的家庭。再说了什么叫划算，难道今天买了保险明天就发生事情了叫划算？您买了保险，宁愿一辈子都不要发生事情，那才叫划算呢！

3. 对生命，我们谁都无法做出预期，但是能平安地度过一生，是我们每个人的愿望。当我们幸运地活到退休的年龄，我们额外地领取一份养老金，我们会庆幸当初的投资，因为那一点钱如果放在手边，老早不知道被我们花到什么地方去了。那时候我们是不会去计较买保险划不划算了，我们会意外发现，我们连处理自己身后事的钱都准备充分了。

4. 保险正是看到了人们的生存风险才会有如此广阔的市场。换句话说，您能想象 60 岁时再买保险的情景吗？那会更不划算！但是，我们的生命却有比 60 岁更长的长度，难道我们会放弃我们的未来，放弃我们将来有尊严的生活吗？您是知道的，没有经济的支撑，就没有尊严。

5. 没看出来您都 40 岁了，现在正是事业顶峰期啊，一定积累了不少财富吧！这时候您该安排一下养老的问题了，以前年轻没钱买，现在要趁早买啊，再过几年买可就真不划算了。

6. 按照人的生命线来说，您现在的年龄应该拥有一个成熟的家庭吧！上有慈祥的父母，下有可爱的孩子，我想如果有一天您要出远门一定最舍不得他们吧！像您这么有责任心的人肯定也希望为家人提供好的生活，可这需要您拥有健康的身体，如果生病不但会停止赚钱，还会产生巨大的经济损失。要是每年存入一点钱就能拥有固定的

健康医疗金，您觉得怎样？

7. 买保险从理论上来说越早越划算，但您已经不可能回到以前，所以今天买保险就是最划算的。如果您今天再犹豫一下，到了 50 岁，那就更不划算了。今天的决定一定是明天的肯定。

四、让我再考虑考虑

1. 噢，您是在考虑买一份，还是两份呢？或是给您自己买还是给太太（丈夫）买呢？

2. 哦，买保险是要想清楚再买，而且保费占到一定的家庭收入。对于这份保险我是不是解释得不够详细？我建议，如果认同这份保险还是早买比较好，就像下雨不一定等您买好伞才会下的。您说是吗？

3. ×先生，考虑是肯定有必要的，毕竟这是个长远的规划。关键是您对家人的这份责任是无须考虑的！只是，风险不等人、机会也是不等人的。您看具体是买 10 万元还是 20 万元比较合适呢？

4. ×先生，您考虑一下是应该的，毕竟买保险是终身大事，牵涉我们以后的医疗、养老等重大问题。您主要考虑哪些方面呢？我给您设计的这个组合产品完全是按照您的想法完成的。您看，保额要保证您未来 20 年的收入，大病是终身的，养老也是根据您的目标设计的，保费也设定在您的预算内，我想这些都是您事先慎重考虑过的，再说保险是迟早要买的，谁也不能保证明天会发生什么事，我想这份计划应该比较符合您要为家庭建立保障的想法，您就不要犹豫啦，来，在这里签个字。

5. 您看，是这样的，现在我们银行正在进行快乐理财周，在这期间办理该产品业务，您将会得到精美的礼品，过了这个期间就没有了。您同样都要存银行，存在保险公司是一样的，再说今天又礼品送，您何乐而不为呢？

6. 风险的发生是不可测的，在您考虑期内，同样存在着风险发生的可能。您觉得是在有保障的前提下考虑，还是在没有保障的前提下考虑？答案肯定是前者吧。那我们可用《保险法》赋予的 10 天犹豫期撤单并全额退费的原则，马上要约投保，之后再考虑才是最佳选择。

五、保险理赔麻烦又啰唆

1. ×先生（×小姐），您有这样感觉那您肯定买过保险，说明您有很好的保险意识。您知道吗，在 2009 年 10 月 1 日颁布了新的《保险法》，明确规定理赔必须在一个月之内完成。

2. 保险理赔确实需要一些手续和资料，但并不麻烦，您只要找一个认真负责的保险营销员（比如说我），他会告诉您需要准备哪些资料，然后一次性帮您完成理赔申请，一点都不麻烦，您看我的理赔记录。

3. 保险理赔确实比较烦琐，理赔核算确实需要时间，但是有这些麻烦的都是保险公司。今天，我们签下这份合同，以后所有的事情都由我来帮您办理，假如需要理赔的话，您只要签字就可以了。

4.（反问顾客）您遇到了吗？（90％的顾客没遇到，都是听朋友说的）您朋友把事情放大化了，现在的理赔时间《保险法》都有规定，一般不能超过 10 天，情况比较复杂的也不能超过 30 天。同时，作为一名专业的营销人员，对顾客发生理赔的时候，需要准备哪些资料，如何办理应该是非常熟悉，不是理赔手续太复杂，而是您朋友选择的业务员还不够专业，不是保险的问题，也不是公司的问题。

六、等我付完房贷后再买保险

1. 我们都相信意外及疾病是无法预料与控制的，您是一家的经济支柱，不能有丝毫闪失，否则现在供的楼究竟是谁的就很难说了，您说是不是呢？既然今天您已经认同保险可以帮助您和家人，如果说今天投保，就不用担心明天，如果真的有事，我们××保险公司发放的保险金就可以帮您继续供楼，起码您和家人不用担心住房问题，不如这样，我们来一同填写资料，好吗？

2. 您还有贷款啊，现在贷款的人可都是有钱人呢！（开个玩笑）正是因为您有贷款，才更需要保险来帮您防范风险，不至于在发生风险的时候一切都来不及了，不但没有保护好家人，还留下了高额的贷款。

3. 嗯，您有理智的经济头脑。我想借用您的经济头脑解答一些问题可以吗？请问：是时间贵重还是金钱贵重？金钱花出去可以再获得，还是时间流逝可以追回？我想任何一个像您这样有经济头脑的人都会作出正确的选择，是吗？如果您今天没有及时地参加保险，那您将来损失的或许不只是那些增长的费率，更有可能失去考虑这些问题的机会。

4. 您是担心在贷款期间的经济问题吗？如果是这样，您有没有想过假设您没有这个还款的能力了，谁来还呢？我想您只考虑了一个问题，但是潜在的最大风险问题您可能忽略了。万一发生了什么事情，想想您的贷款就要被强行终止啊，前边的付出都白费了，谁来为这个事情埋单呢，只有保险公司啊，您只要花费很少量的资金就能解决这个潜在的危险，您认为这样难道不值得吗？

5. 您能确信这点贷款付完后就不会再有负债吗？其实以目前的社会形态，负债是良好的信用表现，而我们可以通过贷款方式达成很多人生目标。因此，我们可能一辈子都在重复偿还贷款这种动作，只要投入正常、收支平衡，贷款并不可怕，也不用担心。但是有一个潜在的危机，假如在还债期间收入突然中断，岂不是会乱了生活的脚步，而且如果是家中主要收入者发生意外，永远不能再有收入。我的意思您明白吧？这时家庭的打击会很大，假如贷款的项目是房子，一旦贷款偿还不了，银行会立刻拍卖抵押，取回贷款剩下的额度，万一碰到景气不好，房价大跌，搞不好拍卖的钱偿还银行都不够，整个家庭又回到一无所有的地步，这样的生活又有什么意思呢？但若给贷款买了保险，再加上该有的生活费用等，就是最坏的状况发生，也不怕家庭陷入绝境，以往一家奋斗创业的努力也才有意义，您说对吗？

6. ×先生（×小姐），从您的话中让我感觉到您是家庭的顶梁柱，为家人创造了很好的居住和其他的好条件，您真的不容易。在贷款期间您承受了很大的压力吧？有没有更多的担心？今天给您推荐的这个计划可以免除您的一些担心，我们可以让这套房子不管在任何情况下都能完完全全地属于您精心呵护的家人，请问您有兴趣听一下吗？请看……

7. ×先生，其实我自己包括我的很多顾客都是边贷款边买保险的，在贷款期的时候人的经济压力最大，身上都背着银行几十万元的债，一旦产生疾病风险或意外风险中断了收入来源，您忍心把这么大的负担留给您的妻儿吗？保险却能够在一个家庭遭遇风险的时候带来一定额度的经济补偿，因此我建议您选择保费低、保额高的保障性险种，您看怎么样？

七、我现在能交得出保费，10年后我不能保证交得起保费

1. ×先生，我非常认同您的顾虑。不过您想过这个问题吗？假设10年后连保费都付不出的人，请问，物价日趋上涨的同时，这样的人能承担10年后昂贵的医药费吗？再说，这10年当中会遇到怎样的风险，这点我们都是无法预料的。我坚信今天的您有这样的能力和远见去规划好您和家人的未来。

2. 您的想法很对，我们都不能保证10年后会怎样，甚至明天会发生什么，我们也不能预测，正是因为人生有这样的不确定性，才有人身保险存在的价值。我们不能确定10年后会怎样，但可以确定10年后肯定有我们要尽的责任。如子女教育、父母赡养等。为了10年后肯定要负的责任，今天更应该赶紧为我们不确定的人生投一份保险。

3. ×先生（×女士），您看，买保险并不是动用您所有的资金，只是拿出您闲余资金的一部分来投保。您只需每天存几十元钱，这样没多久又可以交纳续期的保费了。再说了，您还年轻，相信您也不是过一天算一天的人，对未来也肯定有了一个安排，因此，这些钱对来还说肯定是没问题的。

4. 您这个问题考虑得很好，的确，保险是要根据自己的实际的能力量力而行，因此我也一般给顾客设计到年收入的10%～20%，这样既不会影响现有生活品质，即使在将来也负担得起。在未来有三种可能：第一种，过得比现在更好，那您就不用担心保费问题；第二种，跟现在一样，同样您也不需担心；第三种，未来生活比现在差，那恭喜您在10年之前作了明智之举，为自己已经作了强制储蓄，在不确定的未来已经确定了一笔现金。

八、据说你们做保险的提成很高，都是从我们顾客身上赚取的，你把保费打点折吧

1. 每一份工作都需要付出脑力与体力，按劳取酬是很正常的吧。很多保险是终身险，佣金分摊到整个服务过程并不高，至于说打折，您愿意您的服务被打折吗？若业务员付出辛勤劳动，公司给他的报酬打折，他如何生存下去？您的老板若将您的工资打折，您也不愿意吧？顾客就是我们的老板啊！

2. 电视厂的工人每安装一台电视机，单位会有相应的奖金，您能说，您到商场买了一台电视机，去向安装师傅要折扣吗？

3. 您是听谁说的呢？呵呵，保险公司人员收入高不是因为提成高，而是因为现在大家投保的认知比以前要高很多，所以办的人很多，而不是因为提成高啊。您说保费打折，这个保费是公司通过精算部门统计测算出来的，不同年龄的顾客费用不同，而不是说能打折什么的，您说呢？如果要能打折，大家的费用都没有标准，那不是就乱了嘛！您说呢？保险行业就和其他行业一样，从事这个行业就会有相应的收入。提成也好，其他方式也好，只不过是分配方式上的区别。如果有一个人让您为他工作而不给您报酬的话，我想您也不会答应的，是吗？

4. 您真幽默，我想您不是真的想打折，只是想和我开个玩笑吧。保险是个非常讲究专业度的金融行业，我相信您也是因为认同我的专业度才决定来购买这份产品的，我提供了专业的建议，公司提供了优质的产品，这些都是有价值的。保险买的是对未来的承诺，而我在未来漫长的日子里还将为您继续服务，这一切都是保险公司支付合理的报酬来支持的，您觉得我的服务您满意吗？

5. 这个是您误解了。您购买保险产品，是与保险公司产生直接关系，所有资金都是直接进入公司账户，而作为我们业务员的薪资，是由公司一套严密的佣金系统所发放，跟顾客是没有关系的。

6. 其实，我们做保险做的是售后，保险跟其他产品不一样，您看一张保险单对我而言有可能要服务 10 年、20 年！每当顾客发生理赔，我们要第一时间赶去；每当逢年过节，我们还要发发短信、打打电话，顾客生日时，还要送送小礼物，其实这些都是成本。因此平摊到未来几年我们赚得并不多，您如果要打折也可以，那我对您的服务也打折，保险公司在未来给您的保障也打折，您看可以吗？

九、我是很想投保，但是最近手头紧，等过些日子再说

1. 您现在就有投保的欲望，很好，但手头紧也是现实。如果您觉得这份计划对于现在您的经济状况来说有点过高，那我们可以考虑作一份较低的保障计划。虽然帐篷不如房子坚固，但至少还能起到一定的挡风遮雨的作用，总比没有好。保险也是一样。

您看您现在能承受多少保费？

2. 哦，是这样啊，我很理解您的困难，因为我也曾有一段时间手头也很紧。我当然可以等您手头宽裕一点再跑一趟，但是疾病、意外事故它会不会也等您手头宽松时再发生呢？

3. 您手头再紧，每天省下 5 元钱总是可能的吧？您现在手头紧，等过些日子，您还是会觉得手头紧的，这点我们应该都有体会的。虽然说钱不是省出来的，但是不省是会一直没有的，要开源节流才会有积累。我觉得，您从今天起就要为您自己养成存钱的意识开一个头。

4. 我很能理解您的想法。就像您说的，每个月要多支出几百元钱手头蛮紧的。但是，您想过吗？如果现在接受这份保障，眼前来看暂时会稍微辛苦点，但是从长远来看，您的太太和小孩就用不着辛苦了。现在每个月多花几百元钱，能对您的家里生活水平提高多少？但是将来对您的太太和小孩来讲，说不定这几百元钱负担就会很重。这里面的轻重，就全掌握在您现在的手里。那么您希望是您的太太还是小孩作为受益人？

十、保险交钱时容易，领钱时麻烦

1. 您讲这句话，证明您好长时间不买保险了，那都是老黄历了。交钱容易，领钱更容易。您只要提供账号，坐在家里就可以交钱和领钱了。

2. ×先生，这点我表示认可，很多人有像您这样的担忧。说实话那是一个误会，问题出在没有真正地了解。您知道，以前的保费都是现金制的，这样其实很不安全。公司经过长时间的总结和完善，现在我们已经实现零现金。第一，保费零现金，通过银行转账，保障顾客资金的安全。第二，返还零现金(也就是领钱)，现在领钱，您再也不用排队等候，只要联系我们业务人员，办好领取的手续，到时钱会自动打到您的银行卡里，方便又省时。

3. 这个问题提得真好，不过可以告诉您的是，这个问题已经解决了，我们公司的生存金领取已与大多数银行达成协议，到时到您家附近的银行或者保险公司领取是很方便的。

十一、国外的公司管理比较好，我要买国外公司的保险

1. 业务员："×先生，您觉得保险最重要的是什么？"
顾客："是保障啊。"
业务员："×先生，如果今天您有亲友发生意外事故了，请问您会先问他的家人保了多少还是他保的哪家公司呢？"
顾客："问他保了多少。"

业务员："×先生，我很赞同您多比较几家公司的想法，同时我也很想提醒您什么才是最好、最便宜、服务最好的保单，那就是发生意外时您已经买了保单。×先生，您觉得是吗？"

2. 不一定吧，2008年金融风暴倒闭的全是外国巨头，相反，我们国家的金融机构倒是非常稳健的。

3. 国外公司管理好没错，但是您买国外公司的保险的时候承担了一定的风险。像这样的国外公司来中国还处于探路阶段，而且现在欧洲、美国大的保险公司都处于金融危机的复苏期，它们所受的影响与实力情况无法估量，无论您是在国外生活过还是怎样，您都无法知根知底地了解。所以，您既然在国内就应该相信中国第一家保险公司的实力与情况，您说呢？

4. 您的想法我很理解，国外保险也有它的优势。但是当中国发生汶川地震这样的民族灾难时，是哪家保险公司义无反顾地承担了那么多孤儿的18岁前的生活与学习的费用的呢？是外资保险吗？不是！也只有我们民族保险。您也是中国人，我们更应该支持自己的企业，在最关键的时候还是家里人帮家里人的啊！您说呢？

5. 您说得不错，加入世界贸易组织以后，市民对保险公司有了更多的选择机会，其实，中国境内现在已有20多家外国保险公司在运作，比如说，上海市就已有17家之多，但所有在中国境内经营的保险公司都要尊重中国的国情，遵守中国的法律，都要服从中国保监会的管控。

6. 依据中国保监会规定，所有保险公司的险种不应存在价格上的竞争，而只能在服务、专业、产品等方面多下工夫。

7. 看来您也挺关注保险公司的经营情况，其实很多外资保险公司都是合资的，如××××，就相当于几个国家的有钱人合伙在中国开了家公司，而很多保险合同都是涉及以后几十年的时间，您觉得是把钱交给自己国家保管好还是交给几个外国人管理好呢？而且谁也不敢保证那么长时间国家与国家之间的关系是否会影响到您的利益，再说我们公司的经营管理在国际上都是获好评的，即使在金融危机中，国外大的评级机构给我们的评级结果都是A级。

十二、加费投保我不要

1. 如果您是加费投保的顾客，那就证明您的身体已不是健康体魄，如果公司同意加费接受您的投保，那么您应该感到非常高兴，为什么呢？说明您虽然不是百分之百健康，但是毕竟您的身体状况还不是很糟。通过公司的体检，您可得知自己身体的真正状况，可以更好地注意自己的身体。

2. ×先生，加费确实麻烦了点。要是当初我们身体健康的时候早点保就好了！但是现在也还来得及，其实这说明一个问题，就是您现在的身体状况出现了点小问题、小隐患。您也知道，真正生了病的顾客保险公司是不予承保的。昂贵的医疗费用让很多人不堪重负。今天能加费，恭喜您，说明问题还是不严重的，千万别错过这最后的机会了。

3. 不是我吓唬您，既然要加费，说明您的身体某部分有点问题，现在您不过是增加了少许的费用，而保险公司却承担了很大的风险。如果您因为在乎区区小钱而不投保，一旦身体出现问题，那时候任何保险公司都会把您拒之门外！

4. 您知道吗？有些人投保连加费的资格都没有，保险公司对他们的身体没有信心。对您加费承保，说明您的身体没有想象的那么坏，所以您更需及早投保。今后如果身体发生变化，恐怕连加费的资格都没有了。

十三、分红保险都是噱头，分红又不多，没多大意思

1. 分红险重点是分红，享受的是公司的一年盈利的利润可分配盈余的70%。我们公司是上市公司，财务透明，随时可以在网站上查到经营状况，季度报、年报都精确反映了我们公司的运作情况，所以您可以放心，我们公司的分红不是噱头，是一直以来稳健经营的成果，无风险、保收益不好吗？

2. 您说的有道理，目前是有一小部分人对分红保险持怀疑态度，认为分红只是噱头，但长期持有分红保险的顾客却不是这么认为的，短期来看，可能没有银行存款高，但长期持有的话，收益是非常可观的。

3. 如果分红有大意思的话，那就不保险啦。你我都知道高收益都伴随着高风险，分红保险的核心部分是保本加保障，分红只是锦上添花的事，不必太在意。

4. 我也想一元钱投进去，100万元滚出来。但你我都知道，生活不是博彩，不是赌博，生活是一分一厘的积存，一点一滴的享受。没有人一口气吃个大胖子。等时间到了，那就会有意思了，对不对？

5. 分红保险是传统保险发展后的一个新型的趋势，在欧美国家分红保险在所有保险中所占的份额高达80%，在我国因为保险的历史比较短，随着时间的推移，分红保险在我国保险市场所占的份额会越来越重的。分红保险现阶段的收益可能不是最高，但收益却是最稳定、持续跑赢通货膨胀的投资理财产品。当前低利率时期，分红保险每年分红收益，保证了家庭现金的流动性，而且一般来说分红保险的本金都是有保证的，保证了投资的安全。有句话叫：保险不能让你赚到很多钱，但可以让您更安心地赚钱！保险不能改变您的生活，但可以让您的生活不改变。

十四、保险业务员介绍产品时夸大返还率，误导顾客现象严重

当然，夸大返还率是不对的做法，因为返还率是浮动不确定的，所以给了个别业务员投机取巧的机会，这是不对的。我们公司可以提供给您的是以往几年的历史返还

数据，从而给您一个相对性的返还率作为参考，能够有较高的返还率与公司实力、投资渠道是分不开的，选择××保险公司是您正确的选择。

十五、保险的投保手续太复杂了

1. 阿姨，您想一想，或许您只要今天花费半个小时了解一下这份保险是怎么回事，那您今后的钱就会多上许多利息，您的家庭就会多一分保障。您天天辛辛苦苦的工作为了什么，不就是为家庭带来收入和保障吗？你现在花上半个小时，了解这款保险，回头收益好一些、利息多一些，也对得起您辛辛苦苦挣的血汗钱啊。所以阿姨，花这么一点时间是值得的。

2. 您大概以前在哪里投保过吧？以前可能是这样，现在不一样了，您前面的顾客就是这样，我帮她填好单子，她只要签几个名字，到柜台办理，几分钟就保单到手了，然后直接装封套里等到期再拿钱就可以了，所以您不用担心。你要准备的是：一是身份证复印件，二是在投保单上签上你的大名。请拿出您的身份证，谢谢。

3. 是！以前是这样，现在您只要在这里签个字，把身份证给我，10分钟您就可以拿到保单了。

十六、交费要交10年，万一当中我要退掉，损失很多，不划算

1. 呵呵，您还真有预见性，还没买就想到退保了啊！其实，这份计划我是根据您目前的经济状况来设计的，目前所交费用不会影响到您的生活，所以才建议您购买这个产品，您买了就不要考虑退掉，万一有急用还有其他功能帮您应急，比如，保单借款，不会影响您终身享受的保障。

2. 业务员："这当然，如果是这样我也觉得很可惜，不如干脆不要买。但是×先生，我看您这样有福气，您一定会有赚很多钱的能力，不必担心这个问题。×先生，如果您真的想投保，但是又担心日后交不起保费解约不划算的话，您最好先想想看，为什么您现在付得起日后会付不起？×先生，您想最可能的是什么原因？"

3. 顾客："……"

业务员："×先生，除了失业另外找一份工作外，大概就是我们担心的疾病、意外事故了吧！×先生，果真如此，是不是更需要现在就投保？"

十七、存那么多钱在退休养老保险上划不来

1. 您看您现在能挣钱，生活多舒服，可是想想到老的时候，挣不了钱，全是花钱的事情啊。您没看到刚才的大叔，以前年轻时可风光了，可是现在退休就2000元钱，还要看病，也得花不少钱啊。您要是想老了还能像现在这样舒服的生活，就更应该趁现在年轻给自己多买点养老保险。

2. 到老年时，挣钱的能力会削弱，而用钱的地方会增多。老年生活质量降低了才真的划不来。所以要为自己的老年生活提前做好安排。

十八、放在保险公司的钱是被套牢的，我希望我的钱要用时随时可以用

1. ×先生，钱摆在身边，要用的时候随时可以拿，这当然很方便、舒服。但是，如果所有的钱都放在家里，而不拿去投资，那么它的价值就等于面值。如果长期这样下去，没有一个计划，那么总有一天会被我们用光。参加人寿保险，它是一项长期投资计划，在某种程度上，带有半强制性。在我们最需要用钱的时候才可能取出来，这实际上是保险公司在帮你作理财计划。当我们活到计划完成的阶段，我们可以领满期金或养老金；万一我们遇到不幸，那么保险公司会赔偿一定的保险金额。这个金额足以把所投入的金钱和利息全部拿回来。

2. 保险是一定要买的，现在社会已经慢慢发展到人人保险、家家有保障的地步，不跟时代走，说得过去吗？怕压死钱，只有一个办法，买最短期的保险。

3. 钱套牢不要紧，要套得有价值。像您这客厅的装潢起码也套牢 3 万元在这里，但有价值，坐在这里心情就感到爽快。保险也同样，每个月套牢 200 多元，但这样一来家庭有保障，生活安全感，老了以后有退休养老金，无后顾之忧，心情开朗呀！这样是真有价值的。

4. ×先生（×小姐），保险以前在资金流动上的确是个难题，但是为了市场及顾客的需要，保险产品也在不断完善，××保险公司新推出来这款国寿鸿盈两全型保险（分红型），生效 10 天后就可以质押贷款，您在××保险公司可以贷到保险金额的 80%。当您需要的时候，随时可以找××保险公司质押贷款。如果您还有顾虑，也可以选择投入一部分钱来买鸿盈，它可以让您投入的钱保值且增值，还能让您合理避税，抵御通货膨胀；更能在您需要的时候，成为您二次创富的资本。根本不用担心资金被套牢！

5. 您说对了，您的希望完全可以实现，如果您急需用现金，可以用电话预约的方式告知保险公司，第二天就可以带好身份证和保险合同到保险公司办理保单借款事宜，虽然您将合同的现金价值借出了 70%，但是您在公司所享受的利益还是全额享受，没有任何影响。如果你存银行想用钱提前拿出的话，还会损失利息，到底哪个更合适、更实惠，聪明的人都会算，所以请您放心。

6. 阿姨，我也认为每个家庭都要有一部分钱要放得比较灵活，可以随时支取，但如果您灵活的钱比较多，而您一年一年地又都不用它，我就觉得挺不划算的。我们一般这么建议顾客，首先灵活的钱肯定是要有的，但如果灵活的钱比较多的话，可以把它分成两部分，一部分放得比较灵活，另一部分不用的钱可以放长一点，这样利息才高，同时也兼顾了您生活的需要。

7. 您会在想用钱的时候把房子卖掉换钱用吗？应该不会是吧？对了，我们对固定资产的投入不是用来立即变现的。既然这样，我们为什么不把保险作为将来生活、健康的固定资产来规划呢？将来是谁受益呢？还是您自己啊。

8. 不好意思，请问如果您只是图随时可以用，您干什么还要到银行排老半天的队呢？您的主观目的还是保持住了并有一定的积累。您想想，方便取钱的银行帮您存住钱了吗？没有吧，还是一笔一笔正负抵消，您岂不是浪费了存钱之前的美好想法吗？所以我建议您选择我们短期的期交产品，每年放一点钱在这样的保险产品上，既能保值又能赚取收益，而且就六年时间，今天就尝试一下吧。

9. 您的资金应该不是都拿来随时使用吧，肯定会有一部分钱是闲置的，我们就可以为我们自己手头的资金进行合理规划支配，既然闲置不用，用来投资中长期的保险理财产品，既稳定可靠，又保值增值，为自己3年、5年后的生活提供保障。

十九、我先生不肯签字

1. 一个先生平日不买保险，一到紧要关头自然得有人替他付这些费用。平常若是自己不保留家庭费用，不提存未来开支，总有人要替他出，而这个人通常就是他的太太。您愿意这些事情发生在您身上吗？

2. 我想他不签字，是在等您的决定吧。看来您在家里才是掌控大权的吧！其实这份保障是您责任心的体现，要不这样吧，把受益人就写您先生吧！这更体现您对他的爱。我想他一定很感动的，说不定也会再买一份，受益人写您呢！

3. 他肯定是个有爱心和责任心的人，您说过他很爱您和孩子的，其实这份保险虽然保的是他，但受益人却是家人。万一有什么事他仍然能照顾您和孩子，这正是体现他责任和爱心的地方，他怎么会不肯签字呢？他可能对某个地方不清楚，这样吧，明天下午您老公在家时我们再给他讲一下。

二十、理赔手续太复杂了

1. ×先生，您说的理赔很麻烦，那是几年前的事情，现在的人寿保险公司基本上是商业性的保险，且采取了保险代理人制度。万一不幸发生需要理赔，只要是在保险的条款范围之内，代理人就会告诉您，应该准备哪些材料，然后代理人把这些材料交到公司申请理赔，保险公司审核后，把赔偿金存在银行，由代理人将存单送到顾客手中，前后不过10天左右，对顾客来说并不麻烦，而麻烦的是保险代理人。

2. 我想，我们有时总会为自己做事情设置一些障碍，或者说有时会听到别人一些不合实际的话语而去断定一些事情，大部分顾客在理赔时都会感叹一句：原来理赔并不难。比如说，意外理赔我们只需要一些……资料，而更重要的是这所有的一切都会有我们的服务人员上门来为您办好，您只需要准备好资料就可以了。

3. 您来银行办理挂失业务，假如随随便便就给您办理了，那也太不负责任了。保险理赔也是一样的，办理需要经过的流程都是为了确保您的利益的啊。

4. 因为理赔手续复杂，所以才需要我们代理人为您服务。您如果购买了我们的保险，发生理赔时，您只需签一个字，余下的由我来做。

二十一、保险公司服务不好

1. 我的服务好吗？可以给我提点意见吗？我们现在上门服务就是要以优质的服务取信于顾客，视顾客为上帝，服务不好的事已经大大减少了。我不知道您指的是哪一方面，您看我是否还可以？

2. 保险这一行最注重服务，顾客就是我们的生意来源，现在市场竞争这么激烈的条件下，服务不够好，那公司岂不是搬起石头砸自己的脚，把自己的老顾客赶跑，相信随便哪家公司都不会傻到这么做。以前您见到的业务员服务不好，是因为他没有注意到自己的工作是干什么的，不妨您试试我的服务。

二十二、相关售后服务不到位，特别是买好保险就没人服务了，业务员就不管了

1. 您所指的是哪方面？我们公司的服务网络是所有保险公司中最健全的，我们有服务的承诺制度，也有向社会公布的顾客服务专线，您大可放心。何况还有我为您做专门的服务，您觉得我这个人还算满意吧？

2. 哈哈……那您可以试一下，看看当您买了之后，我会不会从您眼前消失。那么就从您签字这一刻开始吧！

附录 C　售后顾客抱怨处理话术

一、我要退保

1. ×先生，您今天只不过是暂时下岗，我相信近期您一定会马上找到工作，应该庆幸的是您在下岗前买了一份保险，如果当初没买，现在下岗就更不可能买，至少您现在还有一份保障，因为这份保险对您很重要，况且不会影响到您的生活品质，不管什么时候，或者在任何情况下您都有一份保障。

2. 退保很容易，但随着我们年龄的增长，身体状况的每况愈下，当您以后想要的时候，也许并不能投保。

3. ×先生，冒昧地问一下，您为什么要退保呢？其实退保对顾客来说是会有很大

的损失的，如果您临时需要钱周转的话，我建议您可以利用保单借款功能，这样您就可以既解决问题，又保留这份您购买多年的保险。

二、客服电话不太好打

1. 确实如此。我们的顾客与日俱增，客服的增加跟不上顾客的增加，特别是这段时间保险更是卖疯了。您以后有什么事直接打电话问我就，可以了。这是我的手机号……我 24 小时开机。

2. 生意好的都是这样的，简单的处理办法是直接拨打我的电话，我会在第一时间为您解决问题的。

三、感觉现在的黄金市场不错，我太太让我把这保单撤了买黄金

1. 算盘打得精的人，例如，银行的职员，或是做财务的会计，同样也都投保啊！要赚利息没错，但是家庭更加需要一份保障，买金子能给家庭带来保障吗？

2. 黄金大家都在买，但是都是买个意思而已，有需要才买一点，而保险的保障是黄金不能取代的啊，您说呢？

四、你们的分红怎么每年都不确定呢

是啊，您说得很对。请给我们彼此一个信心吧，就好像很多股民去炒无法预测的股票，很多市民去买不知道是否能中的彩票，但是我们能看到的是我们的分红保险的基本保障以及我们雄厚的资金和专业的投资队伍，分红保险是长期投资，不要看今天的分红似乎没有您预期的高，但是因为它是复利计算的，俗话说"短线是银，长线是金"，未来的分红一定会让您有意外惊喜的！

五、为何红利通知书上的可分配盈余这么高而我的红利却这么低

1. 您非常专业。首先"可分配盈余"的含义是指参与分配的所有利润，这些利润将以红利的形式向投保人和公司进行分配，是确认红利分配方案的基础，并不是单张保单红利的计算基础。

2. 我们公司保单红利派发是本着公平、灵活、长期稳定和可操作原则进行的，不仅受到保险监管部门的严格监管，而且还要受到监管部门认可的外部审计师的严格审计，是真实可信的。随着投资市场的好转、保险投资渠道的拓宽，我们公司的红利金额的提升速度也是非常快的！具体金额您可以看一下红利通知书。

六、我是去年投保的，刚收到红利通知书，为何通知书上的原红利账户本利和为零

由于您的保单是去年投保的，保单的红利是按会计年度进行计算，按保单年度进行分红，保单满一周年才会产生红利，因此通知书上的原红利账户本利和为零。这个"本利和"和您交纳的本金没有关系，仅指红利部分的"本利和"。

七、红利不如业务员当时宣传得那么好

1. 一般来说，红利主要来源于利差红利和死差红利，利差红利是基于本公司实际投资回报率与预定投资回报率之间的差异来确定的，死差红利是基于本公司经验死亡率与预定死亡率之间的差异来确定的。在会计年度结束之后，我们公司根据分红保险业务的盈余情况确定红利分配方案，并根据每张保单对盈余的贡献分配红利。而保单红利演示只是一种描述性的，具体金额是根据分红保险业务实际经营情况决定的。

2. 随着整个投资市场的好转，我们公司也加强了科学化的管理和运作，去年的分红情况有了很大的提升，您可以详细比较一下。

八、××年金保险保证收益为什么总少于本金×2.5％

保证收益是根据账户的平均资金运用余额计算的，而平均资金运用余额取决于交费、资金提取、管理费的扣减、相应资金在账户中停留的时间等因素，并非简单的本金概念。另外，2.5％是计算保证收益的年利率，如果资金经过时间不足一年，实际保证收益当然要小于按2.5％计算的结果。

九、公司股价的波动是否会影响顾客分红保险红利

公司股票价格的波动受多种因素的影响，比如，受投资者对股价的预期估值、股票市场资金供求量变化等。股票价格波动只会影响到二级市场中投资者的利益，而我们公司分红产品的红利主要来源于利差和死差，分红险保单顾客的红利分配不会因为股票价格波动而受到影响。

十、中央银行又加息了，我不想再继续投保了，我打算退掉我在你们公司购买的保险

1. 您的心情我可以理解，但相信您一定知道，保险与储蓄是有区别的。若您购买的是理财类保险，它本身就具有保险保障和家庭理财的双重功能，可使您既有足够的风险保障，又能分享我们公司的投资成果。

2. 此次加息，从总体上看，将对理财保险产生积极影响，有利于提升公司资金运用的整体盈利水平及资产收益率。我们公司将利用加息带来的有利时机，积极调整投资策略、优化投资组合、努力提高盈利水平，以给顾客满意的回报。但要提醒您，由于分红产品的特点是当年分的红利是基于上一个会计年度公司经营的结果，因此，此次加息对今年的红利水平影响不大，明年才能显现出因今年政策调整带来的红利水平的相应变化。

3. 若您购买的是传统寿险，相信您当初购买时看重的就是该产品的保险保障功能，以及我们公司能够提供给您的超出保单服务的附加服务。我们公司从今年起面向顾客推出了国寿"1＋N"的服务计划，主要是希望与顾客进行多层面、多形式的沟通，其中"1"表示一位顾客，"N"代表顾客不仅可享受到多种的保单服务还可以享受多种附加值服务（"N"是根据顾客需求不断变化的，明天的"N"可能大于今天的"N"），例如，我们今年上半年就举行了顾客保单积分奖励、保险进社区进农村宣传活动、新春团拜、时尚和健康知识讲座、顾客回访、××保险公司首届顾客节，组织 VIP 俱乐部等一系列服务活动。除此之外，我们还会根据实际情况有选择地举办更多形式的主题活动，我们希望通过这些活动能让您更深入地了解××保险公司，并最大限度地提供您希望的寿险服务。

十一、保费交了一个月还没收到发票

我有很多顾客也出现这种情况，但大多数是因为家庭地址发生变化没有及时通知公司修改造成的，不知您的地址有没有发生变化？（如果有）您把新地址告诉我或拨打95519 修改，我帮您到公司补打一张发票重新寄给您。（如果没有）我帮您核实一下您的保费是否已扣，因为我有些顾客交费很积极，提前将钱存入银行，但不知公司是到保单生效日才会扣钱，因此也有发票比顾客预期的时间晚到的情况。

十二、我买了保险后就一直没有人服务

您的心情我理解，谁遇到这种情况都会很生气。因为您保单的服务人员已离职，公司将服务您的责任交给了我，我今天来的目的就是看您有什么需要我帮忙（营销员也可以赠送公司小礼品给顾客，以表示歉意和尊重）。公司每年以超过 20％的速度在发展，每一位顾客都是我们最珍贵的财富，您放心，以后这样的事情不会再发生了。现在我们的服务渠道也很多，除了上门服务以外，您有什么疑问也可以拨打公司的免费热线 95519 咨询或找到我们，同时，公司还设有许多服务网点，离您这最近的就在××路上，您也可以到那儿找公司服务人员或办理具体事宜。

十三、我们公司在你们公司购买的团体分红保险，红利不如银行存款利息高，而且你们还收取管理费，使我们的预期收益降低

由于前几年资本市场持续低迷，红利水平受到一定程度的影响。但保险不同于银行存款，不具有可比性。团体保险管理费用的收取是条款中明确载明的，是符合规定的。由于我们公司加强了资产管理，2009 年分红水平与 2008 年相比有了明显提升，同时，一份分红保险的收益不能只看 1 年的收益，按照公司以往 3～5 年的分红年平均收益均高于当期银行利率。现在保监会也在逐步放宽保险投资途径，相信未来投资收益会越来越好。

十四、为什么我的理赔保险金还没有到账

我非常理解您等待赔付的焦急心情，每一位顾客都希望能最快领到保险金。一般理赔保险金没有到账的常见原因是银行账号不对，您是否方便把您提供的银行账号给我，我帮您核对一下。如果在理赔过程中有资料准备不齐全的情况，公司会及时通知营销员，您是否接到营销员的电话？（没有），如果您提供的银行账号是准确无误的话，像您这种理赔金额不高的案子应该会很快审批下来，我今天打电话到公司理赔部门问问再给您回电话，您看如何？

参考文献

[1]陈雪阳，刘建新. 顾客抱怨的形成机理与补救策略[J]. 华东经济管理，2007，21(9).

[2]杜建刚，范秀成. 服务失败情境下面子丢失对顾客抱怨倾向的影响[J]. 管理评论，2012，24(3).

[3]范爱明. 销售高手的心理诡计[M]. 北京：中国经济出版社，2010.

[4]范秀成. 顾客满意导向的服务企业顾客抱怨管理体系分析[J]. 中国流通经济，2002，16(2).

[5]高彩凤. 顾客投诉及突发事件应对技巧[M]. 北京：中国发展出版社，2009.

[6]郭馨梅. 客户投诉管理[M]. 北京：中国经济出版社，2012.

[7]何会文. 服务失败的顾客归因及其启示[J]. 经济管理，2003(6).

[8]何苏湘. 对企业危机管理的理论界定[J]. 商业经济研究，1998(5).

[9]金晓彤，陈艺妮，于丽. 基于感知公平的顾客抱怨处理满意度与顾客忠诚之间关系的实证研究[J]. 软科学，2009，23(6).

[10]李先国，曹献存. 顾客服务实务[M]. 北京：清华大学出版社，2006.

[11]李晓飞，马宝龙，韩逍，等. 顾客忠诚对顾客权利和顾客抱怨的影响研究[J]. 管理学报，2017，14(10).

[12]刘尧坤，覃伟，张震浩. 顾客投诉管理与处置技巧[M]. 广州：广东经济出版社，2005.

[13]吕勤. 饭店服务人员同理心问卷的编制及其同理心能力与服务绩效的关系[J]. 北京第二外国语学院学报(旅游版)，2007(5).

[14]苏伟伦. 轻松处理顾客抱怨[M]. 2版. 北京：中国纺织出版社，2008.

[15]王艳. 关于改善企业顾客抱怨管理的研究[D]. 上海：同济大学，2000.

[16]王永贵，徐宁. 顾客抱怨的补救与转化[M]. 天津：南开大学出版社，2007.

[17]魏源. 同理心：心理咨询与治疗关系中的特质概念[J]. 中国临床康复，2005，9(40).

[18]谢军，钟育赣. 顾客不满意强度与抱怨行为关系的研究述评[J]. 广东财经大学学报，2009(2).

[19]杨眉. 同理心是一粒和谐的种子[N]. 中国青年报，2006，1(29).

[20]殷正强. 酒店行业对顾客抱怨的管理[D]. 武汉：武汉大学，2005.

[21]尤建新. 顾客抱怨管理[M]. 北京：石油工业出版社，2003.

[22]张梅. 客户投诉管理[M]. 北京：人民邮电出版社，2006.

[23]周琴飞，张亚林. 医学生同理心的研究进展[J]. 医学与哲学：人文社会医学版，2011，32(5).

[24]朱立恩，赵骋. 投诉处理与顾客满意 100 问[M]. 北京：中国计量出版社，2010.

[25]朱美艳，庄贵军，刘周平. 顾客投诉行为的理论回顾[J]. 山东社会科学，2006，2006(11).

[26]朱玉华. 客户服务与客户投诉，抱怨处理技巧[M]. 北京：民主与建设出版社，2013.

[27] COOK，SARAH，STEVE M，Practical steps to empowered complaint management[J]. Managiag service qualit，1997，7(1).

[28]DAY R，LANDON E. Toward a theory of consumer complaining behavior in consumer and industrial buying behavior［M］. Amsterdam：North Holland Publishing Company Press，1977.

[29]EGNEW T R，SCHAAD D C. Medical train perceptions of medical school education about suffering：a pilot study[J]. J palliat med，2009，12(10).

[30]CLAES F，BIRGER W. Defensive marketing strategy by customer complaint management：a theoretical analysis[J]. Journal of marketing research，1987，24(11).

[31]MOHR L A，BITNER M J. The role of employee effort in satisfaction with service transactions［J］. Journal of business research，1995，32（3）.

[32]OLIVER R L. Satisfaction：a behavioral perspective on the consumer[M]. New York：The rwin-McGraw-Hil，1997.

[33]TAX S S，BROWN S W，CHANDRASHEKARAN M. Customer evaluations of service complaint experiences：implications for relationship marketing[J]. Journal of marketing，1998，62(4).

北京师范大学出版集团
BEIJING NORMAL UNIVERSITY PUBLISHING GROUP

北京师范大学出版社科技与经管分社

地址：北京市海淀区信息路甲 28 号科实大厦 C 座 12B
电话：010-62979096/8896　　传真：010-62978190
网址：jswsbook.com　　　　邮箱：jswsbook@163.com

官方微信公众号

官方微博

教师样书申请表

尊敬的老师，您好！

　　请您在我社网站的最新教材目录中选择与您教学相关的样书（每位教师每学期限选 1-2 种），并以清晰的字迹真实、完整填写下列栏目后经所在院（系）的主要负责人签字或盖章。符合上述要求的表格将作为我社向您提供免费教材样书的依据。本表复制有效，可传真或函寄，亦可发 E-mail。

姓名：＿＿＿＿＿＿　性别：＿＿＿　年龄：＿＿＿＿＿　　职务：＿＿＿＿＿　　职称：＿＿＿＿

院校名称：＿＿＿＿＿＿＿大学（学院）＿＿＿＿＿＿＿学院（系）＿＿＿＿＿＿教研室

通信地址：＿＿＿＿＿＿＿＿＿＿＿＿＿＿＿＿＿＿＿＿＿＿＿＿＿＿＿＿＿＿＿＿＿＿＿＿

邮编：＿＿＿＿＿　座机：＿＿＿－＿＿＿＿＿＿　手机：＿＿＿＿＿＿＿＿＿＿＿＿

E-mail：＿＿＿＿＿＿＿＿＿＿　微信：＿＿＿＿＿＿＿＿QQ：＿＿＿＿＿＿＿＿＿

教授课程	学生层次	学生人数/年	用书时间
＿＿＿＿＿＿＿＿＿＿	□研究生□本科□高职	＿＿＿＿＿＿＿＿	□春季 □秋季

现使用教材	版本	换教材意向
＿＿＿＿＿＿＿＿＿＿	＿＿＿＿＿＿＿＿＿＿出版社	□有　　□无

换教材原因
课程 ＿＿＿＿＿＿＿＿＿＿＿＿＿＿＿＿＿＿＿＿＿＿＿＿＿＿＿＿＿＿＿＿＿＿

原因 ＿＿＿＿＿＿＿＿＿＿＿＿＿＿＿＿＿＿＿＿＿＿＿＿＿＿＿＿＿＿＿＿＿＿

曾编教材情况

书　　名	出　版　社	主编/副主编/参编	出　版　时　间

教材编写意向：　　□近期有编写意向　　　□目前暂无意向

希望编写教材名称：＿＿＿＿＿＿＿＿＿＿＿＿＿＿＿＿＿＿＿＿＿＿＿＿＿＿＿＿

申请样书

书　　名	书号（ISBN）	作　　者	定　价